As transformações na organização interna do
Partido dos Trabalhadores
entre 1995 e 2009

Oswaldo E. do Amaral

As transformações na organização interna do
Partido dos Trabalhadores
entre 1995 e 2009

alameda

Copyright© 2013 Oswaldo Martins Estanislau do Amaral

Grafia atualizada segundo o Acordo Ortográfico da Língua Portuguesa de 1990, que entrou em vigor no Brasil em 2009.

Publishers: Joana Monteleone/Haroldo Ceravolo Sereza/Roberto Cosso
Edição: Joana Monteleone
Editor assistente: Vitor Rodrigo Donofrio Arruda
Projeto gráfico, capa e diagramação: Ana Lígia Martins
Revisão: João Paulo Putini
Assistente de produção: Camila Hama

CIP-BRASIL. CATALOGAÇÃO NA PUBLICAÇÃO
SINDICATO NACIONAL DOS EDITORES DE LIVROS, RJ

A512t

Amaral, Oswaldo Martins Estanislau do
AS TRANSFORMAÇÕES NA ORGANIZAÇÃO INTERNA DO
PARTIDO DOS TRABALHADORES ENTRE 1995 E 2009
Oswaldo Martins Estanislau do Amaral. – 1. ed.
São Paulo: Alameda, 2013
270 p. ; 21 cm

Inclui bibliografia
ISBN 978-85-7939-242-9

1. Partido dos Trabalhadores (Brasil). 2. Partidos políticos – Brasil. 2. Coligações partidárias – Brasil. I. Título.

13-07545   CDD: 320.981
                                      CDU: 32(81)

ALAMEDA CASA EDITORIAL
Rua Conselheiro Ramalho, 694 – Bela Vista
CEP: 01325-000 – São Paulo, SP
Tel.: (11) 3012-2400
www.alamedaeditorial.com.br

Para Lucila e Antônio

Sumário

Lista de gráficos 9
Lista de tabelas 11
Lista de quadros 15
Lista de siglas e abreviaturas 17
Prefácio 21
Introdução 25

Capítulo 1 – Enquadramento teórico 35

Introdução 35
A literatura sobre a organização dos partidos políticos 37
A literatura sobre o PT 53
Considerações finais 62

Capítulo 2 – O PT e seus vínculos com a sociedade 65

Introdução 65
A base de filiados 67
As lideranças do PT 96
Considerações finais 109

Capítulo 3 – As formas de militância no interior do PT 113

Introdução 113
Os Núcleos de Base 116
O Processo de Eleições Diretas 131
Considerações finais 138

Capítulo 4 – O ped e a disputa política intrapartidária 141

Introdução 141

O sistema político do PT até 2001 144

A alteração nas regras eleitorais e as disputas entre 2001 e 2009 155

Considerações finais 167

Capítulo 5 – As transformações nas clivagens internas 171

Introdução 171

As distinções tradicionais no interior do PT 173

As novas distinções no interior do PT 196

Considerações finais 207

Capítulo 6 – O recrutamento e o perfil ideológico das lideranças do PT 211

Introdução 211

O perfil dos membros do dn em 2001 e 2006 214

O posicionamento ideológico e as opiniões da liderança petista 221

Considerações finais 229

Considerações finais 233

Referências 241

Agradecimentos 259

Lista de gráficos

Gráfico 2.2.1. Porcentagem de filiados ao PT e eleitores (1981-2010), por região — 78

Gráfico 2.2.2. Porcentagem de filiados ao PT e eleitores nas capitais e cidades com mais de 200 mil eleitores (G-80) (2004-2008) — 78

Gráfico 2.2.3. Aprovação do governo Lula (%) (2003-2010) — 91

Gráfico 3.3.1. Nível de comparecimento dos filiados aos PEDs de 2005, 2007 e 2009 (%), por estado — 136

Lista de tabelas

Tabela 2.2.1. Número de filiados e taxa de filiados por mil eleitores (FPME) (1981-2010), por UF — 74

Tabela 2.2.2. Capilaridade organizativa do PT (2003-2009), por UF — 76

Tabela 2.2.3. Correlação entre a taxa de FPME e a porcentagem de DMs organizados, por UF — 89

Tabela 2.2.4. Correlação entre a variação na taxa de FPME (%) e as votações recebidas por Lula e pelo PT (%), por UF — 91

Tabela 2.2.5. Correlação entre a variação na taxa de FPME (%) e o PT no governo em 392 municípios do estado de São Paulo — 95

Tabela 2.2.6. Correlação entre a variação na taxa de FPME (%) e o PT no governo nas capitais e cidades com mais de 200 mil eleitores — 95

Tabela 2.3.1. Participação dos delegados em instâncias partidárias (%) — 98

Tabela 2.3.2. Perfil do delegado petista (%) — 100

Tabela 2.3.3. Tipo de profissionalização política entre os delegados (%) — 102

Tabela 2.3.4. Correlação entre a porcentagem de delegados profissionalizados em esferas estatais e a de delegados que participam de movimentos ou organizações sociais, por UF — 104

Tabela 2.3.5. Participação dos delegados que ocupam cargos de confiança ou eletivos em movimentos ou organizações sociais (%) — 104

Tabela 2.3.6. Participação dos delegados em movimentos ou organizações sociais (%) — 106

Tabela 2.3.7. Participação dos delegados em movimentos ou organizações sociais no momento de entrada no PT (%) — 108

Tabela 2.3.8. Participação dos delegados em movimentos ou organizações sociais no momento de entrada no PT (%) x Período de filiação — 108

Tabela 3.2.1. Núcleos de Base e membros nucleados, por estado, em 1980 — 118

Tabela 3.2.2. Participação dos delegados em instâncias partidárias (%) — 121

Tabela 3.2.3. Opinião dos delegados sobre os NBs (%) — 121

Tabela 3.2.4. A organização do PT no estado de São Paulo (1982-2010) — 126

Tabela 3.2.5. Distribuição geográfica dos NBs no estado de São Paulo (1982-2010) — 127

Tabela 3.2.6. Correlação entre a presença de NBs nos municípios do estado de São Paulo e: as taxas de FPME em 2006 e 2008; a variação na taxa de FPME entre 2006 e 2008 (%); os níveis de comparecimento dos filiados aos PEDs de 2007 e 2009 (%); e a variação nos níveis de comparecimento entre 2007 e 2009 (%) — 128

Tabela 3.2.7. Presença de NBs nas cidades do estado de São Paulo x Administração petista entre 2005 e 2010 — 130

Tabela 3.2.8. Opinião dos delegados sobre qual instância deve ser fortalecida para a organização, participação e tomada de decisão das bases (%) — 130

Tabela 3.3.1. Participação dos filiados nos PEDs de 2005, 2007 e 2009 — 135

Tabela 3.3.2. Correlação entre o nível de comparecimento aos PEDs (%) nos estados e as taxas de FPME — 137

Tabela 4.2.2.1. Total de chapas que concorreram ao DN e número efetivo de chapas concorrentes (NECC) entre 1984 e 2009 — 153

Tabela 4.3.1. Total de candidatos a presidente do PT (1995-2009) — 157

Tabela 4.3.2. Número efetivo de chapas no DN (NECDN) entre 1984 e 2009 — 157

Tabela 4.3.3. Correlação entre as porcentagens de votos válidos obtidos pelas chapas em todos os estados nos PEDs de 2005, 2007 e 2009 — 159

Tabela 5.4.1. Avaliação do governo Lula (%) no 13º EN do PT (2006) — 208

Tabela 6.2.1. Perfil dos membros do DN x Perfil das outras lideranças petistas — 220

Tabela 6.3.1. Distribuição dos delegados (%) na escala esquerda-direita no 3º CN (2007) — 223

Tabela 6.3.2. Médias de autolocalização na escala esquerda-direita segundo o tipo de profissionalização na política dos delegados no 3º CN (2007) — 225

Tabela 6.3.3. Médias de autolocalização na escala esquerda-direita segundo o posicionamento dos delegados na hierarquia partidária no 3º CN (2007) — 226

Tabela 6.3.4. Médias de autolocalização na escala esquerda-direita segundo o período de filiação dos delegados no 3º CN (2007) — 226

Tabela 6.3.5. Opinião sobre as mudanças do PT desde que Lula foi eleito presidente da República segundo o tipo de profissionalização na política, a posição na hierarquia partidária e o período de filiação dos delegados (%) no 13º EN (2006) e no 3º CN (2007) — 229

Lista de quadros

Quadro 1.2.1. Tipos de partidos segundo Gunther e Diamond (2001; 2003)   50

Quadro 3.4.1. Nível de intensidade x Nível de inclusão das formas de militância   139

Quadro 4.2.2.1. Resultado das eleições (% dos votos válidos) para o DN entre 1984 e 1999   154

Quadro 4.3.1. Resultado das eleições (% dos votos válidos) para o DN entre 2001 e 2009   162

Quadro 4.3.2. Resultado das eleições (% dos votos válidos) para presidente nacional do PT entre 1995 e 2009   163

Quadro 5.2.1. Divergências ideológica e programática no interior do PT nos anos 1990   175

Quadro 5.2.2. Classificação das chapas que concorreram aos PEDs de 2001, 2005, 2007 e 2009 segundo a distinção de Lacerda (2002)   176

Quadro 5.2.3. Posição das chapas no espectro esquerda-direita nos PEDs de 2001, 2005, 2007 e 2009 a partir de três distinções   189

Quadro 5.3.1. Classificação das chapas que concorreram aos PEDs de 2005, 2007 e 2009 segundo o posicionamento com relação à política econômica do governo Lula   198

Quadro 5.3.2. Divergências ideológica e programática no interior do PT durante o governo Lula   204

Quadro 5.3.3. Posição das chapas no espectro esquerda-direita nos PEDs de 2005, 2007 e 2009 a partir de quatro distinções   206

Lista de siglas e abreviaturas

Órgãos e instâncias do PT

CEN: Comissão Executiva Nacional do PT
CN: Congresso Nacional do PT
CPM: Comissão Provisória Municipal
DE: Diretório Estadual
DM: Diretório Municipal
DN: Diretório Nacional
EN: Encontro Nacional do PT
FPA: Fundação Perseu Abramo
NB: Núcleo de Base
NOP: Núcleo de Opinião Pública da Fundação Perseu Abramo
PED: Processo de Eleições Diretas
SFN: Secretaria de Filiação e Nucleação do PT
SN: Secretaria de Nucleação do estado de São Paulo
Sorg: Secretaria de Organização do PT

Partidos políticos

Arena: Aliança Renovadora Nacional

DEM: Democratas

MDB: Movimento Democrático Brasileiro

PCB: Partido Comunista Brasileiro

PC do B: Partido Comunista do Brasil

PDS: Partido Democrático Social

PDT: Partido Democrático Trabalhista

PFL: Partido da Frente Liberal

PL: Partido Liberal

PMDB: Partido do Movimento Democrático Brasileiro

PMN: Partido da Mobilização Nacional

PP: Partido Popular

PT: Partido dos Trabalhadores

PTB: Partido Trabalhista Brasileiro

PSB: Partido Socialista Brasileiro

PSDB: Partido da Social Democracia Brasileira

PSOE: Partido Socialista Operário Espanhol

PSOL: Partido Socialismo e Liberdade

PV: Partido Verde

SPD: Partido Social-democrata alemão

Tendências internas do PT

AE: Articulação de Esquerda

APS: Ação Popular Socialista

BS: Brasil Socialista

CM: Campo Majoritário

CMP: Central de Movimentos Populares

CNB: Construindo um Novo Brasil

CS: Convergência Socialista

CST: Corrente Socialista dos Trabalhadores

DR: Democracia Radical

DS: Democracia Socialista

EM: Esquerda Marxista

FS: Força Socialista

MES: Movimento Esquerda Socialista

MPT: Movimento PT

NE: Nova Esquerda

NR: Novo Rumo

OT: O Trabalho

PCBR: Partido Comunista Brasileiro Revolucionário

PTLM: PT de Luta e de Massas

PTMS: PT Militante e Socialista

PRC: Partido Revolucionário Comunista

RPT: Redemocratizar o PT

TM: Tendência Marxista

VP: Voz Proletária

VS: Vertente Socialista

SL: Socialismo é Luta

Outras siglas e abreviaturas

BN: Boletim Nacional do PT

CEB: Comunidade Eclesial de Base

CNF: Cadastro Nacional de Filiados do PT

CUT: Central Única dos Trabalhadores

FPME: Filiados por Mil Eleitores

OP: Orçamento Participativo

RTI: Regulamentação das Tendências Internas do PT

STF: Supremo Tribunal Federal

TSE: Tribunal Superior Eleitoral

Prefácio

Este livro enfrenta um tema central para compreender as transformações do Partido dos Trabalhadores: as mudanças no interior do partido ocorridas ao longo de sua trajetória recente de desenvolvimento, sobretudo após a chegada à Presidência da República, em 2003.

Os inúmeros trabalhos sobre o PT realizados ao longo dos últimos 25 anos deram conta de abordar as suas singularidades diante do quadro partidário brasileiro, seu papel como organizador da política representativa nos vários níveis, a trajetória de mudanças produzidas com a sua maior inserção institucional, as mudanças de seu eleitorado e os efeitos de suas transformações no sistema político. Este livro traz respostas a questões novas e pouco exploradas. Que impactos tiveram as transformações do partido sobre seu funcionamento interno? Em que medida a rota para o poder e a chegada ao governo federal alteraram seu perfil organizacional e seus vínculos com a sociedade? Quais os posicionamentos das lideranças partidárias frente às mudanças do partido no poder?

A vida interna dos partidos é, surpreendentemente, um tema pouco explorado no campo dos estudos partidários em geral, mesmo sendo este o mais clássico dos enfoques sobre as agremiações. Nesta dimensão encontra-se o terreno da política partidária que fornece respostas às indagações sobre a capacidade de organizar e canalizar demandas e interesses, função central dos partidos, traduzida por seus vínculos com os movimentos sociais e organizações da sociedade civil. Residem igualmente ali respostas sobre os efeitos produzidos pelo acesso dos partidos à arena governamental, como a introdução de uma nova dinâmica de incentivos, o impacto sobre as formas de participação e militância nas instâncias partidárias e o impacto sobre grupos e tendências das concessões feitas à política competitiva frente às determinações programáticas. Este é também o terreno em que se desvendam algumas das bases explicativas da política representativa, traduzidas nas formas de recrutamento e seleção de candidatos.

A ausência de dados das próprias organizações sobre as suas características é, sem dúvida, um dos principais motivos do pequeno conhecimento que temos sobre o funcionamento interno partidário. No caso brasileiro, sabemos que os partidos, em geral, detêm um baixo grau de estruturação interna, mas mesmo a maior parte das principais agremiações que apresentam um grau razoável de institucionalização e uma atuação política vigorosa não cultiva informações detalhadas sobre a sua composição e funcionamento. Este é, sim, um destaque do PT. Desde a sua fundação, o partido dedicou-se a conhecer e sistematizar dados e documentos sobre a organização e seu funcionamento, o processo de implantação de suas bases, informações sobre membros, filiados, grupos internos e militantes. Desde a década de 1990, por ocasião da realização dos congressos e encontros nacionais, o partido recolhe dados específicos sobre seu corpo institucional, as características socioeconômicas e demográficas de seus membros e lideranças, as formas de militância e de envolvimento com a dinâmica partidária, bem como a sua percepção e preferências sobre a atuação do partido.

Esse material, composto de uma densa massa de fontes documentais e empíricas sobre a vida interna petista, é analisado com articulação e rigor acadêmico por Oswaldo E. do Amaral. Ademais, Amaral coletou dados próprios que, adicionados à coleção de informações produzidas pelo partido, constituem uma base valiosa para conhecer a fundo e por dentro o desenvolvimento do PT nesses últimos anos.

O trabalho concentra-se no período entre 1995 e 2009, anos que acolheram as mudanças mais significativas do partido, como a constituição de uma estrutura organizacional profissional, a transformação de seu perfil ideológico original e, com a chegada à Presidência, sua adequação às imposições do sistema fundado em forte pragmatismo, empurrando-o cada vez mais para o centro político. Além disso, na sua forma exacerbada, tal pragmatismo produziu a pior crise sofrida pela organização em 2005. Esse é o cenário que o autor toma em conta de forma cuidadosa para analisar as transformações internas do partido.

Amaral persegue a hipótese de que o PT mantém sua principal singularidade de origem, os vínculos societários, e esse é um dos principais achados da pesquisa. Seu trabalho revela as conexões persistentes entre as lideranças partidárias e setores da sociedade civil organizada. Se essa era uma das novidades petistas quando o partido foi formado no início dos anos 1980, torna-se seu destaque após 30 anos e revela seu potencial organizativo da política representativa.

O autor também aborda a democracia interna partidária, e mostra de forma detalhada as tensões produzidas pela manutenção de mecanismos institucionais deliberativos participativos das bases de filiados e a crescente autonomização das lideranças. Nessa direção, a pesquisa mostra ainda que a presença do PT na Presidência da República teve claro impacto sobre o sistema político interno partidário, redefinindo clivagens e a atuação de grupos, provocando a constituição de um cenário mais homogêneo em termos programáticos e ideológicos.

A contribuição deste trabalho para o estudo do PT e os estudos partidários em geral é evidente. Oswaldo E. do Amaral apresenta novo enfoque sobre o processo de desenvolvimento do partido. Compreende o PT como resultado de pressões ambientais, de condicionantes internos e de seu percurso histórico, e mostra como a manutenção de seu desenho institucional e organização interna lhe confere distinção no quadro partidário brasileiro após três décadas. Diante do debate sobre a adequação do PT aos modelos clássicos de partidos, o autor sustenta que a hibridez melhor traduz o movimento percorrido de transformações, "a acomodação do partido a uma posição que concilia sua história/origem com a necessidade de vencer eleições e governar".

O completo e articulado debate teórico apresentado e a análise cuidadosa de dados e documentos tornam este um trabalho de referência obrigatória teórica e metodológica sobre o Partido dos Trabalhadores e sobre os partidos por dentro.

Rachel Meneguello
Professora titular do Departamento de Ciência Política da Unicamp

Introdução

Em 2010, o Partido dos Trabalhadores (PT) completou 30 anos. A festa de comemoração aconteceu em Brasília durante a realização do 4º Congresso Nacional da agremiação, evento que custou R$ 6,5 milhões e contou com a presença de 1,3 mil delegados, discurso do presidente da República, desfile de políticos de expressão nacional de várias agremiações e show de Jorge Ben Jor. Um cenário muito diferente daquele no acanhado auditório do Colégio Sion, em São Paulo, em 1980, quando o PT foi fundado. Nestas mais de três décadas foram muitas as transformações: o partido cresceu do ponto de vista eleitoral e organizativo, tornando-se um dos maiores e mais importantes do país; alterou suas propostas políticas e elegeu o presidente da República por três vezes, para ficarmos apenas nas mais evidentes. Único no quadro político brasileiro devido ao seu processo de formação e desenvolvimento, o PT é, sem dúvida, a agremiação mais estudada entre aquelas que surgiram ou se reorganizaram a partir do início dos anos 1980. Apesar da quantidade de trabalhos acadêmicos sobre o partido, poucos se debruçaram especificamente sobre a sua organização e seu funcionamento interno em âmbito nacional. Esta pesquisa busca, dentro de suas limitações e recorte, reduzir essa lacuna e avançar no pouco explorado terreno de como se organizam e funcionam os partidos políticos no Brasil.

Nesta Introdução, apresentamos os pressupostos teóricos que norteiam o trabalho, seus objetivos geral e específicos, as hipóteses que desejamos demonstrar e as estratégias de pesquisa utilizadas.

Teoria, objetivos e hipóteses

Começamos por delimitar teoricamente a abordagem deste trabalho. Como ficará claro mais adiante, ao apresentarmos o que entendemos por partido político e os objetivos e hipóteses que guiam a pesquisa, este é um trabalho institucionalista. Entendemos que as instituições importam e definem não só a estratégia dos atores por meio de uma estrutura de incentivos e oportunidades, mas também suas relações, preferências e objetivos. Dessa forma, nossa abordagem está mais próxima do que Thelen e Steinmo (1992) e Hall e Taylor (1996) definiram como Institucionalismo Histórico. No entanto, seguindo as indicações de autores como Thelen (1999), Katznelson e Weingast (2005) e Hall (2010), incorporamos alguns *insights* produzidos pela Escolha Racional Institucionalista, especialmente para entendermos o comportamento dos atores. Essa forma de analisar o caso petista foi adotada por Hunter (2007, 2010) e parece a mais completa para explicar tanto as transformações do partido quanto a manutenção de importantes características ao longo do seu desenvolvimento.

Há mais de 100 anos, desde os clássicos trabalhos de Ostrogorski (1902) e Michels (1911), os partidos políticos são objeto de estudo sistemático na Ciência Política. Dessa forma, determinar o que é um partido político não é uma tarefa simples. Caracterizações conflitantes – e muitas vezes excludentes – surgiram ao longo do tempo a partir de diferentes tradições teóricas. Como observa White, não é fácil construir uma definição que contemple o Partido dos Amantes de Cerveja, na Polônia, e o Partido Conservador britânico (2006, p. 5). Além disso, tanto a escolha de uma definição clássica quanto a elaboração de uma nova são carregadas de normatividade e refletem opções teóricas dos pesquisadores. Em que pesem todos esses problemas, consideramos importante determinar o que entendemos por partido político neste trabalho e orientamos nossa escolha a partir dos seguintes fatores: a) a aplicabilidade em diferentes contextos históricos e políticos; b) a capacidade de diferenciar os partidos de outras organizações políticas. Optamos, assim, por seguir uma definição adaptada de Ware (1996, p.5): *um partido político é uma instituição que (a) busca influência no Estado, geralmente tentando ocupar* posições no governo, e (b) normalmente agrega diferentes interesses presentes na sociedade.[1] Em ambientes democráticos, os partidos são também as únicas instituições que competem diretamente pela disputa de votos, exercendo, assim, uma atividade específica em um espaço próprio − a arena eleitoral (PANEBIANCO, 2005, p. 11; SCHMITTER, 2001, p. 71).

Como veremos no próximo capítulo, existem muitas abordagens possíveis para o estudo dos partidos políticos. Análises sobre comportamento, estratégia, organização e funções são algumas delas. Embora não acreditemos na separação total entre as diferentes abordagens e reconheçamos a interface existente entre elas, nos concentramos, neste trabalho, nos aspectos de organização e funcionamento interno dos partidos. Dessa forma, é também fundamental delimitarmos esse campo de análise. Seguindo os passos de Alcántara Saez e Freidenberg, entendemos a organização interna dos partidos *como o espaço que compreende tanto os indivíduos e os grupos que os compõem quanto as estruturas, regras (formais e informais) e organismos criados para a tomada de decisões, comando e condução das agremiações* (2003, p. 16).

A partir desse enquadramento, é possível afirmar que a organização interna das agremiações pode ser tratada tanto como variável dependente quanto explicativa no estudo dos partidos políticos. Ela pode ser determinada por fatores endógenos ou exógenos aos partidos, como seu "modelo originário" e os ambientes político e econômico, ou se constituir em um elemento explicativo para o próprio comportamento ou desempenho das agremiações.[2]

Esclarecidos alguns pressupostos teóricos importantes para a pesquisa, o objetivo geral do trabalho é *analisar as transformações na organização interna do PT e seus impactos sobre a dinâmica partidária entre 1995 e 2009*. Esse objetivo geral é complementado por outros cinco objetivos específicos:

---

1   A definição original de Ware é: "a political party is an institution that (a) seeks influence in a state, often by attempting to occupy positions in government, and (b) usually consists of more than a single interest in the society and so to some degrees attempts to 'aggregate interests'" (1996, p. 5).

2   Duas boas revisões da literatura sobre as causas e consequências das transformações na organização interna dos partidos políticos encontram-se em Levitsky (2003) e Harmel (2002).

a) Avaliar os vínculos do PT com a sociedade e verificar se houve um afastamento do partido com relação aos movimentos e atores da sociedade civil organizada;

b) Identificar as transformações nas formas de militância no interior do partido;

c) Identificar os efeitos das alterações no processo de seleção de lideranças sobre a disputa política interna;

d) Analisar as transformações nas clivagens que distinguem os grupos no interior do partido;

e) Analisar os elementos que determinam o recrutamento das altas lideranças petistas e as divergências ideológicas e de opiniões entre diferentes grupos intrapartidários.

Com relação ao recorte temporal, foram três as razões que determinaram a escolha do período 1995-2009 como objeto de análise. A primeira delas é o fato de que em 1995 teve início uma aliança política interna entre facções que ficaria conhecida como Campo Majoritário e que comandaria o partido por dez anos ininterruptamente. Esse período é apontado pela literatura como o mais rico em mudanças na história do PT, com alterações não só na organização interna mas também no programa, na ideologia e no comportamento partidário de uma forma mais ampla (SAMUELS, 2004; HUNTER, 2007, 2008; RIBEIRO, 2008; MENEGUELLO & AMARAL, 2008). Além disso, o período anterior a 1995 já foi objeto de estudos que discutiram a organização interna do PT, como os trabalhos de Meneguello (1989), Keck (1991) e Rodrigues (1990, 1997). A terceira razão diz respeito à possibilidade de avaliar algumas das consequências do exercício do governo federal sobre a organização interna do partido a partir de 2003. Embora o trabalho concentre-se no período 1995-2009, vamos recorrer, com frequência, ao período anterior (1980-1994) como recurso de comparação e forma de explicitar algumas das transformações e continuidades verificadas durante o trabalho.

As hipóteses que orientam a pesquisa são:

a) O PT continua a manter vínculos com a sociedade civil organizada e mecanismos que garantem a inserção das bases no seu processo decisório e a convivência de grupos com posições políticas distintas no interior do partido. Dessa forma, apesar de todas as transformações pelas quais passou a partir da segunda metade da década de 1990, o PT continua ocupando uma posição singular entre os grandes partidos políticos brasileiros;

b) As clivagens que definiam os grupos no interior do partido se alteraram com a maior participação da agremiação na política institucional e foram moldadas tanto pelas restrições do sistema político brasileiro quanto pelo estabelecimento de um novo processo de seleção de lideranças a partir de 2001. Com isso, o PT tornou-se menos heterogêneo do ponto de vista ideológico e programático;

c) As transformações na organização interna do PT refletem a acomodação do partido a uma posição que concilia sua história/origem com a necessidade de vencer eleições e governar. O peso da história e do "modelo genético" do partido é essencial para entendermos o ritmo e os contornos de suas mudanças.

Como é possível observar a partir das hipóteses levantadas, tratamos a organização interna do PT como variável dependente na maior parte da análise. No entanto, como veremos ao longo do trabalho, em muitos momentos ela se transforma também em variável explicativa ao contribuir para a compreensão da própria configuração interna do partido bem como de sua estratégia, desempenho e perfil ideológico.

Metodologia e estratégias de pesquisa

Este estudo, dada a sua natureza, combinou as seguintes formas de pesquisa: teórica, documental e empírica. Isso se fez necessário para a construção de indicadores capazes de averiguar as hipóteses formuladas e para a construção de um trabalho rigoroso e de acordo com os padrões exigidos nas Ciências Sociais.

A pesquisa teórica foi composta pela análise de dois conjuntos de obras: aquelas que tratam das transformações dos partidos políticos ao longo do tempo, apontando suas causas e consequências para o sistema partidário; e os trabalhos monográficos sobre as mudanças nos "partidos de massas" da Europa Ocidental na segunda metade do século XX. Com relação ao primeiro grupo, nosso objetivo foi construir um enquadramento teórico que nos auxiliasse a explicar as transformações da organização interna do PT no período proposto. Privilegiamos os trabalhos que buscaram construir tipologias e modelos observando os aspectos organizacionais dos partidos políticos. Já com relação ao segundo grupo, buscamos referenciais metodológicos e paralelos históricos que ajudassem a compreender o caso petista. Este trabalho não tem a pretensão de ser um exercício de política comparada, mas ao longo do texto recorremos às experiências da social-democracia europeia como recurso explicativo, e menções ao Partido Socialista Operário Espanhol (PSOE), ao Partido Trabalhista britânico e ao Partido Social-Democrata da Alemanha (SPD) perpassam todo o trabalho.

A pesquisa documental baseou-se na coleta sistemática de dados sobre o partido com o objetivo de construir indicadores empíricos operacionalizáveis e de acordo com os objetivos deste trabalho. Os dados primários foram os vários estatutos do PT, as resoluções aprovadas em Encontros e Congressos Nacionais e pelo Diretório Nacional (DN), os documentos divulgados pelos grupos internos durante os processos eleitorais da agremiação, as publicações internas e os programas de governo elaborados para as eleições presidenciais. Também obtivemos os dados relativos à base de filiados do partido, aos processos eleitorais internos e às instâncias organizativas, como os Diretórios Municipais (DMs) e as Comissões Provisórias Municipais (CPMs). Esses dados foram coletados, basicamente, a partir de duas fontes: o Centro Sérgio Buarque de Holanda, ligado à Fundação Perseu Abramo (FPA) e responsável pela preservação e tratamento do arquivo histórico do DN do PT; e a Secretaria de Organização (Sorg) do partido. Os dados secundários, como declarações de dirigentes e lideranças petistas e informações sobre as finanças partidárias e sobre as lideranças nos anos de 1990 e 1991, foram coletados na bibliografia existente sobre a agremiação e em veículos de imprensa escrita de grande circulação.

A pesquisa empírica constituiu dimensão importante do estudo e, de certa forma, é um dos grandes diferenciais deste trabalho com relação a outros de maior fôlego sobre a organização interna de partidos políticos no Brasil. Optamos por utilizar, de forma sistemática, quatro *surveys* realizados com delegados do PT reunidos em Encontros e Congressos Nacionais nos anos de 2001, 2006 e 2007. Essa decisão baseou-se no fato de que os delegados compõem uma boa mostra das lideranças do partido, com grande inserção na máquina partidária. São membros do PT que vivem seu dia a dia, ocupam, na sua maioria, postos diretivos no plano subnacional e participam da instância máxima de deliberação partidária: os Encontros e Congressos Nacionais, responsáveis por decisões sobre programa, estratégia, política de alianças e linhas de construção da agremiação (PT, 2001, p. 30). A literatura trata, de uma maneira geral, delegados de conferências partidárias nacionais como representantes da liderança intermediária das agremiações (REIF; CAYROL; NIEDERMAYER, 1980; KITSCHELT, 1989; ROHRSCHNEIDER, 1994; MÉNDEZ LAGO; SANTAMARÍA, 2001). Dessa forma, ocupam uma posição bastante singular nos partidos, pois são os responsáveis pela articulação direta com os militantes e filiados e pelo funcionamento da máquina organizativa nos planos regional e local. Esse é o caso também no PT, como veremos no Capítulo 2. No entanto, como nossas pesquisas contemplam também – ainda que em número reduzido – membros da cúpula partidária, como integrantes do DN, optamos aqui por nos referir aos delegados apenas como "lideranças". No Capítulo 6, tratamos mais especificamente das diferenças entre esses dois grupos.

Em uma perspectiva teórica mais ampla, a análise tanto do perfil das lideranças quanto de suas opiniões e posicionamento ideológico é fundamental para a compreensão da estrutura organizativa de um partido político devido à posição privilegiada que estas ocupam na agremiação. Segundo Panebianco, isso acontece porque a elite partidária detém mais recursos de "poder organizativo", garantidos a partir do controle daquilo que o autor chama de "zonas de incerteza". Para Panebianco, são seis as "zonas de incerteza" em um partido político: a) competência (conhecimento organizativo); b) relações com o ambiente (alianças com outras organizações, agenda política etc.); c) comunicação interna; d) regras formais (tanto sua definição quanto interpretação); e) fontes e canais de financiamento; f) recrutamento nos diversos níveis da organização (2005, p. 41-70). O controle sobre as "zonas de incerteza" é fundamental tanto para a relação do partido com os filiados de forma mais ampla quanto para os jogos internos de poder, influenciando não só a organização interna mas também as relações da agremiação com o ambiente em que está inserida. Dessa forma, mapear o perfil da liderança petista é uma tarefa essencial que nos permite desvelar as vinculações do partido com os mais diferentes atores da sociedade civil organizada, descobrir os caminhos de ascensão na hierarquia da agremiação e revelar os agentes que controlam a maior parte dos "recursos de poder organizativo" disponíveis no interior do partido.

 Importantes contribuições para o estudo das agremiações políticas derivaram de dados com ativistas ou lideranças partidárias, como os trabalhos de May (1973) e Kitschelt (1989). No final dos anos 1970, um projeto envolvendo pesquisadores de nove países europeus compilou informações de delegados reunidos em 39 conferências partidárias nacionais e forneceu dados valiosos que apareceram em vários estudos nas décadas seguintes.[3] No entanto, como observa Mair (2001), apesar da importância de pesquisas sobre esse universo para a análise do posicionamento ideológico e para a compreensão da organização e funcionamento dos partidos políticos, trabalhos com esse enfoque não estão entre os mais comuns na literatura.

---

3 Bons exemplos de trabalhos que usaram esses dados estão em Reif, Cayrol e Niedermayer (1980), Rohrschneider (1994) e Schofield *et al.*(1998).

AS TRANSFORMAÇÕES NA ORGANIZAÇÃO INTERNA DO PT 33

Os *surveys* que utilizamos neste trabalho vêm de duas fontes distintas. Um deles foi realizado pelo autor, no 13º Encontro Nacional (EN) do partido, na cidade de São Paulo, em 2006. A técnica utilizada foi o autopreenchimento de um questionário distribuído aos 1.053 delegados presentes, e a taxa de retorno foi de 27,4% (289). Os outros três *surveys* foram realizados pelo Núcleo de Opinião Pública (NOP) da FPA. Em 2001, no 12º EN, em Olinda, a técnica utilizada também foi o autopreenchimento de um questionário distribuído aos 538 delegados presentes e a porcentagem de respondentes foi de 80,1% (431). Nos outros dois *surveys*, porém, o NOP realizou a coleta de dados por meio de entrevistas e com dois questionários diferentes, o que permitiu um número maior de perguntas. No 13º EN foram entrevistados 82% dos delegados presentes (864) e, no 3º Congresso Nacional (CN), também realizado em São Paulo, em 2007, a taxa foi de 83,6% (775).[4] Diante da diferença nas taxas de resposta, sempre que possível, demos preferência às pesquisas feitas pelo NOP da FPA. Os quatro *surveys* preocuparam-se em obter dados sociodemográficos dos delegados e sobre sua participação em atividades e instâncias partidárias, além de verificar atitudes e percepções sobre uma série de temas, como o próprio PT e a situação política do país. As bases de dados obtidas pelo NOP em 2001, 2006 e 2007 foram gentilmente cedidas para este estudo e reorganizadas de acordo com os objetivos do trabalho. A utilização de diferentes técnicas de coleta de dados trouxe alguns problemas para a pesquisa, como a dificuldade de padronização nas respostas para efeito de comparação diacrônica. No entanto, acreditamos que eventuais desvios na interpretação das informações foram compensados pelo ganho analítico no tratamento de

---

4   As taxas de resposta encontram-se muito próximas das verificadas em pesquisas semelhantes. O projeto coordenado pela Universidade Mannheim ao qual nos referimos antes obteve taxas de retorno entre 30% e 85% nas 39 conferências partidárias em que a pesquisa foi aplicada (REIF; CAYROL; NIEDERMEYER, 1980, p.96). Saglie e Heidar, em seu estudo sobre os partidos noruegueses, obtiveram uma taxa de resposta de 71% (2004, p.389). Kitschelt, em seu trabalho sobre os partidos belgas Agalev e Ecolo, conseguiu 64% (1989, p.413). Méndez Lago e Santamaría, ao realizarem um *survey* com os delegados do PSOE, obtiveram uma taxa de resposta de 47% (2001, p.69).

uma maior base de dados. Ainda com relação às lideranças partidárias, obtivemos também alguns resultados de outros dois *surveys* realizados pelo NOP, em 1997, durante o 11º EN, no Rio de Janeiro, e em 1999, no 2º CN, realizado em Belo Horizonte. À medida que a padronização nos permitiu, apresentamos esses dados no Capítulo 2.

Este livro deriva da tese de doutoramento intitulada "As transformações na organização interna do Partido dos Trabalhadores entre 1995 e 2009", defendida no Programa de Pós-Graduação em Ciência Política da Universidade Estadual de Campinas (Unicamp) em dezembro de 2010. Participaram da banca de defesa os professores Rachel Meneguello (orientadora), André Singer, Leôncio Martins Rodrigues, Maria do Socorro Braga e Valeriano Costa. Para esta versão, realizamos algumas alterações e suprimimos alguns trechos, notas e anexos considerados excessivamente "acadêmicos". Na medida do possível, atualizamos a bibliografia utilizada com trabalhos que foram publicados em 2011 e 2012 sobre o PT e o governo Lula. A decisão de manter o recorte temporal redundou na decisão de não analisarmos sistematicamente a eleição de Dilma Roussef, em 2010, a atuação do partido durante seu governo e o julgamento do "escândalo do mensalão". No entanto, referências à campanha eleitoral de 2010, às alterações estatutárias ocorridas em 2012 e ao próprio julgamento no Supremo Tribunal Federal de importantes lideranças petistas foram feitas em algumas passagens do livro. Dessa forma, acreditamos termos deixado o trabalho mais completo e atualizado para os leitores.

Por fim, convém lembrar que versões modificadas dos Capítulos 2 e 3 foram publicadas nos periódicos *Opinião Pública* (vol. 17, nº 1, 2011) e *Revista Brasileira de Ciências Sociais* (nº 82, 2013), respectivamente. Além disso, os Capítulos 1 e 4 serviram de base para um texto publicado na *Revista Debates* (vol. 7, nº 2, 2013).

Capítulo 1

Enquadramento teórico

Introdução[1]

A literatura a respeito dos partidos políticos é reconhecidamente extensa e abrangente. Tipologias, modelos, análises de comportamento e inúmeros estudos de caso foram construídos sob os mais variados enfoques teóricos desde os clássicos trabalhos de Ostrogorski (1902) e Michels (1911) no começo do século XX. Em um levantamento realizado no início deste século, Gunther e Montero estimaram que, desde 1945, cerca de 11,5 mil livros, artigos e monografias tinham sido publicados sobre partidos políticos e sistemas partidários apenas na Europa Ocidental (2002, p.2). Apesar da quantidade de trabalhos e abordagens, o estudo dos partidos políticos não seguiu uma trajetória uniforme na Ciência Política. Em que pesem importantes contribuições como as de Schattschneider e V. O. Key nos anos 1940, foi nas décadas de 1950, 1960 e 1970 que autores como Duverger, Neumann, Kirchheimer, Epstein, Lipset e Rokkan, entre outros, estabeleceram sólidas bases conceituais e empíricas para a afirmação dos estudos partidários como uma importante subárea da Ciência Política. Nos anos 1980, porém, houve um refluxo no estudo dos partidos políticos, tratados como incapazes de satisfazer às demandas de representação e agregação de interesses que desempenhavam

---

1   Este capítulo serviu de base para um artigo publicado na *Revista Debates* (vol. 7, nº 2, 2013) sob o título "O que sabemos sobre a organização dos partidos políticos: uma avaliação de 100 anos de literatura".

anteriormente, como sugere o trabalho de Lawson e Merkl (1988). A interpretação de que os partidos políticos seriam organizações políticas em "declínio" começou a ser questionada em meados dos anos 1990, quando estudos como o de Katz e Mair (1994) buscaram mostrar que os partidos não estavam em decadência, mas sim passando por um momento de transição e adaptação a novos desafios e realidades, como a emergência de valores pós-materialistas, a globalização e novas relações com o Estado. A "Terceira Onda de Democratização" também contribuiu para o ressurgimento da importância do estudo dos partidos políticos, abrindo um novo campo para a validação de hipóteses e enriquecendo os trabalhos comparados com a ampliação das bases de dados. Um evidente sinal da recuperação do *status* dos estudos partidários foi a criação, em 1995, do periódico *Party Politics*, voltado exclusivamente para a análise de partidos políticos e sistemas partidários (MAIR, 1997; GUNTHER; MONTERO, 2002). Mais recentemente, Dalton, Farrell e McAllister argumentaram que os partidos políticos vêm demonstrando uma impressionante capacidade de adaptação frente aos desafios que enfrentaram nos últimos 100 anos (2011, p. 231).

Neste capítulo, buscamos cumprir uma dupla tarefa. A primeira é recuperar alguns autores e debates que marcaram a evolução do estudo dos partidos políticos. O objetivo não é realizar uma exaustiva revisão bibliográfica, mas explicitar o enquadramento teórico que servirá de base para o desenvolvimento posterior do trabalho. Dessa forma, será privilegiada a literatura a respeito dos aspectos organizacionais dos partidos políticos sob duas formas: a construção de tipologias e modelos partidários; e a análise das transformações organizacionais. Optamos também por não seguir esquemas tradicionais de classificação da literatura a respeito dos partidos políticos, como o que identifica os trabalhos em funcionalistas, organizacionais e sociológicos (GUNTHER; DIAMOND, 2001, 2003), por acreditarmos que a maioria dos estudos discutidos aqui ultrapassa fronteiras teóricas determinadas.

A segunda é recuperar a literatura a respeito do PT, mais rica e abrangente do que a encontrada sobre os outros partidos políticos brasileiros surgidos ou reorganizados após o regime militar (1964-1985). Dissertações e teses acadêmicas, artigos e livros no Brasil e no exterior buscaram explicar diferentes aspectos da agremiação sob distintas perspectivas teóricas e metodológicas. O grande interesse a respeito do partido no meio acadêmico derivou tanto da história singular de sua formação, consolidação e transformações quanto da própria inserção da proposta petista nos meios universitários. Embora existam trabalhos que tratem do partido nas áreas de Sociologia, Antropologia, História, Direito e Relações Internacionais, entre outras, concentramo-nos aqui nos mais diretamente vinculados à Ciência Política, destacando aqueles que moldaram a reflexão sobre a experiência petista desde a sua fundação até o exercício do governo federal a partir de 2003. Seguindo as qualificações realizadas por Leal (2005) e Ribeiro (2008),[2] classificamos os trabalhos sobre o PT em quatro enfoques temáticos: *Fundação e consolidação do PT*; *O PT no Executivo e no Legislativo*; *As transformações do PT*; *O PT durante o Governo Lula*.

A literatura sobre a organização dos partidos políticos

Começamos pelo trabalho de Robert Michels, *Sociologia dos partidos políticos*, escrito em 1911 e responsável por uma enorme influência em estudos que buscaram desvendar a organização e a distribuição de poder no interior das agremiações políticas. Influenciado por autores como Ostrogorski, Mosca e Pareto, Michels, ao analisar o Partido Social-Democrata alemão (SPD), defende que qualquer partido, mesmo os democráticos na sua origem, tende a desenvolver uma estrutura burocrática centralizada e à oligarquização de sua direção. Essa tendência, conhecida como a "Lei de Michels", ou "Lei de Ferro da Oligarquia", foi assim resumida pelo autor:

> A lei sociológica fundamental que rege ineslutavelmente os partidos políticos [...] pode ser formulada assim: a organização é a fonte de onde nasce a dominação dos eleitos sobre os eleitores, dos mandatários sobre os mandantes,

---

2 Neste livro, fazemos referência à tese de doutoramento de Pedro Ribeiro, defendida na Universidade Federal de São Carlos, em 2008. Seu trabalho foi posteriormente publicado com o título *Dos sindicatos ao governo: a organização nacional do PT entre 1980 e 2005* (EdUFSCar, 2010).

dos delegados sobre os que os delegam. Quem diz organização, diz oligarquia (1982, p.238).

Segundo o autor, a incapacidade das massas em se dirigir aliada às exigências técnico-administrativas de uma organização complexa como um partido político leva ao desenvolvimento de uma estrutura altamente burocratizada, comandada por um conjunto de dirigentes profissionais muito mais preocupados com a manutenção de suas posições internamente e com a sobrevivência da organização do que com os objetivos políticos que inspiraram a sua criação. Como consequência, decorre uma autonomização da liderança com relação às bases partidárias e uma flexibilização dos princípios ideológicos e programáticos da agremiação. A "Lei de Ferro" elaborada por Michels traduz a interpretação teórica de que o desenvolvimento dos partidos políticos não é compatível com a manutenção de estruturas democráticas e de controle de seus líderes por parte dos filiados e, mais importante, de que as massas são capazes, apenas, de substituir antigas por novas elites (DAALDER, 2002).

No início dos anos 1950, Maurice Duverger, na obra *Os partidos políticos* (1980), retomou algumas das preocupações teóricas de Michels, como a natureza das organizações partidárias, em um trabalho que se transformou em um clássico e influenciou boa parte do debate e da agenda de pesquisa sobre os partidos políticos na segunda metade do século XX. Duverger foi o primeiro a tentar sistematizar a diversidade partidária por meio da elaboração de uma tipologia e a esboçar uma teoria geral dos partidos políticos. Entre as inúmeras contribuições do autor, destaca-se a compreensão de que tanto a origem do partido quanto a sua ideologia devem ser usadas como variáveis explicativas no tratamento da organização, desenvolvimento e comportamento dos partidos políticos (DUVERGER, 1980; JANDA; KING, 1985).

A partir de uma análise comparativa de partidos da Europa Ocidental que combina elementos históricos, ideológicos e organizacionais, Duverger desenvolve uma tipologia dos partidos políticos que resulta, como veremos adiante, em considerações normativas por parte do autor a respeito das próprias agremiações políticas e das possibilidades de seu desenvolvimento em democracias de massa. Entre os tipos construídos por Duverger, destacam-se o *partido de quadros* e o *partido de massa*.

O primeiro diz respeito às agremiações de notáveis formadas no século XIX e que sobreviviam no século XX especialmente sob a forma de partidos conservadores e liberais. Vejamos algumas de suas características centrais: a) origem interna ao parlamento; b) organização interna de baixa intensidade; c) fraca articulação estrutural entre as instâncias organizacionais; d) estrutura nacional descentralizada; e) ausência de critérios claros de adesão; f) financiamento partidário dependente de alguns grandes doadores privados; g) concentração do poder decisório nas mãos da elite parlamentar (DUVERGER, 1980).

A expansão do sufrágio na segunda metade do século XIX e início do século XX e a incorporação de um grande contingente de pessoas à cena política foram determinantes, segundo Duverger, para o surgimento dos *partidos de massa*. A expansão do sufrágio levou ao desenvolvimento dos partidos socialistas e comunistas, que, por estarem mais próximos da concepção marxista de partido-classe, acabaram por desenvolver mecanismos para a integração dos grandes contingentes de trabalhadores característicos dos *partidos de massa*. Nesse ponto, fica evidente a identificação feita por Duverger entre ideologia e organização partidária (1980, p.103), posteriormente comprovada pelo trabalho de Janda e King (1985, p.161). Dada a importância para a análise do PT da caracterização elaborada por Duverger dos *partidos de massa*, vejamos mais detalhadamente os elementos que os compõem (1980):

a) *Origem extraparlamentar*, a partir de organizações da sociedade civil, como sindicatos e movimentos sociais;

b) *Organização interna de alta intensidade*, estruturada em torno de seções. Esses elementos organizacionais são responsáveis pela arregimentação de membros, educação política, seleção de lideranças e manutenção de uma atividade política permanente;

c) *Forte articulação estrutural entre as instâncias partidárias*, resultando em uma distribuição de poder centralizada nacionalmente e claramente definida;

d) *Rigorosos requisitos de filiação*, responsáveis pelo estabelecimento de compromissos entre os membros e o partido;

e) *Financiamento compartilhado entre os membros do partido*;

f) *Forte doutrinarismo* que exige adesão ao programa por parte do membro e o compromisso com a divulgação das ideias do partido;

g) *Subordinação dos parlamentares ao partido*.

A distinção e caracterização elaboradas por Duverger fizeram com que o autor definisse o *partido de massa* como o modelo de partido mais adaptado às condições impostas pela democracia moderna. Para o autor, a superioridade dos partidos de massa provocaria um processo de adaptação por parte dos arcaicos *partidos de quadros*, que, aos poucos, se veriam forçados a adotar algumas das características organizacionais de seus concorrentes mais modernos, em um processo descrito como de "contágio pela esquerda" (DU-VERGER, 1980; WARE, 1996; HARMEL, 2002; WOLINETZ, 2002).

Pouco depois do pioneiro trabalho de Duverger, Sigmund Neumann (1956) elaborou outra tipologia muito influente nos estudos partidários, em que articula as funções de representação e integração políticas dos partidos com aspectos organizacionais. Entre os tipos identificados por Neumann, destacam-se os partidos de *representação individual* e de *integração social*. Os primeiros foram formados em um ambiente de restrita participação política e estariam voltados para a articulação de demandas de grupos sociais específicos. A organização partidária é débil, essencialmente articulada em torno da atividade eleitoral, e os parlamentares eleitos não prestam contas de sua atuação ao partido. Já os partidos de *integração social* buscariam inserir no processo político grupos sociais anteriormente marginalizados. Sua organização interna é forte, complexa, permanente e calcada na intensa participação dos filiados (NEUMANN, 1956).

A análise de Neumann sobrepõe-se à de Duverger em vários aspectos, havendo uma correspondência entre os modelos de partidos *de quadros* e de *representação individual*, por um lado, e de *massa* e de *integração social*, por outro. Assim como Duverger, Neumann também considera os partidos de *integração social* mais modernos e capazes de lidar com as características dos sistemas democráticos contemporâneos. A combinação das dimensões funcional e organizativa dos partidos políticos proporcionada pela junção dos trabalhos desses dois autores exerceu forte influência no desenvolvimento dos estudos partidários nos últimos 60 anos, auxiliando na construção de novas tipologias e modelos de partidos, como é possível observar nas análises de Kirchheimer (1966), Panebianco (2005), Katz e Mair (1995), Gunther e Diamond (2001) e Wolinetz (2002).

Nos anos 1960, a visão predominante na literatura de que os elementos centrais dos "partidos de massa" se universalizariam passa a ser questionada pelos estudiosos dos partidos políticos a partir da observação das transformações organizacionais e comportamentais de algumas agremiações na Europa Ocidental. O primeiro a tentar sistematizar essas transformações e propor um novo modelo, mais apto a explicar as novas características dos partidos políticos, foi Kirchheimer, em uma série de artigos nos quais desenvolveu o conceito de partido *catch all*. Segundo o autor, a combinação entre crescimento econômico e amadurecimento do Estado de Bem-Estar provocou uma redução na polarização social e política, diminuindo a importância tanto da ideologia quanto das distinções de classe na cena partidária. Acompanhando as mudanças sociais mais amplas na Europa Ocidental, os partidos de massa estavam gradualmente transformando-se em agremiações diluídas ideologicamente, com apelos genéricos a todos os grupos sociais e cada vez mais voltadas para o sucesso eleitoral. As proposições de Kirchheimer (1966) representaram uma inversão com relação às hipóteses tanto de Duverger (1980) quanto de Neumann (1956) sobre o desenvolvimento dos partidos políticos, como é possível observar a partir das características do partido de tipo *catch all*:

 a) *Desideologização*. O discurso partidário perde um caráter ideológico claro;

 b) *Fortalecimento da liderança*. Os líderes do partido passam a ser avaliados por sua atuação diante da sociedade como um todo e não apenas em respeito aos objetivos específicos do partido a que pertencem;

c) *Declínio da importância da militância de base*;

d) *Apelo eleitoral pluriclassista*. O partido deixa de buscar votos apenas entre os membros de uma classe específica e passa a se dirigir a todo o eleitorado;

e) *Abertura para grupos de interesse variados*. A agremiação tenta se aproximar de diferentes grupos de interesse para assegurar tanto um maior apoio eleitoral quanto financeiro (KIRCHHEIMER, 1966, p.190-191).

As conclusões de Kirchheimer convergiram, apesar dos diferentes referenciais teóricos e de tratamento dos partidos políticos, com o trabalho de Epstein (1967). Para o autor, a hipótese de que o modelo organizacional dos partidos de massa se universalizaria estava equivocada. Nesse sentido, invertendo a argumentação de Duverger, os partidos políticos estadunidenses, antes apontados como subdesenvolvidos, pareciam muito mais aptos a lidar com as características das democracias contemporâneas e com as restrições impostas pela condução de modernas campanhas eleitorais do que os partidos socialistas europeus. Para vencer eleições, não era mais necessário mobilizar grandes contingentes de militantes, mas sim operar corretamente os meios de comunicação de massa e as pesquisas eleitorais, entre outras ferramentas. Dentro dessa perspectiva – em que o centro da atuação partidária é a competição eleitoral –, flexibilidade operacional e recursos financeiros são essenciais para o sucesso dos partidos políticos. Segundo Epstein, no lugar de um "contágio pela esquerda", o que estava acontecendo era exatamente o contrário: "um contágio pela direita" (1967; WARE, 1996; WOLINETZ, 2002).

Nos anos 1980, Angelo Panebianco (2005) retomou a preocupação com a organização partidária em um trabalho que combina, como variáveis para compreender o desenvolvimento organizativo dos partidos políticos, o *modelo genético* e o grau de *institucionalização* das agremiações. O *modelo genético* pode ser determinado a partir de três fatores:

a) O desenvolvimento da organização partidária a partir da *penetração territorial*, quando um centro controla a expansão para a periferia (formação de associações locais e intermediárias do partido); da *difusão territorial*, quando a expansão acontece espontaneamente por ação das elites locais, que posteriormente se unem a uma organização nacional; ou da combinação dos dois processos;

b) Presença ou não de uma instituição externa que legitime o partido (igreja, sindicato etc.). A partir dessa característica originária é possível distinguir os partidos entre aqueles de *legitimação interna* e de *legitimação externa*;

c) Caráter carismático ou não do partido, que pode ser verificado a partir da identificação da agremiação como um veículo construído para a afirmação de uma liderança carismática (PANEBIANCO, 2005, p. 92-99).

Por *institucionalização*, Panebianco entende o processo de estabilização da organização, no qual esta deixa de ser um instrumento para a realização de determinados objetivos por parte dos filiados e passa a ter valor em si mesma. Seus objetivos não são mais separáveis ou distinguíveis da própria organização, que transita então de um *sistema de solidariedade*, em que predominam os incentivos coletivos e a ideologia é manifesta (objetivos explícitos e coerentes), para um *sistema de interesses*, em que sobressaem os interesses seletivos e a ideologia é latente (objetivos vagos e contraditórios) (2005, p. 33-39). O processo de institucionalização pode ser medido em duas dimensões: a) o grau de *autonomia* em relação ao ambiente, entendida como a capacidade do partido em controlar os recursos necessários para o seu funcionamento; e b) o grau de *sistemicidade*, compreendida como a coerência estrutural interna do partido (2005, p. 103-108).

O modelo desenvolvido por Panebianco (2005) busca fornecer uma teoria geral a respeito da organização dos partidos políticos, permitindo a construção de tipologias diversas de acordo com a combinação entre as variáveis descritas acima. A partir do seu quadro teórico, o autor levanta hipóteses explicativas para as transformações dos partidos políticos e realiza uma importante requalificação do modelo de partido *catch all*.

Panebianco concorda com a proposição geral de Kirchheimer (1966) de que os "partidos de massa" estariam caminhando para um modelo de partido *catch all*. No entanto, exatamente por se concentrar em questões organizativas, o autor ressalta a progressiva profissionalização das agremiações causada pelo aumento da influência dos especialistas dotados de conhecimentos técnicos. Daí a requalificação dos partidos de tipo *catch all* como *profissionais--eleitorais*. As principais características desse modelo de partido são: a) papel central exercido pelos profissionais; b) eleitoralismo, laços organizativos verticais fracos; c) predominância dos representantes públicos; d) financiamento por meio de grupos de interesse e fundos públicos; e) ênfase em questões de amplo apelo eleitoral (2005, p.513-514).

As causas das transformações dos partidos mais próximos ao modelo *burocrático de massa*[3] em agremiações mais próximas ao modelo *profissional-eleitoral* encontram-se no ambiente em que estão inseridos. Segundo essa avaliação, duas mudanças ambientais estariam na origem das transformações partidárias: a primeira delas é mais estrutural e está ligada à própria dinâmica do desenvolvimento capitalista contemporâneo, que afetou os sistemas de estratificação social (redução de trabalhadores no setor secundário, ampliação do segmento de serviços etc.) e a forma de inserção política dos diferentes grupos ocupacionais. As alterações estruturais repercutem então sobre os partidos ao modificar cenários políticos e as características sociais do eleitorado. A segunda mudança está vinculada à reestruturação da comunicação política sob o impacto dos meios de comunicação de massa. De acordo com o autor, "mudam-se as técnicas de propaganda e isso leva a um terremoto organizativo: os antigos papéis burocráticos perdem terreno como instrumentos de organização de consenso; novas figuras profissionais adquirem um peso crescente" (PANEBIANCO, 2005, p. 518). Já a intensidade e a velocidade das transformações estariam ligadas tanto ao nível de institucionalização do partido quanto à natureza do sistema partidário. Para concluirmos, é necessário lembrar que Panebianco

---

3   O modelo burocrático de massa definido por Panebianco em pouco difere das especificações feitas por Duverger (1980) e Neumann (1956).

afirma ser muito comum a sobreposição das características dos modelos, o que provoca tensões e conflitos internos nos partidos (2005).

Em meados dos anos 1990, Katz e Mair (1994, 1995) fizeram uma significativa contribuição aos estudos partidários a partir de uma dupla crítica à literatura existente e às agendas de pesquisa que tratavam os partidos de forma comparada. Primeiro, propuseram a mudança de enfoque nos estudos partidários das relações entre as agremiações e a sociedade para as relações entre os partidos e o Estado. Segundo, afirmaram que as análises dos partidos políticos ainda estavam presas a concepções antigas, como a de *partido de massa*, apontado como modelo ideal de organização partidária. Esse duplo equívoco, na visão dos autores, era responsável pelo diagnóstico crescente na literatura de que os partidos políticos estavam em declínio e pela incapacidade dos estudiosos em enxergar, especialmente na Europa Ocidental, as recentes transformações partidárias diante de novos desafios ambientais. Como resposta às limitações teóricas que encontraram, Katz e Mair identificaram a emergência de um novo modelo de partido nas democracias contemporâneas, o *partido cartel* (1995). Esse novo tipo de partido seria o resultado de uma linha evolutiva caracterizada pelos modelos de partido de quadros, massas e *catch all.*

O que define o *partido cartel* são as suas relações com o Estado, apontadas como essenciais para a aquisição de recursos necessários para a sobrevivência da organização. Os principais indicadores dessa relação de dependência com o Estado são:

a) A garantia de acesso a meios de comunicação de massa, especialmente a televisão, proporcionada pelo Estado por meio de regulamentação ou cessão direta em canais estatais para a comunicação com o eleitorado;

b) O Estado é um importante mantenedor dos recursos humanos à disposição dos partidos. Assessores de parlamentares e membros do Executivo são pagos com recursos estatais e os funcionários do partido são mantidos, em grande medida, graças a repasses financeiros provenientes do Estado;

c) A atividade e a organização partidárias são cada vez mais moldadas a partir da regulamentação estabelecida pelo Estado;

d) O Estado confere legitimidade aos partidos políticos perante a sociedade civil quando estes ocupam cargos públicos;

e) Os partidos utilizam recursos estatais para a distribuição de incentivos seletivos a seus membros ou grupos sociais que os apoiam (patronagem partidária) (MAIR, 1994, p.7-11).

O estreitamento dos laços dos partidos com o Estado tem algumas consequências importantes para a prática democrática e para a disputa interpartidária. A emergência do *partido cartel* opera uma significativa inversão na relação entre Estado, partidos e sociedade civil. Durante a prevalência dos modelos de partidos de massa e *catch all*, as agremiações agiam como intermediárias dos interesses da sociedade civil junto ao Estado. Agora, é o Estado que atua como intermediário entre os partidos e a sociedade civil (MAIR, 1994, p.8). Com relação à disputa interpartidária, o modelo de *partido cartel* estabelece que, mais relevante do que vencer eleições, é garantir o acesso aos recursos estatais vitais para a sobrevivência das organizações. Dessa forma, interessam aos partidos mais importantes tanto a cooperação para a manutenção dos canais de financiamento do Estado quanto o bloqueio da ascensão de *outsiders* por meio de restrições legais (KATZ; MAIR, 1995).

Ainda de acordo com Katz e Mair, fatores sociais, culturais e políticos, além das próprias características dos partidos de tipo *catch all*, foram os responsáveis pela emergência desse novo tipo partidário. O declínio nos níveis de participação da população nas atividades partidárias, a maior volatilidade do eleitorado e o crescente distanciamento com relação às bases partidárias fizeram com que as agremiações políticas estreitassem seus vínculos com o Estado. Esse é um aspecto importante da proposição teórica dos autores, pois, para eles, a evolução dos partidos políticos nas democracias ocidentais é reflexo de um processo dialético no qual cada novo tipo de partido produz uma série de reações que estimulam seu próprio desenvolvimento e o surgimento de um novo modelo (1995, p.6).

As inovações teóricas de Katz e Mair sugerem uma requalificação mais ampla no estudo dos partidos políticos. No lugar de falarmos em declínio e fracasso, deveríamos falar em adaptação e mudança (1995, p.5). Essa requalificação fica mais fácil de ser compreendida quando se observam os partidos políticos não como unidades organizacionais indivisíveis, mas sim portadores de três faces distintas que interagem entre si e contam com estruturas próprias de recursos, oportunidades, incentivos e restrições. Vejamos:

a) *Party in public office*, a face pública do partido, representada pela organização no governo ou no parlamento. Essa face é composta pelos membros do partido que ocupam cargos eletivos no Executivo ou no Legislativo nos planos nacional e subnacional e por aqueles nomeados para cargos de confiança (assessores, secretários, ministros etc.). Essa face é mais suscetível às pressões causadas pelo ambiente eleitoral, em razão de seus constituintes dependerem de votos para a manutenção de seus postos, e conta com importantes recursos provenientes da sua conexão com o Estado: a capacidade de influir em decisões governamentais e a possibilidade de contar com uma assessoria política permanente e de favorecer grupos específicos com benefícios estatais.

b) *Party on the ground*, a base partidária, composta pelos militantes e filiados e, de uma maneira mais ampla, por contribuintes e eleitores fiéis. As características principais dessa face são a adesão voluntária e a permanência de seus membros na organização. No plano nacional, sua forma de organização se manifesta em congressos partidários, comitês e outras formas estabelecidas pelos regimentos internos. Os recursos são a própria disposição para a militância política – importante em eleições –, a contribuição financeira com a agremiação e a capacidade de conectar o partido com segmentos sociais que ele afirma representar. A principal restrição enfrentada por essa face partidária é a incapacidade de interferir diretamente nas decisões governamentais.

c) *Party in central office*, a direção nacional do partido, composta tanto pelos principais dirigentes partidários, como membros de diretórios e executivas nacionais, quanto pelo alto escalão da burocracia partidária. É muito comum a sobreposição desses grupos e sua legitimidade se assenta junto à base partidária e a membros do partido em funções públicas importantes. Os recursos à disposição dessa face partidária, assim como as restrições, derivam da sua posição no topo da organização e de sua condição de organizar campanhas nacionais e tomar decisões que interferem em toda a agremiação. Muitos dos seus membros são líderes das outras faces, o que provoca uma situação paradoxal: quando há unidade interna, a direção partidária consegue se beneficiar dos recursos disponíveis na base e junto ao Estado e se transforma no principal *lócus* de decisão partidária. No entanto, quando seus membros não estão unidos, o comando partidário é esvaziado de seu poder decisório e se transforma em campo de batalha para os líderes das outras faces do partido (KATZ; MAIR, 1993, p. 594-601).

A ruptura com a visão unitária de partido político permite a Katz e Mair (1993, 1995, 2002) qualificar os diferentes tipos partidários e entender suas mudanças a partir da interação – e das relações de poder – entre as várias faces. Para os autores, o partido de tipo *catch all* pode ser também caracterizado por uma peculiar condição de conflito entre a base e a face pública da agremiação. Ambas buscam, por meio da direção partidária, subordinar a outra. Já as organizações partidárias contemporâneas, mais próximas do modelo de *partido cartel*, apresentam uma posição privilegiada da face pública ante as outras duas. Nas palavras dos autores: "Sugerimos que o desenvolvimento das organizações partidárias na Europa ultrapassou o período do partido *catch all* e entrou em uma nova fase, na qual os partidos encontram-se cada vez mais dominados [...] pela face pública do partido" (KATZ; MAIR, 2002, p.122).

Mais recentemente, alguns autores reavaliaram, de forma crítica, a literatura a respeito dos tipos partidários, bem como os fatores responsáveis por provocar mudanças nas agremiações. Gunther e Diamond (2001, 2003) entendem que o estudo comparado dos partidos políticos, apesar de conter uma rica tradição e literatura, não foi capaz de gerar avanços teóricos relevantes nos últimos anos por se basear em tipos ideais incapazes de lidar com a multiplicidade de características que os partidos adquiriram após a "Terceira Onda de Democratização" e por não se preocupar em construir critérios de análise que unificassem as abordagens existentes.

Partindo dessa dupla crítica à literatura existente, os autores buscaram elaborar uma nova tipologia, capaz de romper com as barreiras entre as tradições sociológica, funcionalista e organizativa no estudo dos partidos e evitar o superdimensionamento das categorias de análise, possibilitando a comparação e a avaliação das agremiações tanto historicamente quanto em diferentes regiões, rompendo com a centralidade dos modelos construídos exclusivamente a partir da experiência democrática europeia. Os critérios usados por Gunther e Diamond para a classificação dos partidos são:

a) *A natureza da organização formal do partido*. Os partidos podem contar ou não com grandes bases de militantes e organizações de apoio; possuir apelos universalistas ou estar baseados em redes personalistas; e privilegiar as modernas técnicas de comunicação de massa ou as relações diretas com a militância;

b) *A natureza dos compromissos programáticos*. Alguns partidos desenvolvem programas bem articulados em torno de ideologias baseadas em filosofias políticas, credos religiosos ou sentimentos nacionalistas; outras agremiações estão preocupadas em priorizar demandas de determinados grupos sociais, étnicos ou geograficamente localizados; e há os partidos que são heterogêneos nos seus apelos programáticos;

c) *As estratégias e normas comportamentais*. Alguns partidos são totalmente comprometidos com as regras democráticas, tolerantes com relação aos seus adversários e possuem uma visão pluralista da política e da sociedade, enquanto outros são parcialmente leais à democracia ou claramente antissistema, preferindo um ordenamento político que favoreça a consecução de seus objetivos programáticos (2001, 2003).

No processo de construção da tipologia, Gunther e Diamond advertem para a natureza dinâmica dos partidos e para a possibilidade de estes contarem, muitas vezes, com uma superposição das características que definem os modelos. Os autores partem do critério organizacional para definir cinco grandes gêneros partidários: *elitistas*, *de massas*, *etnicistas*, *eleitoralistas* e *movimentistas*. Combinando os outros dois critérios, surgem então 15 tipos partidários (2001, 2003) (Quadro 1.2.1).

Quadro 1.2.1. Tipos de partidos segundo Gunther e Diamond (2001; 2003)

	Pluralistas	Antissistema
Elitistas	Tradicional de notáveis	
	Clientelista	
De massas		
Socialistas	De classe e massas	Leninista
Nacionalistas	Nacionalista pluralista	Ultranacionalista
Religiosos	Denominacional	Fundamentalista
Etnicistas	Étnico	
	Congressual	
Eleitoralistas	Catch all	
	Programático	
	Personalista	
Movimentistas	Libertário de esquerda	
	Pós-industrial de extrema direita	

Fonte: Adaptado de Gunther e Diamond (2001, 2003).

Como é possível observar a partir do Quadro 1.2.1, e de maneira coerente com a crítica que fizeram à dificuldade em unificar critérios de análise, os autores buscaram ao máximo utilizar as características e denominações mais apontadas pela literatura e combiná-las com a identificação das novas dinâmicas partidárias que emergiram no final do século XX em diferentes partes do mundo.

Partindo de um diagnóstico semelhante ao de Gunther e Diamond a respeito da literatura sobre partidos políticos, Wolinetz (2002) também propôs uma nova tipologia que buscasse integrar as visões funcionalista, organizativa e sociológica e que fosse capaz tanto de explicar a realidade quanto de tornar possível avanços teóricos consistentes. Sua principal variável de análise está vinculada ao comportamento dos partidos, e a distinção que estabelece dá-se entre partidos de tipo *policy-seeking, vote-seeking* e *office-seeking*. Derivando sua tipologia dos trabalhos de Strom (1990), Harmel e Janda (1994) e Strom e Muller (1999), o autor elenca as seguintes vantagens na adoção desse modelo de análise, conforme apontamos em outro trabalho:

a) é mais flexível e não aponta um sentido único na evolução das agremiações. Os partidos podem caminhar em sentido a um tipo ideal ou a outro ao longo do tempo e sob diferentes circunstâncias; b) permite a compreensão dos partidos como organizações que podem possuir características de mais de um tipo ideal em vários graus; c) possibilita o estudo da disputa interna de poder. É possível usar a mesma classificação para analisar os grupos internos e como eles influenciam o partido; d) com o refinamento da operacionalização, permite a análise tanto do comportamento quanto da organização das agremiações; e) com definições claras e boas medidas operacionais, é possível comparar partidos em diferentes lugares e contextos.

O tipo de partido *policy-seeking* é aquele que possui programas bem definidos, ideologias articuladas e que busca remodelar a agenda política com o objetivo de realizar mudanças substantivas em uma série de áreas. Geralmente, o partido dá mais prioridade às suas ideias e a seu programa do que às eleições. No aspecto organizacional, conta com intensa participação de filiados/ativistas na vida partidária e com uma infraestrutura de apoio para o desenvolvimento de políticas. O tipo *vote-seeking*, por sua vez, é aquele cujo principal objetivo é vencer eleições. Seu programa é mais maleável e pode ser mais facilmente alterado para maximizar as possibilidades de vitória eleitoral. O nível de envolvimento dos filiados na vida partidária é baixo, a estrutura partidária não é grande e as campanhas eleitorais são altamente profissionalizadas. Já o partido *office--seeking* é aquele que prioriza participar do governo, pois dessa participação muitas vezes depende a sua própria sobrevivência. Evita comprometimentos programáticos que dificultem alianças políticas e busca conseguir votos suficientes para participar de coalizões governamentais. Seus membros ocupam – ou buscam ocupar – cargos públicos e disputam acesso aos recursos provenientes do Estado (AMARAL, 2010, p. 112-113).

Apesar de proporem modelos de análise que partem de variáveis distintas, Wolinetz (2002), Gunther e Diamond (2001, 2003) concordam na crítica à unidirecionalidade dos trabalhos de Duverger (1980), Neumann (1956), Kirchheimer (1966), Panebianco (2005) e Katz e Mair (1995), entre outros. Para os primeiros, assim como para Ware (1996) e Krouwel (2006), é impossível afirmar que exista uma tendência homogeneizante na evolução dos partidos políticos. Pressões ambientais variadas, como um determinado panorama socioeconômico ou contexto institucional, combinadas com as características internas dos partidos e o comportamento de suas lideranças, podem, por exemplo, produzir transformações distintas em partidos com características semelhantes. Nesse sentido, mais importante do que determinar as tendências evolutivas nos partidos políticos, seria descobrir as variáveis que provocam as transformações partidárias.

Para encerrarmos essa discussão sobre a literatura a respeito das tipologias dos partidos políticos e das causas de suas transformações, convém mencionarmos a proposição teórica de Harmel (2002) a partir da avaliação de três tradições na literatura sobre as mudanças nas formas de organização partidária. Segundo o autor, é possível identificar três linhas teóricas distintas: a) *Mudanças a partir do ciclo de vida partidário (Life-Cycle Approach)*. Segundo essa visão, as mudanças partidárias podem ser explicadas em função do amadurecimento e crescimento das agremiações. O melhor exemplo seria o trabalho de Michels (1982) e a "Lei de Ferro da Oligarquia"; b) *Mudanças a partir de pressões do sistema (System-Level Trends Approach)*. De acordo com essa linha, as transformações dos partidos políticos são determinadas por pressões ambientais. Os estudos de Duverger (1980), Kirchheimer (1966) e Katz e Mair (1995) seriam os melhores representantes dessa tradição, na qual novos modelos partidários tiveram como principais variáveis para o seu surgimento pressões externas, como a extensão do sufrágio e a mobilização da classe trabalhadora, no caso dos partidos de massa; a diminuição da importância das distinções de classe e ideológicas no pós-Segunda Guerra, no caso da emergência dos partidos *catch-all*; e a crescente dependência do Estado, no caso do aparecimento do partido cartel; e c) *Mudanças autônomas*

(*Discrete Change Approach*). Segundo esse caminho teórico, as mudanças nas agremiações seriam provocadas não por abrangentes transformações ambientais ou pelo desenvolvimento de características internas, mas sim por eventos específicos que podem ser endógenos ou exógenos aos partidos.

Trabalhos como os de Wilson (1994) e Harmel e Janda (1994) apontam para o fato de que a combinação de fatores internos ou externos, como a mudança na direção partidária ou uma importante derrota eleitoral, pode detonar os processos de alteração organizacional dos partidos políticos sem necessariamente resultar em uma tendência histórica (HARMEL, 2002, p. 119-128).

Para Harmel, as três tradições teóricas não devem ser tratadas como concorrentes, mas sim como complementares, pois tentam compreender diferentes aspectos das transformações partidárias. Dessa forma, o melhor caminho para a construção de teorias mais abrangentes e robustas sobre as mudanças organizacionais dos partidos políticos passa pela construção de pontes entre as tradições. Como sugestão para uma agenda de pesquisa na área de partidos políticos capaz de lançar as bases para a construção de conexões entre as diferentes linhas teóricas, o autor propõe quatro premissas básicas: a) compreender que as três visões buscam explicar as decisões intencionais de mudar a organização de um partido e as consequências dessas decisões; b) levar em consideração que cada tradição foi desenvolvida para explicar um determinado tipo ou modelo de transformação organizacional; c) observar que todas elas utilizam variáveis internas e externas em diferentes graus; e d) entender a necessidade de usar as ferramentas desenvolvidas por mais de uma linha teórica na análise das alterações organizacionais dos partidos (HARMEL, 2002, p. 128).

A literatura sobre o PT

Fundação e consolidação do PT

A maior parte dos trabalhos a respeito da fundação e origem do PT caracterizou-se por apontar o partido como uma novidade na política brasileira devido ao seu processo de formação, proposta política e organização interna. Entre eles, destacam-se os estudos de Meneguello (1989) e Keck (1991) pela sua abrangência e capacidade de evidenciar, a partir da análise dos contextos histórico e institucional que envolveram o partido nos seus primeiros anos, a posição singular do PT no quadro partidário brasileiro, caracterizado por agremiações fracas, pouco institucionalizadas e de tipo *catch all*.

Para as autoras, a formação do PT está diretamente ligada ao surgimento do Novo Sindicalismo urbano no final dos anos 1970. Forjado na região do ABCD paulista e consequência das transformações socioeconômicas pelas quais passou o Brasil nos anos 1960 e 1970, que resultaram na formação de uma classe operária numerosa e representativa econômica e politicamente, o Novo Sindicalismo foi assim denominado por enfrentar o conflito entre capital e trabalho de forma distinta do sindicalismo antes verificado no Brasil, atrelado ao Estado. Independente, questionou, por meio de greves e campanhas salariais no final dos anos 1970, as ordens política e econômica estabelecidas durante o período do regime militar. As mobilizações de trabalhadores entre 1977 e 1979 transformaram o Novo Sindicalismo em um importante ator político e deram impulso às discussões para a formação de um partido, um partido de trabalhadores, possibilidade que se abria com a reforma partidária de 1979. Embora a força motriz da gênese petista tenha sido o Novo Sindicalismo, outros sujeitos políticos encamparam a ideia de organização de um partido popular, fazendo com que a proposta nascida no chão de fábrica suplantasse suas bases sindicais rapidamente. Líderes comunitários ligados às Comunidades Eclesiais de Base e vinculados à Teologia da Libertação, parlamentares de esquerda do Movimento Democrático Brasileiro (MDB) – partido de oposição ao regime militar –, intelectuais, membros de organizações de esquerda e militantes de movimentos populares urbanos enxergaram na construção do PT a possibilidade de participar mais ativamente do processo político institucional (MENEGUELLO, 1989; KECK, 1991).

O trabalho de Meneguello (1989), além de apontar a origem do partido como uma das razões de sua novidade no cenário político brasileiro, destaca a proposta política e a organização interna partidária como elementos singulares na experiência petista. Para a autora, o que marcou o partido durante a sua formação e seus primeiros anos foram a negativa em se alinhar automaticamente a qualquer matriz ideológica específica e o caráter classista de sua proposta política. O partido afirmava-se socialista e democrático, mas se recusava a definir claramente suas posições ideológicas mais amplas, e defendia a inserção de novos atores na política institucional a partir da noção de representação política orgânica. No aspecto organizacional, a agremiação apresentou um desenho institucional inovador com relação aos padrões verificados no Brasil. O PT primou por garantir a participação das bases no processo decisório e a ligação com os movimentos sociais, superando as restrições impostas pela legislação. O símbolo dessa preocupação do partido com a democracia participativa interna foi a criação dos Núcleos de Base, cujas principais funções eram ligar o partido à sociedade, ampliar a conexão entre as várias instâncias partidárias e servir como um local de educação política e permanente atividade de militância. A origem externa do partido e sua sólida vinculação a bases sociais organizadas, um modelo de funcionamento interno articulado e centralizado, intensa atividade interna e a primazia da função de agregação de interesses sobre a função eleitoral fizeram com que Meneguello (1989) afirmasse que o PT aproximava-se, em muito, do modelo de "partido de massa" descrito por Duverger (1980).

Keck (1991) tem uma posição semelhante à de Meneguello com relação aos primeiros anos de vida do PT. O forte enraizamento social, a natureza programática, a dinâmica democrática interna e a preocupação com a representação dos interesses das bases fizeram do PT uma anomalia. Nas palavras da autora:

> afirmei que o PT constitui um fato novo entre as instituições políticas brasileiras por diversas razões: primeira, porque ele se propôs a ser um partido que expressava os interesses dos pobres e dos trabalhadores na esfera política; segunda, porque procurou ser um partido inteiramente democrático; e, por fim, porque queria representar todos os seus membros e responsabilizar-se perante eles pelos seus atos (KECK, 1991, p.271).

Embora sem o alcance e a influência dos trabalhos de Meneguello (1989) e Keck (1991), outros estudos contribuíram para a compreensão das características e dilemas vividos pelo PT nos seus primeiros anos. Gadotti e Pereira (1989) analisam documentos que marcaram a fundação do partido e as tensões causadas pela entrada na arena eleitoral. Oliveira (1987) também oferece um rico panorama acerca das transformações do Novo Sindicalismo no sentido da construção de uma agenda política mais ampla e inclusiva no período imediatamente anterior à formação do PT. Já Azevedo (1995) faz uma análise a respeito das posições ideológicas do partido, em especial aquelas ligadas às concepções de socialismo e democracia, concluindo que o partido adotou, nos seus primeiros anos, um discurso ambíguo e marcado pela tensão entre os paradigmas leninista e social-democrata. Além disso, o autor realiza um esforço em sistematizar as posições ideológicas dos diferentes grupos que compunham o PT até 1995.

Ainda dentro do enfoque sobre a singularidade do PT na política brasileira, uma série de trabalhos buscou demonstrar como o partido foi organizado em diferentes estados e municípios. Bons exemplos são os trabalhos de Petit (1996), sobre a trajetória petista no estado do Pará e Braga (2009), respectivamente, sobre como diferentes condições ambientais nos estados de São Paulo e Rio de Janeiro influenciaram a construção do partido nestas unidades da Federação.

O PT no Executivo e no Legislativo

Com a maior inserção institucional do PT nas esferas executiva e legislativa, nos anos 1980 e 1990, apareceram trabalhos que buscaram analisar como o partido se comportou diante de novos desafios ambientais, bem como avaliar a atuação da agremiação no desenvolvimento de políticas públicas. Os trabalhos de Simões (1992) e Couto (1995) estão entre os que se destacam na identificação dos dilemas e dificuldades enfrentados pelo partido diante da condição de "partido governante". O segundo, ao analisar a passagem do PT pela prefeitura de São Paulo entre 1989 e 1992, mostra como essa experiência foi fundamental para o fortalecimento de uma visão dentro do partido de que para governar era necessário flexibilizar propostas e ampliar o leque de alianças políticas. Leal (2005), por sua vez, preocupa-se em analisar a atuação da bancada petista na Câmara dos Deputados e desvelar as relações entre ela e o partido. Em seu estudo, conclui que o PT exerce forte controle sobre sua bancada e que os parlamentares utilizam a estruturação dos gabinetes como estratégia de maximização eleitoral e conexão com atores organizados da sociedade civil.

A ampliação do número de prefeituras administradas pelo partido e a sucessão de governos petistas em Porto Alegre resultaram na produção de inúmeros trabalhos que avaliaram a construção do Orçamento Participativo (OP) e um conjunto de práticas denominadas pelo próprio partido de "Modo Petista de Governar". Boa parte dessa literatura surgiu dentro do próprio PT como forma de divulgar as políticas públicas desenvolvidas no âmbito local e sistematizar práticas e experiências. Alguns exemplos podem ser encontrados em Genro e Souza (2001) e Barreto, Magalhães e Trevas (1999). O OP e o "Modo Petista de Governar" também foram objeto de análises que privilegiaram o estudo da construção de novas práticas democráticas e da relação entre o PT no poder e as suas bases, conforme é possível observar nos livros organizados por Avritzer e Navarro (2003) e Baiocchi (2003).

As transformações do PT

A vitória de Lula nas eleições presidenciais de 2002 veio acompanhada de uma série de trabalhos, sob as mais variadas perspectivas teóricas, que tiveram por objetivo explicar as transformações pelas quais passou o PT especialmente a partir da segunda metade da década de 1990. Antecedentes a essas abordagens, os trabalhos de Novaes (1993) e Rodrigues (1997) identificaram alterações importantes não só do ponto de vista programático e organizacional, mas também no perfil das lideranças do partido. O primeiro aponta para a maior inserção institucional da militância e para o processo de burocratização da agremiação como fatores que reduziriam sua capacidade transformadora. O segundo mostra como o perfil da liderança do partido se alterou ao longo dos anos 1980, incorporando profissionais liberais, funcionários públicos e professores – trabalhadores assalariados urbanos de classe média. Rodrigues (1997) ainda questiona se o partido seria capaz de manter seu discurso programático e sua coesão interna diante das inevitáveis pressões decorrentes da maior inserção do partido na esfera institucional.

Nos últimos anos, algumas das questões levantadas por Rodrigues (1997) e Novaes (1993) reapareceram de forma mais sistematizada em trabalhos que buscaram estabelecer, de forma mais abrangente, o alcance das transformações do PT nos aspectos ideológico-programático e organizacional. De uma maneira geral, a literatura aponta para a caminhada rumo ao centro do espectro político, a desideologização do programa político, o comprometimento com a democracia representativa e com o respeito à ordem institucional, a maior ênfase nas disputas eleitorais, a profissionalização da estrutura partidária e a autonomização das lideranças com relação à base (AMARAL, 2003; SAMUELS, 2004; HUNTER, 2007, 2010; RIBEIRO, 2008).

Embora haja um razoável consenso na literatura a respeito da natureza das mudanças pelas quais o PT passou, não existe acordo sobre o que as causou, nem sobre como o caso petista se insere dentro do quadro teórico mais amplo do estudo dos partidos políticos. O trabalho de Ribeiro (2008) gira em torno de duas dimensões de análise: funcional e organizativa. Para o autor, o PT seguiu o caminho da social-democracia europeia, adquirindo características inequívocas de partido *profissional-eleitoral*, como definido por Panebianco (2005), e se tornando cada vez mais dependente do Estado, aproximando-se também do modelo de *partido cartel* proposto por Katz e Mair (1995). Muito bem documentada e com um percurso teórico claro, a análise de Ribeiro opta por enfatizar as semelhanças das transformações petistas com as descritas pela literatura a respeito da social-democracia europeia. Essa ênfase, porém, acaba diluindo, em parte, as especificidades do caso petista e a importância da preservação de práticas e regras ao longo da história partidária, responsáveis também por moldar o seu desenvolvimento organizativo.

À primeira vista, os trabalhos de Samuels (2004) e Hunter (2007, 2010) apresentam uma contraposição na análise das transformações petistas. No entanto, é possível tratá-los como complementares, pois ambos reconhecem a importância tanto de fatores endógenos quanto de exógenos para explicar as mudanças no PT. Samuels prefere enfatizar elementos internos ao partido como fundamentais para entender essas transformações e mostra como a sobreposição de uma visão mais pragmática por parte das lideranças e dos militantes levou o PT a trilhar o caminho da moderação ideológica a partir da segunda metade da década de 1990 (2004, p.1001). Para o autor, o número de militantes com uma postura mais pragmática aumentou nos anos 1990 devido às experiências de governo do partido no plano subnacional e à moderação na estratégia e nos objetivos de sindicatos e movimentos sociais, importantes componentes da base petista. Essa mudança na militância, articulada às regras de democracia interna do partido, forneceu a flexibilidade necessária para que a direção conseguisse conduzir o PT para um posicionamento ideológico mais próximo do centro do espectro político (SAMUELS, 2004).

Hunter (2007, 2010), como mencionamos na Introdução, combina uma abordagem que mescla Escolha Racional Institucionalista e Institucionalismo Histórico e prefere ressaltar fatores externos ao partido como os principais indutores da mudança. Segundo a autora, o cenário econômico global dos anos 1990 tornou praticamente impossível combinar competitividade eleitoral e uma posição contrária a reformas pró-mercado. Além disso, o ambiente político composto por um eleitorado e um sistema partidário fragmentado produziu forte incentivo para que o partido moderasse suas posições para finalmente vencer as eleições presidenciais. Apesar de abrangentes, os trabalhos de Samuels (2004) e Hunter (2007, 2010) não se preocupam em abordar com profundidade as mudanças organizativas do partido, deixando para ser preenchida uma importante lacuna com grande potencial explicativo para a compreensão das transformações do PT nos últimos 20 anos.

Para fecharmos este enfoque, cabe mencionar a literatura em torno das mudanças nas bases de apoio ao partido. Nos últimos anos, com a consolidação do PT como o partido que conta com o maior número de simpatizantes no país, uma série de trabalhos buscou entender quem são os "petistas" e como sua composição se alterou durante o governo Lula. Segundo Veiga (2007, 2011), Samuels (2008b), Venturi (2010) e Singer (2010), o PT apresentou, desde os anos 1990, um processo de nacionalização, com a redução na proporção de simpatizantes da região Sudeste, berço do partido. São, porém, nas análises das alterações verificadas durante o governo Lula que residem os achados mais interessantes. Para Veiga (2007, 2011), Venturi (2010) e Singer (2010), o PT ampliou sua penetração nos segmentos de menor renda e escolaridade. De acordo com o último, o PT teria se transformado no "partido dos pobres", ocupando um lugar vago na política brasileira desde o final da década de 1980 (2010, p. 100). Samuels, por sua vez, é mais cuidadoso ao discutir as mudanças no perfil do petista durante a administração Lula. Para o autor, o petista médio continua a viver em centros urbanos desenvolvidos, participa ativamente da política e é mais bem informado politicamente do que a maioria dos brasileiros. Samuels, porém, ressalta que a ideologia não é mais capaz de predizer a identificação com o partido, indicando uma moderação na posição dos seus simpatizantes (2008b).

O PT durante o governo Lula

A literatura a respeito do PT durante o governo Lula ainda está bastante atrelada às discussões a respeito das transformações pelas quais passou o partido. No entanto, a singularidade da agremiação no cenário político brasileiro combinada com a sua primeira experiência no controle do Executivo federal fez com que alguns autores tentassem compreender tanto os efeitos dessa nova situação sobre o partido como eventuais mudanças nas formas de conduzir o governo provocadas pela ascensão do PT à Presidência.

Hochstetler (2008) analisou as relações entre o governo Lula e o PT e a sociedade civil organizada entre 2003 e 2006. Segundo a autora, houve um distanciamento entre a sociedade civil organizada e o PT durante o governo Lula, encerrando o monopólio que o partido detinha como representante na política institucional dos movimentos sociais. Esse distanciamento foi causado pela continuidade da política econômica implantada pelo governo anterior e pela decepção por parte da sociedade civil organizada com relação ao grau de participação na administração Lula. A análise da autora, ao se concentrar na atuação do PT no governo federal, se ressente, porém, de uma averiguação mais detalhada do nível de participação da sociedade civil organizada no interior do partido capaz de mensurar mais corretamente o verdadeiro grau de afastamento da agremiação com relação aos movimentos sociais. Baiocchi e Checa (2007) seguem linha semelhante e argumentam que a principal mudança do PT no poder não foi a caminhada rumo ao centro do espectro político ou a adoção de uma política econômica considerada conservadora, mas o abandono de uma das marcas das administrações petistas: a construção de novas práticas democráticas. Já Pogrenbinschi e Santos (2011), em uma análise que cobre toda a administração Lula, têm uma interpretação diferente. Para os autores, o governo Lula inovou ao tornar as Conferências Nacionais de Políticas Públicas – instrumento que envolve a participação da sociedade civil na elaboração de diretrizes para a formulação de políticas públicas no âmbito federal – algo abrangente, amplo, inclusivo e frequente. Segundo Pogrenbinschi e Santos, foi também a partir de 2003 que as conferências adquiriram caráter deliberativo, normativo e representativo. Essa interpretação é acompanhada por Avritzer (2010), que, em texto no qual avalia os mecanismos participativos criados no Brasil pós-ditadura, afirma que o Governo Lula transformou em regra a realização de conferências em áreas ligadas às políticas sociais, especialmente durante o seu segundo mandato (2007-2010).

Hunter (2011) e Samuels (2013) partiram do "Modo Petista de Governar" para avaliar a experiência petista no governo federal sob a administração Lula. Para a primeira, o governo petista não foi capaz de manter muitos dos princípios que historicamente defendia, em especial os de *participação popular* e ética na política. Segundo Hunter, o "escândalo do mensalão" sepultou a imagem de que o PT era imune à corrupção – algo fundamental para a construção da "marca" petista nos anos 1990. A autora reconhece, porém, que o partido foi capaz de cumprir parte de seus compromissos históricos ao expandir programas sociais e políticas públicas que ajudaram a reduzir a pobreza. Samuels realiza uma avaliação um pouco diferente. Na mesma linha de Pogrenbinschi e Santos (2011) e Avritzer (2010), o autor argumenta que o PT conseguiu ampliar a participação da sociedade civil organizada na formulação de políticas públicas. Além disso, o governo petista foi capaz de articular crescimento econômico com redução da pobreza, o que, na interpretação de Samuels (2013), ajuda a consolidar a imagem de que o partido representa todos os brasileiros, fortalecendo sua identificação com boa parcela do eleitorado.

O ponto negativo da experiência petista no governo federal, para Samuels, está justamente na frequência e na magnitude dos escândalos de corrupção que atingiram a administração Lula (2013). Sobre o "mensalão", o autor estabelece uma ligação entre a dificuldade natural de construir maiorias em um regime presidencialista marcado pela fragmentação partidária e a própria natureza do PT, uma agremiação forte, institucionalizada e caracterizada por divisões internas. Diferentemente de outros partidos que ocuparam a presidência no período pós-1985, o PT enfrentou um duplo problema: interpartidário e intrapartidário. Lula precisava não só contentar sua base de sustentação no Congresso como também seus companheiros de partido. A conexão entre os escândalos de corrupção e a dificuldade do PT em lidar com a dinâmica do "presidencialismo de coalizão" também aparece em Flynn (2005), Palermo (2005), Amorim Neto (2007) e Pereira, Power e Raile (2009). Segundo esses autores, um dos fatores que provocaram a crise política em 2005 foi a pressão petista por ocupar um grande número de ministérios e cargos, levando à construção de um gabinete desequilibrado em relação à base governista na Câmara. Embora indiretamente, essas análises indicam a importância da organização interna dos partidos políticos como variável explicativa para a compreensão da formação de coalizões governativas, aspecto comumente negligenciado pela literatura.

Considerações finais

Neste capítulo buscamos retomar as teorias, enfoques e análises tanto sobre os partidos políticos de forma ampla quanto sobre o caso petista, que aparecerão de maneira recorrente neste trabalho. Ao longo do capítulo mostramos as potencialidades e limitações de muitas delas e como o caso analisado pode contribuir para o estudo da organização e do funcionamento dos partidos políticos.

Na série de enfoques temáticos sobre o PT, nosso trabalho insere-se entre aqueles que buscam analisar as transformações pelas quais passou o partido nos últimos anos. No entanto, diferentemente da maior parte da literatura mencionada, mais preocupada com os determinantes das transformações no comportamento e na ideologia do partido e com o enquadramento da agremiação em modelos teóricos clássicos, este trabalho concentra-se na complexa relação entre mudança e continuidade que marcou a evolução da organização e do funcionamento interno do PT a partir da segunda metade da década de 1990. Ao fazer isso, retomamos a preocupação em desvelar as características organizativas do partido presentes na primeira geração de trabalhos sobre a agremiação, como nos estudos de Meneguello (1989) e Keck (1991). Nossa vantagem, porém, reside na maior disponibilidade de dados a respeito do partido e na possibilidade de testarmos hipóteses que dependiam do próprio processo de desenvolvimento das estruturas organizativas e de alterações ambientais capazes de exercer novas pressões sobre a agremiação. Com mais de 30 anos de existência e dez de governo federal, é possível apontarmos de forma mais clara como o processo de formação do PT influenciou seu desenvolvimento organizativo e quais foram os elementos que contribuíram para as suas transformações. Acreditamos, assim, ajudar a preencher uma importante lacuna não só na produção acadêmica sobre o PT, mas também na literatura sobre a organização dos partidos políticos no Brasil no período pós-1985.

Capítulo 2

O PT e seus vínculos com a sociedade

Introdução[1]

A formação do Partido dos Trabalhadores esteve diretamente ligada a atores da sociedade civil organizada, como sindicalistas, militantes de grupos de esquerda e líderes de movimentos populares urbanos e membros das Comunidades Eclesiais de Base (CEBs). Em que pesem as especificidades da formação do partido nas unidades da Federação (UFs), há praticamente um consenso na literatura a respeito da forte vinculação da agremiação com movimentos sociais nos seus primeiros anos, o que levantou a curiosidade de muitos analistas pelo fato de o PT conseguir canalizar, no plano institucional, uma série de demandas políticas reprimidas de diferentes atores sociais em um contexto mais amplo de crise de representação vivida pelos partidos políticos, especialmente na Europa Ocidental (LAWSON; MERKL, 1988; KATZ; MAIR et al, 1992). Esse foi um dos elementos que levaram autores como Meneguello (1989) e Keck (1991) a qualificar o PT como uma novidade na política brasileira, conforme vimos no capítulo anterior.

O objetivo geral deste capítulo é avaliar se o PT continua mantendo vínculos sólidos com a sociedade civil e se continua a atrair filiados mesmo com todas as transformações pelas quais o partido passou a partir da segunda metade da década de 1990, especialmente no aspecto ideológico-programático. Como objetivos específicos, buscamos desvelar algumas importantes transformações

---

[1] Uma versão alterada deste capítulo foi publicada no periódico *Opinião Pública* (vol. 17, n° 1, 2011) sob o título "Ainda conectado: o PT e seus vínculos com a sociedade".

na organização partidária interna, como a maior capilarização de suas estruturas, e no perfil social das lideranças petistas. As hipóteses que norteiam este capítulo são as de que o partido continua permeável à participação de atores da sociedade civil organizada, capaz de atrair filiados, e apresenta um padrão de alteração entre suas lideranças causado, em parte, pela ampliação da inserção do PT na política institucional a partir da década de 1990.

Trabalhamos com dois conjuntos de indicadores empíricos que merecem algumas considerações sobre a sua operacionalização. O primeiro deles envolve o número de filiados ao PT e de Diretórios Municipais (DMs) e Comissões Provisórias Municipais (CPMs) ao longo do tempo. O segundo, os dados obtidos a partir dos *surveys* realizados pela Fundação Perseu Abramo (FPA) e pelo autor com as lideranças petistas em Encontros e Congressos Nacionais do partido em 1997, 1999, 2001, 2006 e 2007. Com relação ao primeiro, há uma razoável literatura que se apoia em dados como o número de filiados ao longo do tempo para analisar a força e a capacidade de representação dos partidos políticos junto à sociedade, tanto em perspectiva comparada − como os trabalhos de Katz e Mair (1992, 2002), Mair e Van Biezen (2001) e Scarrow (2000) − quanto na análise de casos específicos− como os estudos de Whiteley (2009), Méndez Lago (2000) e Poguntke (1994) −, para ficarmos apenas em alguns. Segundo Heidar, descobrir as variações no número de filiados no tempo e no espaço é um recurso analítico valioso para o estudo dos partidos políticos e sua relação com a sociedade de forma mais ampla (2006, p. 303). No entanto, adverte o autor, os números devem ser tratados com cuidado e o pesquisador deve sempre buscar uma uniformidade na construção das bases de dados.[2]

---

2 Seguindo essa recomendação, demos preferência, sempre que possível, aos dados fornecidos ou publicados pelo PT, e não aos disponíveis no Tribunal Superior Eleitoral (TSE). Essa opção deu-se pelo fato de os números do TSE serem, muitas vezes, superestimados, pois os partidos não contam com um controle rígido daqueles que já se desligaram das agremiações, não apresentando um número preciso de desfiliados, conforme exigido pela Lei nº 9096/95 (a introdução de um sistema eletrônico, o Filiaweb, a partir de 2009, tende a reduzir essas discrepâncias). Além disso, o PT, como veremos adiante, realizou um recadastramento dos seus filiados entre os anos de 2001 e 2003 e considera como membros apenas as pessoas que possuem registro no Cadastro Nacional de Filiados e são portadoras

O tratamento dos dados obtidos a partir das pesquisas feitas pela FPA com as lideranças partidárias exigiu também um esforço de padronização para que se transformassem em uma base que permitisse a comparação ao longo do tempo. Como mencionamos na Introdução, as pesquisas não foram realizadas com a mesma metodologia em todos os anos, o que pode levar a alguns desvios na interpretação dos dados. Acreditamos, porém, que os ganhos com a comparação de uma base de dados maior superem os eventuais custos na precisão da análise. Além disso, a FPA não forneceu a base de dados relativa às pesquisas realizadas em 1997 e 1999, o que impossibilita cruzamentos e avaliações mais sofisticadas a respeito das lideranças naqueles anos.

Este capítulo está organizado em três partes. Na primeira, nosso foco está na base de filiados do partido e na estrutura de incentivos que determinou as transformações dessa base. Prestamos especial atenção nas regras de filiação, na política de captação de novos membros e nas mudanças institucionais e no contexto político mais amplo que contribuíram, ainda que de maneira indireta, para as alterações identificadas. Na segunda, nos concentramos nos dados sobre a liderança petista, no seu perfil social e nas suas relações com os movimentos e as organizações sociais. Ao final, concluímos o capítulo privilegiando a articulação entre os resultados encontrados e a literatura em torno dos modelos partidários e sobre o PT, em especial os trabalhos de Meneguello (1989), Keck (1991), Novaes (1993), Rodrigues (1997) e Ribeiro (2008).

A base de filiados

A própria história da captação dos dados sobre os filiados do PT é um ótimo exemplo de algumas das transformações pelas quais passou o partido nas últimas duas décadas e sobre as quais tratamos não só neste capítulo,

---

da carteirinha de identificação do partido. Isso explica também por que decidimos realizar análises mais detalhadas com os números de filiados apenas a partir de 2003. Como reconhece a própria Secretaria de Organização (Sorg) do partido, os números a partir desse ano apresentam um maior grau de confiabilidade. Com relação aos dados sobre os DMs e CPMs, a lógica se mantém. A partir do processo de recadastramento de filiados, o PT também teve como descobrir a real dimensão da sua capilaridade organizativa.

mas ao longo de todo o trabalho. Dispersos em publicações como o *Boletim Nacional* (BN), os dados anteriores a 2001 são muito difíceis de serem encontrados e checados a partir de fontes alternativas. Em conversas com membros da Secretaria de Organização (Sorg) do PT, foi possível detectar que o partido não tinha controle sobre o número de membros e a procedência da maioria deles antes do início da década de 2000. Desde 2009, o PT possui um Cadastro Nacional de Filiados (CNF), centralizado na Sorg, localizada na sede do partido, em São Paulo, em que constam os dados cadastrais (endereço, contato etc.) de mais de 1,3 milhão de filiados ao partido. Além disso, dispõe também de um sistema eletrônico capaz de informar, em tempo real, o número de filiados em cada um dos mais de 5,3 mil municípios nos quais o partido está organizado e a evolução desse número no tempo. Desde 2008, encontra-se em implantação um sistema que vai permitir a cada DM inserir diretamente no CNF os dados de filiação de um novo membro, substituindo assim o envio das fichas de filiação para a Sorg pelo correio. Esse novo sistema deve agilizar ainda mais o processo de filiação, assim como o reconhecimento por parte do PT do seu real tamanho. As mudanças no processo de cadastramento de filiados permitem que o partido realize, como veremos mais adiante, campanhas de filiação em todo o Brasil, identificando os municípios e regiões em que o PT tem uma organização mais débil, tornando possível a construção de estratégias localizadas de arregimentação de membros e fortalecimento do partido. O processo de comunicação com os filiados também vem se alterando nos últimos anos em consequência dessa nova estratégia organizativa. Atualmente, todo filiado pode fazer parte da Comunidade PT, uma rede de relacionamento virtual na qual os membros do partido têm acesso a informações sobre a agremiação e participam de discussões e debates sobre os mais variados assuntos.

Não há dúvida de que o breve relato acima ilustra a preocupação com a construção de uma estrutura organizativa mais eficiente e ágil – e sem paralelo entre os grandes partidos brasileiros. O processo de recadastramento, que durou de 2001 a 2003, exigiu um esforço sem precedentes no partido, obrigando todos os membros do PT a preencher novamente uma ficha de filiação com os seus dados atualizados. Embora a reestruturação da organização partidária com relação aos filiados estivesse em pauta desde meados da década de 1990,[3] o seu início pode ser apontado, em parte, como uma consequência indireta da alteração do mecanismo de seleção de lideranças com a implantação do Processo de Eleições Diretas (PED) para a escolha de dirigentes em todos os níveis partidários, em 2001. A necessidade de organizar um processo de eleições internas em todo o Brasil, do qual podem participar todos os filiados há pelo menos um ano e que estejam em dia com a contribuição partidária, obrigou o PT a construir uma estrutura que lhe permita identificar onde está organizado e o número de aptos a votar em cada uma das localidades. A importância da manutenção de um cadastro atualizado foi sacramentada no Estatuto do partido. Na versão aprovada pelo Diretório Nacional (DN), em outubro de 2007, os parágrafos 1º, 2º, 3º e 4º do art. 11 estabelecem que será cancelada a vinculação partidária daquele que não se apresentar para o recadastramento de filiados estabelecido pela direção nacional (PT, 2007a, p. 5-6). Essa determinação foi mantida na nova versão aprovada em fevereiro de 2012 (PT, 2012, p. 7).

Em março de 1982, logo após o enorme esforço para a regularização do partido, uma circular da então Secretaria de Filiação e Nucleação (SFN) do PT estabeleceu metas bastante ambiciosas quanto ao recrutamento de filiados: atingir 1 milhão de membros e organizar o partido em pelo menos 40% dos municípios de cada estado até julho daquele ano; fazer com que os diretórios estaduais assumissem a tarefa de filiação; e organizar um balanço da situação organizacional do partido em cada UF (KECK, 1991, p. 127-128). Ao observarmos a Tabela 2.2.1, que contempla a evolução no número de filiados ao longo do tempo, bem como a Tabela 2.2.2, que demonstra a evolução do número de DMs, é possível ver que o partido levou 26 anos para alcançar os objetivos estabelecidos pela SFN. A análise dos dados acerca da evolução dos filiados ao longo do tempo evidencia a dificuldade de interiorização e implantação do PT em todos os estados do país, um processo que só se concluiu na década passada.

---

3 Cf. Resolução aprovada no 10º EN do PT, em 1995 (PT, 1998, p.637) e Godinho (1995).

Os dados relativos ao número de filiados mostram um processo de expansão da base petista durante os anos 1980 e o início dos anos 1990. Na virada do século, porém, o processo de recadastramento fez com que o PT considerasse filiados, em 1999 e 2001, aqueles que efetivamente participaram dos processos decisórios do partido. Em 1999, participaram dos encontros de base 212.320 membros do partido e, em 2001, participaram do primeiro PED 227.461 filiados. Concluído o processo de recadastramento, em 2003, o partido contabilizava 419.941 membros. Desde então, é possível percebermos uma grande expansão na base de filiados petista concentrada nos anos de 2003/2005 e 2006/2008, quando o partido passou a contar com 840.108 e 1.387.682 membros, respectivamente, superando a barreira de mais de 1% do eleitorado (1,06%) e se transformando no segundo partido com o maior número de filiados no Brasil, atrás apenas do Partido do Movimento Democrático Brasileiro (PMDB).[4] Sobre esse crescimento acelerado entre 2003 e 2008, apresentaremos algumas explicações mais adiante.

Como notou Ribeiro (2008, p.246), os dados por estado apresentam uma grande heterogeneidade, com algumas UFs apresentando sempre taxas de Filiados por Mil Eleitores (FPME) acima da média nacional, como o Acre e o Rio Grande do Sul. Isso demonstra as especificidades de implantação do partido de acordo com os grupos que organizaram o PT em cada UF (KECK, 1991, p.117). No entanto, quando olhamos para os dados organizados de maneira a avaliar a distribuição dos filiados petistas entre as regiões do país, percebemos algumas alterações importantes que devem ser destacadas (Gráfico 2.2.1). Até meados dos anos 1990, o PT era um partido que apresentava uma concentração de filiados muito grande na região Sudeste (em torno de 60%), enquanto a região era responsável por cerca de 45% do eleitorado nacional. Uma sobrerrepresentação que pode ser explicada pelo próprio processo de formação do partido e seus grupos de origem, em especial os membros de

---

4 Segundo o TSE, o PMDB contava, em dezembro de 2009, com cerca de 2 milhões de filiados. Em novembro de 2012, segundo o TSE, o PT continuava a ser o segundo partido com o maior número de filiados, totalizando 1.552.297 membros (1,1% do eleitorado).

movimentos populares urbanos e sindicalistas. A partir de 1993, podemos identificar um processo de desconcentração dos filiados que só foi concluído em 2008, quando o PT atingiu uma distribuição de membros entre as regiões muito próxima da configuração do eleitorado brasileiro. A proporção de filiados no Sudeste caiu para cerca de 40% em 1999 e se manteve assim até 2010. Na segunda metade da década de 1990, as regiões Sul e Centro-Oeste foram as que apresentaram maior crescimento, passando a contar, em 2001, com 21,1% e 11,4% dos filiados petistas, enquanto eram responsáveis por 15,7% e 6,7% do eleitorado nacional, respectivamente. O crescimento no Centro-Oeste foi puxado pelo aumento significativo no número de membros no Mato Grosso do Sul, que, mesmo durante o processo de recadastramento de filiados, manteve altas taxas de Filiados por Mil Eleitores em comparação com os outros estados. A transformação do estado naquele com a maior taxa de FPME coincide com as administrações de Zeca do PT entre 1999 e 2006. Na região Sul, o Rio Grande foi o polo de expansão do partido, como já havia notado Singer (2001). A região Nordeste, que ostenta o segundo maior colégio eleitoral do país, foi sistematicamente sub-representada dentro do PT até o ano de 2006, quando apresentou um forte crescimento em relação às outras regiões. Em 2008, passou a contar com 26% dos filiados e 27,1% do eleitorado nacional, especialmente impulsionada pelo aumento nas taxas de FPME no Ceará, na Bahia, no Maranhão, em Pernambuco e no Piauí.

 Um outro recorte que também apresenta dados importantes é a análise do número de filiados nas grandes cidades e capitais brasileiras (Gráfico 2.2.2). Consideramos grandes cidades aquelas que tinham mais de 200 mil eleitores em 2008 e, para efeito de comparação, mantivemos o mesmo grupo de 80 municípios (G-80) para a agregação dos dados relativos a 2006 e 2004.[5]
Os dados mostram que o PT não é mais um partido com membros concentrados apenas em grandes centros urbanos, como afirmaram Keck (1991, p.128) e Meneguello (1989, p.80) ao analisarem os dados dos filiados relativos ao estado de São Paulo nos anos 1980. Em 2004, o G-80 contabilizava 41,6% dos filiados e 37,1% dos eleitores brasileiros. Em 2006, a proporção permaneceu

---

5 Infelizmente, não obtivemos dados confiáveis anteriores a 2004.

praticamente inalterada e, em 2008, as capitais e as cidades com mais de 200 mil eleitores contavam com 39,3% dos filiados ao partido e os mesmos 37,1% do eleitorado nacional. O cruzamento desses números com as ondas de expansão descritas anteriormente nos permite concluir que, entre 2006 e 2008, o crescimento do número de filiados ao PT deu-se em maior quantidade nos municípios com menos de 200 mil eleitores. Embora não tenhamos dados relativos ao número de filiados por município nos anos 1990, há evidências de que esse processo de expansão organizativa rumo ao interior tenha se acelerado a partir da segunda metade da década passada: entre 1993 e 2000, a porcentagem de municípios em que o PT estava organizado cresceu de cerca de 40% para mais de 70%, atingindo, em 2009, quase 100% (Tabela 2.2.2). O crescimento na proporção de cidades com vereadores petistas ilustra bem o aumento da penetração do partido no interior do país. O PT elegeu, em 1996, vereadores em 21% das cidades brasileiras e, em 2008, obteve representantes em 47% dos municípios. Apesar de mais competitivo nos pequenos municípios, o PT ainda está longe de rivalizar com o PMDB, que elegeu vereadores em 72% das cidades brasileiras nas eleições municipais de 2008.

Os dados apresentados nos permitem traçar um interessante quadro das alterações pelas quais passou o PT no que toca à sua base de filiados. Ao completar 30 anos, o PT era mais nacional, menos concentrado nos grandes centros urbanos e apresentou um crescimento, entre 2003 e 2009, de 191,7% na taxa de FPME, enquanto o índice de filiados por eleitor no Brasil manteve-se praticamente inalterado, em torno de 9,5%.[6] Partindo de indicadores distintos, nossa análise confirma os achados de Singer (2010) e Venturi (2010) a respeito da acentuada nacionalização e interiorização do partido durante o governo Lula. Nosso objetivo agora é exibir algumas explicações para essas transformações.

A relação entre os partidos políticos e seus filiados pode ser tratada de duas maneiras: de uma perspectiva individual ou a partir de uma abordagem mais organizativa, centrada nos próprios partidos (BARTOLINI, 1983;

---

6   Dados retirados do TSE e referentes aos filiados em outubro de 2002 e dezembro de 2009.

SCARROW, 1994). A primeira preocupa-se em analisar os fatores que levam os cidadãos a se juntarem a uma agremiação política. Como assinala Heidar (2006), a maior parte dos estudos dentro desse enfoque está próxima à teoria da Escolha Racional, e deriva do clássico trabalho de Clark e Wilson (1961 apud HEIDAR, 2006), distinguindo os incentivos para a participação em materiais, sociais (*solidary*) e políticos (*purposive*). Os incentivos materiais seriam, por exemplo, o pagamento para o auxílio em uma campanha eleitoral, ou um cargo em uma administração comandada pelo partido. Os sociais, por sua vez, são menos tangíveis e mais coletivos: os partidos ampliam as possibilidades de inclusão social de seus membros por meio de atividades políticas ou recreativas. Já os incentivos políticos estão estruturados em torno da ideologia ou das políticas públicas defendidas pela agremiação. Um indivíduo decide ser membro de um partido por desejar ver transformados em realidade determinados objetivos que ele acredita ser importantes para a sociedade de uma maneira mais ampla ou para um grupo social específico (WARE, 1996, p.68-70).

A segunda forma de abordar a relação partidos/filiados está mais centrada nas razões pelas quais um partido político busca obter uma ampla base de filiados e nos mecanismos que tornam isso possível. É exatamente nesse lado da equação que nos concentramos na nossa análise sobre o PT. A decisão de buscar ou não uma grande base de filiados está diretamente ligada à visão que os dirigentes do partido têm a respeito de contar ou não com muitos membros na agremiação. Méndez Lago (2000), ao analisar a estratégia organizativa do Partido Socialista Operário Espanhol (PSOE), buscou sistematizar, baseando-se em trabalhos como os de Bartolini (1983) e Scarrow (1994), os custos e benefícios, tanto internos quanto externos, na adoção, por parte dos líderes partidários, de uma estratégia organizativa que privilegie a incorporação de um grande contingente de filiados. Com algumas alterações, seguimos aqui a sua sistematização, lembrando que ela vale para partidos que operam em ambientes democráticos:

Tabela 2.2.1. Número de filiados e taxa de filiados por mil eleitores (FPME) (1981-2010), por UF

	Fil. 1981	FPME/81	Fil. 1984	FPME/84	Fil. 1993	FPME/93	Fil. 2001	FPME/01
AC	1822	7,1	1264	10,9	2300	9,7	1631	4,9
AM	1904	3,5	2134	3,9	5385	5,4	2173	1,5
AP			501	7,2			1291	5,2
PA	8000	5,3	8044	5,3	14400	5,5	8953	2,7
RO	415	1,8	1437	6,2	9520	14,4	1309	1,6
RR							161	0,9
TO					4031	6,5	1548	2,1
Norte	11141	4,4	13380	5,3	35636	6,6	17066	2,4
AL	1553	2,1	860	1,2			2130	1,4
BA	5000	1,2	11730	2,8	42000	6,3	9853	1,2
CE	5000	2	7579	3	4530	1,2	8857	1,9
MA	4000	2,8	1394	1			2932	0,9
PB	3500	2,7	5172	4,1	7349	3,7	6810	3,1
PE	4500	1,8	8147	3,2			9570	1,8
PI	3200	3,3	3315	3,4	7000	4,5	4004	2,4
RN	1500	1,6	2738	2,9	5578	3,8	2013	1,1
SE	800	1,7	1236	2,6	3260	3,7	2439	2,2
Nordeste	29053	1,9	42171	2,8	69717	2,9	48608	1,6
DF			2200	3	6972	7,8	6440	5
GO	5600	2,7	7752	3,8	16350	6,5	5487	1,7
MS	2000	2,7	741	1	4727	4,2	10525	7,9
MT			2573	4,4	4000	3,3	3482	2,1
Centro	7600	2,2	13266	3,9	32049	5,6	25934	3,5
ES	5000	5,1	4693	4,8	1138	0,7	3534	1,7
MG	30000	4,4	23387	3,4	70000	6,9	26656	2,2
RJ	32000	5,2	30890	5	55000	6,3	10265	1
SP	64064	4,9	93626	7,1	200000	10,1	47351	1,9
Sudeste	131064	4,8	152596	5,6	326138	8,1	87806	1,8
PR	7000	1,7	12215	2,9	3068	0,6	10338	1,6
RS	20000	4,6	19529	4,5	51297	8,5	29754	4,2
SC	5072	2,4	6870	3,2	15551	5,2	7955	2,2
Sul	32072	3	38614	3,6	69916	4,8	48047	2,8
Total	210930	3,6	260027	4,4	533456	5,9	227461	2,1

AS TRANSFORMAÇÕES NA ORGANIZAÇÃO INTERNA DO PT   75

Fontes: Boletim Nacional do pt e Secretaria de Organização (Sorg) do pt.

Fil. 2003	FPME/03	Fil. 2005	FPME/05	Fil. 2006	FPME/06	Fil. 2008	FPME/08	Fil. 2010	FPME/10
1863	5,1	3738	9,6	4422	11,2	6125	13,8	6129	13,6
3446	2,3	7168	4,3	8434	4,9	15531	8,1	15533	8
2706	9,2	6902	21	6885	20,5	12318	32,1	12318	31,4
17599	4,9	26263	6,6	27042	6,7	60251	13,3	60767	13,2
4068	4,6	6188	6,5	6684	6,9	9741	9,5	9755	9,4
406	1,9	972	4,5	1048	4,8	1445	5,8	1445	5,7
3079	3,9	7124	8,5	7427	8,8	12460	13,5	12543	13,7
33167	4,3	58355	7	61942	7,3	117871	12,5	118490	12,3
3454	2,2	6570	3,7	6609	3,7	8163	4,1	8164	4,1
18835	2,2	39357	4,4	41049	4,6	76555	8,4	76960	8,3
13964	2,9	28794	5,6	33461	6,4	70297	12,5	70374	12,3
4988	1,5	12100	3,2	12648	3,4	27026	6,5	27026	6,5
12642	5,5	23358	9,5	23201	9,3	29822	11,2	29821	11,2
14490	2,7	32746	5,8	35728	6,3	94784	15,6	94784	15,5
5775	3,1	11677	5,9	13149	6,5	26929	12,3	26968	12,3
3566	1,9	6111	3	6220	3,1	9677	4,5	9688	4,4
4236	3,7	11121	9	11815	9,4	17065	12,5	17065	12,4
81950	2,7	171834	5,2	183880	5,5	360318	10,2	360850	10,1
8640	5,6	25991	17,1	26129	16,5	34803	20,9	34803	19,9
8085	2,4	17399	4,8	18537	5	28632	7,4	28630	7,3
15004	10,6	35537	23,8	36234	23,9	42939	26,6	42910	26,1
6911	4	15062	8,2	15685	8,4	23417	11,8	23461	11,6
38640	4,8	93989	11,1	96585	11,2	129791	14,2	129804	13,9
5430	2,5	9565	4,3	9915	4,3	17289	7,1	17305	7
50849	4	85250	6,4	86402	6,5	125562	8,9	125712	8,9
31142	3	64962	6,2	65766	6,1	116872	10,4	117305	10,3
78789	3,1	194459	7,2	196597	7,1	298653	10,2	299305	10,1
166210	3,3	354236	6,7	358680	6,6	558376	9,8	559627	9,7
27185	4,1	51066	7,4	51656	7,4	65501	9	65620	8,9
55820	7,6	80713	10,7	81320	10,7	114304	14,4	114499	14,4
16969	4,4	29915	7,5	30390	7,5	41521	9,5	41686	9,5
99974	5,6	161694	8,7	163366	8,7	221326	11,3	221805	11,2
419941	3,6	840108	6,9	864273	7	1387682	10,6	1390821	10,5

Tabela 2.2.2. Capilaridade organizativa do PT (2003-2009), por UF

	2003					2005		
	Mun.	DMs	% DMs	CPMs	% PT Org	Mun.	DMs	% DMs
AC	22	19	86,4	3	100	22	19	86,4
AM	62	36	58,1	15	82,3	62	38	61,3
AP	16	14	87,5	1	93,8	16	13	81,2
PA	143	91	63,6	46	95,8	143	91	63,3
RO	52	41	78,8	11	100	52	41	78,8
RR	15	5	33,3	2	46,7	15	5	33,3
TO	139	42	30,2	66	77,7	139	42	30,2
Norte	449	248	55,2	144	87,3	449	249	55,4
AL	102	44	43,1	4	47,1	102	44	43,1
BA	417	190	45,6	170	86,3	417	190	45,6
CE	184	112	60,9	46	85,9	184	110	59,8
MA	217	76	35	67	65,9	217	76	35
PB	223	81	36,3	56	61,4	223	81	36,3
PE	184	100	54,1	36	73,5	184	100	54,3
PI	224	117	52,5	55	77,1	224	118	52,7
RN	167	43	25,7	42	50,9	167	43	25,7
SE	75	47	62,7	17	85,3	75	47	62,7
Nordeste	1793	810	45,2	493	72,7	1793	809	45,1
GO	246	171	69,5	60	93,9	246	172	69,9
MS	77	70	90,9	7	100	78	69	88,5
MT	142	70	49,3	38	76,1	141	67	47,5
Centro	465	311	66,9	105	89,5	465	308	66,2
ES	78	50	64,1	24	94,9	78	49	62,8
MG	853	435	51	279	83,7	853	417	48,9
RJ	92	62	67,4	28	97,8	92	62	67,4
SP	645	328	50,9	244	88,7	645	313	48,5
Sudeste	1668	875	52,4	575	86,9	1668	841	50,4
PR	399	184	46,1	144	82,2	399	183	45,9
RS	497	361	72,6	113	95,4	496	359	72,4
SC	293	168	57,3	92	88,7	293	171	58,4
Sul	1189	713	60	349	89,3	1188	713	60
Total	5564	2957	53,1	1666	83,1	5563	2920	52,5

AS TRANSFORMAÇÕES NA ORGANIZAÇÃO INTERNA DO PT 77

Fonte: Secretaria de Organização (Sorg) do pt.

				2009		
CPMs	% PT Org	Mun.	DMs	% DMs	CPMs	% PT Org
3	100	22	21	95,4	1	100
24	100	62	56	90,3	2	93,5
3	100	16	15	93,7	1	100
52	100	143	134	93,7	9	100
11	100	52	45	86,5	6	98,1
10	100	15	13	86,7	2	100
79	87	139	76	54,7	60	97,8
182	96	449	360	80,2	81	98,2
49	91,2	102	63	61,8	35	96,1
170	86,3	417	333	79,9	82	99,5
73	99,4	184	149	81	29	96,7
67	65,9	217	150	69,1	48	91,2
112	86,5	223	148	66,4	46	87
37	74,4	184	149	81	34	99,4
99	96,9	224	193	86,2	29	99,1
101	86,2	167	95	56,9	40	80,8
25	96	75	74	98,7	1	100
733	90,6	1793	1354	75,5	344	94,7
74	100	246	160	65	86	100
8	98,7	78	74	94,9	4	100
70	97,2	141	132	93,6	7	98,6
152	98,9	465	366	78,7	97	99,6
29	100	78	57	73,1	20	98,7
410	96,9	853	737	86,4	65	94
30	100	92	81	88	9	97,8
311	96,7	645	457	70,8	165	96,4
780	92,7	1668	1332	79,8	259	95,4
207	97,7	399	235	58,9	143	94,7
118	96,2	496	375	75,6	110	97,8
104	93,8	293	217	74	70	97,9
429	96,1	1188	827	69,6	323	96,8
2276	93,4	5563	4239	76,2	1104	96

***Gráfico 2.2.1.* Porcentagem de filiados ao PT e eleitores (1981-2010), por região**

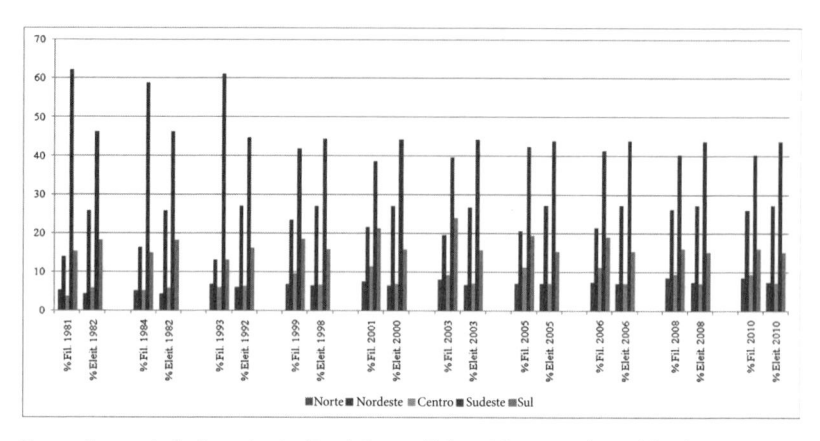

[Gráfico de barras mostrando % Fil. e % Eleit. para os anos 1981/1982, 1984/1982, 1993/1992, 1999/1998, 2001/2000, 2003/2003, 2005/2005, 2006/2006, 2008/2008, 2010/2010, com barras para Norte, Nordeste, Centro, Sudeste e Sul.]

Fontes: Secretaria de Organização (Sorg) do PT e Tribunal Superior Eleitoral (TSE).

***Gráfico 2.2.2.* Porcentagem de filiados ao PT e eleitores nas capitais e cidades com mais de 200 mil eleitores (G-80) (2004-2008)**

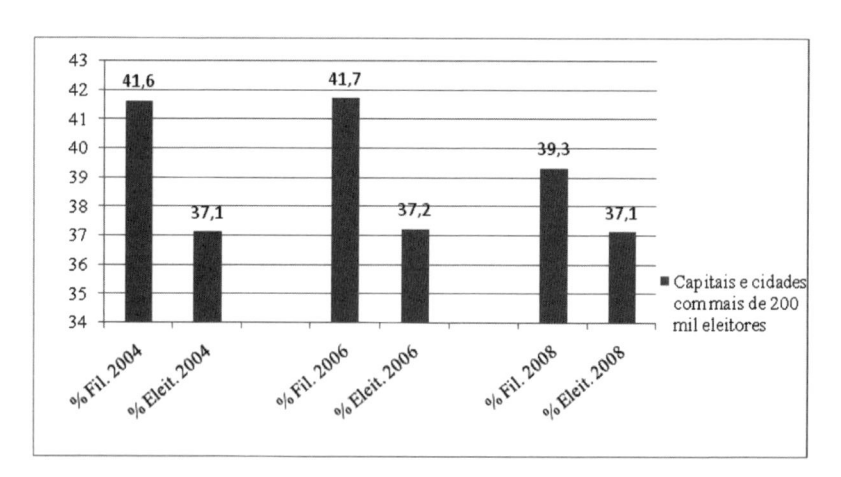

	% Fil. 2004	% Eleit. 2004	% Fil. 2006	% Eleit. 2006	% Fil. 2008	% Eleit. 2008
Capitais e cidades com mais de 200 mil eleitores	41,6	37,1	41,7	37,2	39,3	37,1

Fontes: Secretaria de Organização (Sorg) do PT e TSE.

Custos:

a) **Instabilidade interna.** Um grande contingente de membros, fruto de uma política ampla de filiação, pode resultar em uma maior dificuldade dos líderes para controlar o partido, especialmente se este dispuser de mecanismos amplos de participação na tomada de decisões. Além disso, pode ameaçar a coesão interna, resultando na formação de grupos com visões políticas distintas, o que pode provocar graves danos à agremiação em uma campanha eleitoral ou durante o exercício do governo;

b) Riscos eleitorais. A base partidária pode defender propostas políticas que distanciem o partido do eleitor médio, ampliando o risco de derrota em eleições e dificultando a alteração do programa partidário;

c) Desperdício de recursos. A arregimentação e a manutenção de um grande número de filiados obrigam o partido a alocar recursos financeiros, de pessoal e organizativos para esses fins.

Benefícios:

a) Ampliação do poder interno. Os filiados podem servir para as facções internas aumentarem seu poder nas estruturas decisórias da agremiação. Se o partido possuir um processo de seleção de lideranças que conte com a participação efetiva dos filiados, os grupos internos podem buscar incluir um maior número de membros para terem mais força nas eleições internas, nos congressos do partido e na própria escolha de candidatos para os cargos eletivos;

b) Mão de obra voluntária. Um grande contingente de membros pode facilitar o recrutamento de voluntários para realizar uma série de tarefas importantes, especialmente durante o período de campanhas eleitorais, assim como difundir as ideias e mensagens do partido junto à sociedade;

c) Recrutamento de candidatos. Os filiados podem se transformar em candidatos a cargos eletivos ou preencher postos em administrações controladas pelo partido. Um grande número de membros facilita ao partido lançar candidatos em um maior número de localidades;

d) Força política. Um expressivo número de membros pode demonstrar que o partido conta com grande aceitação e penetração junto ao eleitorado. Se a base de filiados for heterogênea, o partido pode alegar representar uma ampla gama de setores da sociedade e ser receptivo às suas demandas;

e) Recursos financeiros. Os filiados, por meio de contribuições previstas pelos partidos, podem significar uma importante fonte de recursos financeiros;

f) Desenvolvimento de políticas. Os filiados, por meio de suas experiências e vinculações com diferentes setores da sociedade, como movimentos sociais, empresários e universidades, podem auxiliar no desenvolvimento de políticas por parte dos partidos, fornecendo assim uma importante conexão entre as demandas do eleitorado e o programa partidário (MÉNDEZ LAGO, 2000, p. 158-161; HEIDAR, 2006, p.304; WARE, 1996, p. 63-64).

A análise da relação entre custos e benefícios de contar com uma ampla base de filiados por parte de dirigentes partidários pode variar ao longo do tempo e de acordo tanto com o contexto interno quanto com o ambiente social e institucional em que a agremiação está inserida. Além disso, a decisão de contar com muitos membros pode não se efetivar se o partido não dispuser de recursos e organização para obtê-los, ou não conseguir atrair os filiados por meios dos incentivos disponibilizados. Dessa forma, desvendar as razões da variação no número de filiados de um partido requer a combinação de três planos de análise: a) as ações do partido no sentido de ampliar a sua base de filiados; b) a avaliação da capacidade organizativa da agremiação; e c) a análise do quadro político mais amplo no qual o partido está inserido.

Desde a sua formação, o PT definiu-se como um partido de massas, aberto a todos que compartilhassem de seu programa e objetivos políticos. Em seu manifesto de fundação, aprovado em 10 de fevereiro de 1980, o PT afirmou desejar construir um partido "amplo e aberto a todos aqueles comprometidos com a causa dos trabalhadores e com o seu programa" (PT, 1998, p.66).

Meses depois, o partido reafirmaria seu caráter de massas ao aprovar seu programa político, conforme é possível ver na seguinte passagem: "Partido de massas, amplo e aberto, baseado nos trabalhadores da cidade e do campo, o PT é diferente também por causa de seus objetivos políticos" (PT, 1998, p.68). No 4º Encontro Nacional (EN), em 1986, ao discutir sua organização interna, o partido declarou: "O PT enfrenta diversos problemas no seu processo de construção. [...] A questão do caráter do partido, aberto, de massas, democrático e socialista sintetiza estes problemas e é a chave para aprofundar o processo de discussão interna" (PT, 1998, p.286). Em 1999, no 2º Congresso, o partido, ao tratar de seu processo de filiação, decidiu: "Temos que nos reafirmar como partido de massa dos trabalhadores, socialista e democrático" (PT, 1999, p.26). E no 3º Congresso, em 2007, no item "PT: Concepção e Funcionamento", a agremiação declarou: "O PT se reafirma como um partido de massas e de quadros, militante e dirigente" (PT, 2007b, p.88).

Como é possível verificar a partir das passagens acima, o PT sempre se preocupou com a construção de um partido de massas e buscou, em diferentes momentos da sua história, incrementar o número de filiados. Até 2001, os mecanismos privilegiados para a aquisição de novos membros foram as campanhas de filiação. Além do esforço de filiação inicial, no começo dos anos 1980, o PT organizou campanhas para atrair novos membros em 1987, 1992 e 1995. É difícil avaliar o sucesso dessas campanhas pela escassez de dados confiáveis descrita anteriormente. No entanto, ao combinarmos a análise dos dados disponíveis com a avaliação feita pelo próprio PT ou por membros do partido, é possível caracterizá-las como de sucesso parcial, especialmente se comparadas com as campanhas de 2003 e 2006. Em que pese a provável superestimação dos dados relativos aos filiados nos anos 1980 e 1990, o partido saltou de cerca de 260 mil filiados, em 1984, para pouco mais de 455 mil em 1988. Analisando a taxa de FPME, o avanço foi de 4,4 para 6,0 (36,4%) (RIBEIRO, 2008, p. 245). Embora não consigamos mensurar exatamente o efeito da campanha de 1987 sobre esse crescimento, é possível supor que ele tenha sido positivo. Já a campanha realizada cinco anos mais tarde não atingiu seus objetivos: coordenada pelo DN, buscou mobilizar os Diretórios Estaduais e

Municipais para atingir a marca de 1 milhão de filiados até o final daquele ano. Segundo a Sorg, o partido deveria aproveitar os pleitos municipais para atrair aqueles que se identificavam com a proposta petista mas ainda não pertenciam ao partido (SALAZAR, 1992). Em 1993, porém, o PT contabilizava 533 mil filiados e o índice de FPME permanecia praticamente o mesmo de 1988 (5,9). Ao analisar a campanha de 1987 e as perspectivas para a de 1992, Jorge Almeida, então Secretário Nacional de Juventude e membro do DN, observou que o partido não possuía recursos financeiros e organizativos para conduzir tal processo, que, na visão do autor, levaria, no máximo, a um aumento no número de filiados, sem que estes fossem localizáveis ou integrassem a dinâmica partidária (1992). O PT, ao lançar a campanha de 1995, reconheceu os problemas organizativos da agremiação e a necessidade de reorientar o processo de filiação para a manutenção de um cadastro atualizado e permanente dos membros do partido como forma de facilitar a mobilização e a comunicação internas, como é possível ver no texto de Tatau Godinho, secretária de organização à época:

> Há vários anos se discute a necessidade de empreendermos uma grande reestruturação organizativa no partido. [...] Embora já tenhamos feito algumas campanhas de recadastramento de filiados do PT, nenhuma delas resultou em uma atualização efetiva do quadro de filiados ao partido.
> É um consenso entre nós a importância do partido manter uma relação permanente com seus filiados. Um partido de massas como o PT precisa de filiados localizáveis (1995, s.p.).

Apesar do diagnóstico, o resultado da campanha organizada em 1995 não foi muito diferente do das anteriores. O partido continuava sem contar com um cadastro organizado e parecia não conseguir expandir sua base de filiados significativamente em função de seu esforço de filiação. Alguns meses após a decisão de lançamento da campanha, o partido observou, no seu 10º EN, que seria necessário retomar o processo de filiação e recadastramento articulando-o com a expansão do partido para os municípios em que não possuía diretório, em um claro sinal de reconhecimento da ineficiência do processo de captação de membros (PT, 1998, p.637).

As observações de Almeida (1992), Godinho (1995) e do próprio PT (1998) são ótimos pontos de partida para avaliarmos os resultados da ampliação da base petista de filiados durante os anos 1980 e 1990. Primeiro, é necessário ponderar que, apesar das derrotas nas eleições presidenciais de 1989, 1994 e 1998, o PT recebeu sempre mais de 10% dos votos para a Câmara dos Deputados nas eleições de 1990 (10,2%), 1994 (13,1%) e 1998 (13,2%) e foi apontado como o partido preferido por mais de 10% dos brasileiros durante toda a década (SAMUELS, 2008b, p. 305), demonstrando que havia espaço de crescimento para além dos 0,59% dos eleitores filiados à agremiação em 1993, ou mesmo para além dos 700 mil petistas "históricos" (0,74% do eleitorado) que o partido estimava ter em 1995 (PT, 1998, p.637).[7] Segundo, como pudemos ver nos parágrafos acima, a liderança partidária sempre considerou um ativo importante contar com um amplo número de filiados e agiu, por meio de seguidas campanhas nacionais, para incrementar esse número. Dessa forma, está no plano da capacidade organizacional a resposta para o sucesso parcial na captação de filiados no período. Apesar de contar com uma proposta política com boa receptividade junto ao eleitorado, as ações do partido no sentido de ampliar seu número de membros esbarraram na falta de recursos financeiros, capilaridade organizativa, coordenação das ações e medidas institucionais adicionais para o maior incentivo à entrada de novos membros.

As barreiras institucionais e organizativas para a expansão do PT começaram a ser removidas a partir de 1995, quando os moderados retomaram o comando do partido no 10º EN. Tenso e muito disputado, esse Encontro marcou o início da aliança entre as tendências internas Articulação e Democracia Radical, que seria a espinha dorsal do grupo que controlaria o partido por dez anos e ficaria conhecido como Campo Majoritário. Com José Dirceu à frente da presidência do partido e com as facções moderadas controlando

---

7   São considerados petistas "históricos" aqueles que em algum momento da vida do PT foram filiados ao partido.

os cargos diretivos mais importantes, o PT dava início a um amplo processo de remodelagem na sua organização, desenho institucional e ideologia, com consequências não só no âmbito da participação na política institucional, mas também na sua relação mais ampla com a sociedade. Sinais das mudanças no aspecto organizativo apareceram na resolução sobre Construção Partidária aprovada no 10º EN, derivada da tese-guia apresentada pela Articulação. Sobre as finanças partidárias, o documento afirmou o seguinte:

> É uma realidade a fragilidade de nossa política de finanças, voluntarista, esporádica, sem continuidade, sem planejamento e controle e, muitas vezes, confundindo politização com amadorismo, numa atividade que precisa ser profissional ao extremo.
> [...] Chegou a hora de o PT ousar na área financeira. Na situação atual, a falta de recursos inviabiliza uma política de finanças, deixando de lado um potencial de mais de 500 mil filiados, inviabilizando a comunicação política com eles, marginalizando-os das atividades partidárias, impedindo que contribuam para a definição de nossas políticas (PT, 1998, p.636-37).

Mais adiante, no mesmo documento, o PT reconheceu a necessidade de ampliar a sua capilaridade organizativa, com a abertura de diretórios e a realização de atividades partidárias, como encontros e seminários, em diversas regiões do país (PT, 1998, p.637)

No aspecto financeiro, a resolução aprovada no 10º EN prenunciava algumas das transformações pelas quais o partido passaria nos anos seguintes. Parecia claro aos líderes que assumiram o partido em 1995 que a agremiação necessitava de mais recursos e um melhor gerenciamento de seu orçamento para ampliar sua presença no interior do país e tornar-se mais competitiva eleitoralmente, e que havia um crescente descompasso entre os objetivos partidários e a forma com que a estrutura organizativa estava configurada. Diante disso, como mostra Ribeiro (2008), o partido passou por uma reestruturação na sua organização financeira a partir da segunda metade dos anos 1990, com uma crescente centralização de recursos no DN. Essa reestruturação foi facilitada pelas alterações na legislação sobre partidos políticos

(Lei 9096/95), que elevou consideravelmente a quantidade de recursos disponíveis aos partidos por meio do fundo partidário. Segundo dados organizados pelo autor, o partido praticamente triplicou suas receitas entre 1995 e 1996, e o fundo partidário passou a ser a principal fonte de renda do PT (2008, p. 108-110). A crescente participação institucional do partido também resultou em um aumento de recursos provenientes de contribuições estatutárias previstas para todos os filiados que ocupassem cargos eletivos ou comissionados. Em 2001, essas contribuições passaram a ser arrecadadas e distribuídas pela Secretaria Nacional de Finanças, em um claro esforço para garantir o aporte permanente de recursos provenientes dessa fonte e evitar os atrasos nos repasses por parte dos diretórios subnacionais (PT, 2001, p.47). A partir do ano 2000, a moderação ideológica do partido e o esforço de aproximação a setores do empresariado começaram a render benefícios financeiros ao PT e o número de doações de empresas quadruplicou entre 2000 e 2004. Construtoras, empresas de coleta de lixo, bancos e grandes indústrias de transformação passaram a figurar entre os contribuintes do partido (RIBEIRO, 2008, p.111).

Paralelamente à reorganização no âmbito financeiro, o partido também concentrou esforços para ampliar a sua penetração territorial e se tornar, efetivamente, um partido presente em todo o país, como mostra a Tabela 2.2.2. Mesmo depois de uma campanha presidencial em que quase venceu, em 1989, o partido, quatro anos mais tarde, encontrava-se organizado em apenas 44% dos municípios brasileiros, sendo que o número era ainda mais baixo nas regiões Norte (34%), Nordeste (37%) e Centro-Oeste (37%). Em 2000, é possível notarmos que o quadro se alterara substancialmente e que o PT estava presente em 74% dos municípios, e apenas a região Nordeste apresentava números abaixo da média nacional (62%). Em 2001, o partido reafirmou sua preocupação com a expansão organizativa e decidiu, no 11º EN, atingir a marca de 3,5 mil DMs no ano seguinte (PT, 2001, p.45). Embora a meta não tenha sido atingida no prazo especificado, em 2003 o partido já contava com algum tipo de organização, somando as CPMs e os DMs, em 83,1% das cidades brasileiras. Esse esforço continuaria nos anos seguintes, com a abertura significativa de CPMs entre 2003 e 2005, que saltaram de 1666 para 2276 no período, e a posterior consolidação de boa parte delas em DMs no período entre 2005 e 2009. Ao final da sua terceira década de existência, o PT possuía DMs em 76,2% dos municípios brasileiros e CPMs em mais 19,8%, totalizando uma presença organizativa em 96% das cidades do país.

Acreditamos que a reestruturação organizativa do partido iniciada na segunda metade da década de 1990 tenha sido fundamental para a expansão da base de filiados a partir de 2003. Com mais recursos financeiros e uma maior presença no interior do país, ficou mais fácil atrair filiados – além de participar de mais pleitos e eleger mais representantes no nível local. No entanto, outras ações do partido contribuíram para esse crescimento.

Méndez Lago, na sua análise sobre o PSOE, avalia que a atuação partidária em três dimensões (*Inclus*ão, *Compromisso* e *Participação*) é essencial para a captação de novos membros. A primeira trata das barreiras para a entrada de um simpatizante no partido. Campanhas de filiação, ampliação da presença organizativa e facilidade no processo de registro dos novos membros são alguns dos indicadores utilizados para compreender as ações do partido nessa dimensão. A segunda diz respeito às oportunidades de participação do filiado nas atividades partidárias. Ações fora do período eleitoral e uma estrutura que organize os filiados indicam uma preocupação com a atração e a inclusão de novos membros na dinâmica da agremiação. A terceira dimensão está relacionada aos canais de participação disponíveis aos filiados no processo interno de tomada de decisão, especialmente no que se refere à seleção de candidatos e à escolha dos dirigentes partidários (2000, p. 162-163).

É na primeira dimensão, a da *Inclusão*, que encontramos a maior preocupação do partido a partir da segunda metade da década de 1990. Além da já mencionada preocupação com a construção de um cadastro nacional, que permitiria ao PT conhecer suas debilidades organizativas e construir uma política de filiação mais racional e focada nas localidades em que se encontrava mais fraco, o partido mostrou uma preocupação em facilitar o processo de entrada de novos membros, alterando as regras de filiação (PT, 1999, p.27). Em 2001, após anos de discussão, o novo Estatuto do PT foi aprovado e, nele, o partido instituiu, no Art. 10, a possibilidade de filiações coletivas durante a realização de campanhas de adesão (PT, 2001, p.21).

Após os resultados das eleições de 2002, nas quais o partido elegeu o presidente da República e foi o que mais votos recebeu tanto para as Assembleias Legislativas quanto para a Câmara dos Deputados, a direção do PT concluiu que havia espaço para uma ampla campanha de filiação em 2003.[8] Com os slogans "Coloque nossa estrela no lugar certo: no coração de um amigo" e "Se você é PT de coração, queremos falar com você" (SORG, 2003, s.p.), a campanha iniciada em setembro de 2003 foi muito mais organizada e estruturada do que as anteriores. O partido disponibilizou um número gratuito 0800 e um espaço especial em seu sítio na internet para aqueles que quisessem obter informações. Os dados obtidos pelo telefone e pela internet eram repassados aos diretórios locais para que estes entrassem em contato diretamente com os interessados. Os diretórios receberam material gráfico sobre o PT, brindes para distribuir aos novos membros e um manual no qual havia uma série de medidas que deveriam adotar para que a campanha fosse bem-sucedida, como o estabelecimento de uma equipe de filiação, um horário fixo de atendimento e recomendações a respeito de como tratar os interessados em ingressar no partido (SORG, 2003, s.p.).

Embora seja impossível mensurar exatamente o efeito da campanha na captação de filiados, os dados nos mostram que ela foi bem-sucedida, pois o partido saltou de cerca de 420 mil filiados, em junho de 2003, para mais de 800 mil, em janeiro de 2005. Na avaliação do número de filiados por eleitor, o PT passou de 3,6 para 6,9 FPME e todos os estados apresentaram um crescimento significativo no número de membros no período (Tabela 2.2.1).

Em abril de 2006, ao final de seu 13º EN, o PT lançou uma nova campanha de filiação. Em um contexto diferente, marcado pela crise de corrupção que atingiu o partido e muitas das suas lideranças em 2005/2006, essa campanha

---

8   No manual de campanha elaborado para os Diretórios e Comissões Provisórias, a Sorg declarou: "A primeira pergunta é: por que é tão importante fazer uma campanha de filiação agora? A resposta é simples: porque hoje, mais do que nunca, o PT tem uma grande oportunidade de crescer e se fortalecer" (SORG, 2003, s.p.).

buscou também recuperar a imagem do PT junto aos seus simpatizantes e sinalizar aos filiados que a agremiação estava recuperada dos escândalos políticos e pronta para disputar as eleições de 2006. No guia elaborado para a campanha, o partido afirmou não se preocupar tanto com prazos e metas de filiação – embora achasse possível superar a marca de 1 milhão de filiados –, mas sim em preparar os militantes petistas para a disputa eleitoral e ampliar a presença do partido nos pequenos municípios (SORG, 2006, p.3). Do ponto de vista organizativo, a novidade dessa campanha foi a possibilidade de contar com dados detalhados a respeito do número de membros do partido em cada UF e município. O sistema montado pela Sorg, como dissemos antes, tornou possível fazer um diagnóstico preciso da situação organizativa do partido em cada estado e orientar as ações dos diretórios locais. No guia preparado para o estado do Rio de Janeiro, por exemplo, a Sorg concluiu que para melhorar o índice de filiação do partido seria "necessário agir de forma específica principalmente na capital e nos seis municípios que estão na faixa entre 100 mil e 150 mil eleitores" (SORG, 2006, p.5). No mesmo documento, a Sorg ainda sugeriu que o Diretório Estadual destacasse uma pessoa para averiguar o baixo número de filiados nas cidades de Itatiaia e Cardoso Moreira (SORG, 2006, p.5).

A julgar pelo crescimento no número de filiados, a campanha de 2006 também foi bem-sucedida. Em janeiro de 2008, o partido contava com quase 1,4 milhão de filiados e um índice de 10,6 FPME, o que significava que, pela primeira vez na sua história, conseguia superar a marca de 1% de eleitores filiados. Essa segunda onda de expansão no número de filiados no governo Lula, como mencionamos antes, também foi marcada por um forte crescimento do partido na região Nordeste, que saltou de 5,5 para 10,2 FPME (Tabela 2.2.1), e por uma ampliação na proporção do número de filiados em municípios de pequeno e médio porte (Gráfico 2.2.2).

Além das campanhas de filiação, outra importante redução na barreira de inclusão foi a maior presença territorial do PT. A expansão rumo aos pequenos municípios tornou mais fácil o processo de captação de membros, além de potencializar os efeitos das campanhas nacionais de filiação. Um indicativo da ligação entre a capilaridade organizativa e a presença de filiados ao partido aparece na Tabela 2.2.3, na qual encontramos, por meio da correlação de Spearman, uma associação significativa, positiva e moderada entre a porcentagem de municípios no qual o PT estava organizado, por estado, e a taxa de FPME. No entanto, é preciso observar os dados com cuidado, pois a queda no *r* a partir de 2003 indica que as variáveis estiveram menos ligadas durante as ondas de expansão dos filiados no governo Lula, demonstrando uma menor associação entre a penetração territorial do partido e a taxa de FPME.

Tabela 2.2.3. Correlação entre a taxa de FPME e a porcentagem de DMs organizados, por UF

Filiados por Mil Eleitores (FPME)	DMs Organizados (%)		
	2003	2005	2009
	,556***	,454**	,477**

Fonte: Sorg do PT. Sig: *** p < 0,01; ** p < 0,05. N = 26 (O DF foi excluído por contar com apenas um DM).

Ainda que indiretamente, outros dois aspectos importantes parecem ter facilitado a entrada de novos membros no partido a partir de 2003 e se enquadrariam na dimensão da *Inclusão*. Chamaremos esses dois aspectos de: a) "redução das barreiras ideológicas" e b) "efeito Lula". Embora não seja possível mensurar o posicionamento ideológico dos filiados – especialmente daqueles que entraram no partido a partir de 2003 –, é possível supor que a moderação ideológica do PT a partir da segunda metade da década de 1990 e a caminhada rumo ao centro do espectro político, amplamente discutida na literatura (AMARAL, 2003; SAMUELS, 2004; HUNTER, 2007, 2010, 2011; RIBEIRO, 2008), tenham exercido algum efeito positivo na captação de filiados durante o governo Lula. Mais perto do centro, o partido ampliou o seu "território de caça", aproximando-se de um grande contingente de eleitores que não se identificavam com posturas mais radicais de esquerda. Alguns indícios de que isso pode ter ocorrido encontram-se no trabalho de Samuels (2008b). Ao analisar os eleitores que se identificavam com o partido em 2007, o autor mostra que, diferentemente do que acontecia em 2002, "a ideologia de esquerda não prediz mais a identificação com o PT" (2008b, p.311).

Samuels sugere também que o crescimento da identificação com o partido nos últimos anos, quando passou de cerca de 10%, em 1997, para um nível próximo aos 20%, a partir de 2001, está relacionado à moderação ideológica da agremiação. Identificar-se com um partido e se filiar a ele são coisas muito diferentes. No entanto, parece-nos razoável afirmar que a ampliação do número de eleitores que se identificam com o PT facilita o trabalho do partido no processo de recrutamento de novos membros.

O "efeito Lula", também de difícil mensuração, é a associação entre a popularidade do presidente e seu governo e o crescimento no número de filiados ao PT, especialmente a partir de 2006. O primeiro indicador que podemos utilizar é o crescimento, entre 2006 e 2008, na taxa de FPME muito acima da média nacional na região Nordeste. Nesse período, o aumento na taxa foi de 85,4% na região, enquanto no Brasil foi de 51,4%. Como é possível obervar no Gráfico 2.2.3, a diferença entre os níveis de aprovação do governo Lula no Nordeste e no Brasil aumentou em 2006, com a aprovação da administração Lula atingindo 68% na região.[9] Nesse mesmo ano, essa foi a região em que Lula recebeu a maior porcentagem de votos válidos (66,8%) no primeiro turno da sua campanha pela reeleição, representando um crescimento de 20,9 pontos percentuais com relação às eleições de 2002. Já o PT obteve os mesmos 13,2% dos votos para a Câmara dos Deputados na região nos pleitos realizados em 2002 e 2006. O segundo indicador é a análise do grau de associação, por meio da correlação de Spearman, entre a variação na taxa de FPME (em %), por UF, entre 2006 e 2008, e a porcentagem de votos válidos recebidos pelo presidente Lula no primeiro turno em 2006. Como forma de controle, avaliamos também se houve associação entre a variação nas taxas de FPME entre 2006 e 2008, por estado, e a porcentagem de votos recebidos pelo PT para a Câmara dos Deputados em 2006, e replicamos os testes com a variação da taxa de FPME entre 2003 e 2006, por UF, e as porcentagens de votos válidos recebidos por Lula no primeiro turno das eleições presidenciais de 2002, e pelo PT para a Câmara no mesmo ano (Tabela 2.2.4).

---

9   Os dados foram retirados do Instituto Datafolha e indicam a porcentagem de pessoas que responderam "ótimo" e "bom" para a seguinte pergunta: "Na sua opinião o presidente Lula está fazendo um governo:_____".

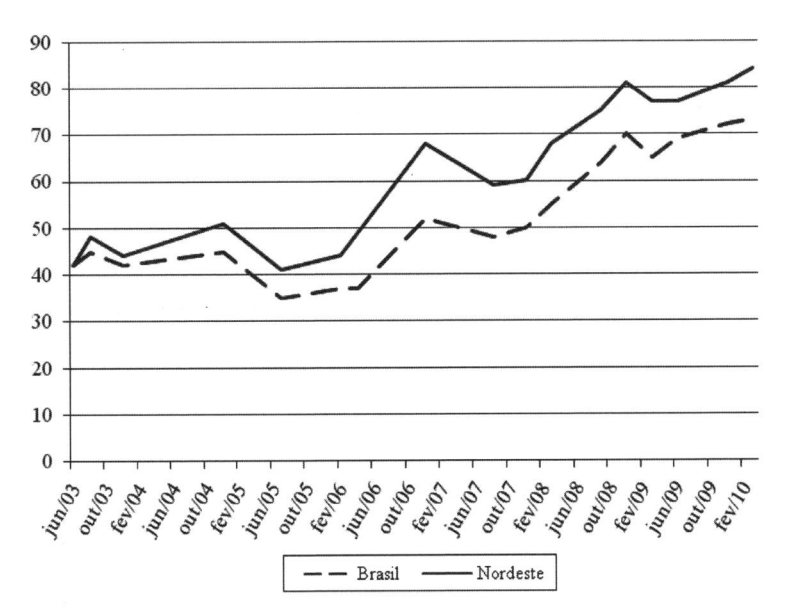

AS TRANSFORMAÇÕES NA ORGANIZAÇÃO INTERNA DO PT   91

Gráfico 2.2.3. Aprovação do governo Lula (%) (2003-2010)

Fonte: Datafolha

Tabela 2.2.4. Correlação entre a variação na taxa de FPME (%) e as votações recebidas por Lula e pelo PT (%), por UF

	Lula 2002	PT 2002	Lula 2006	PT 2006
FPME 03-06	-,032	-,089	,035	-,006
FPME 06-08			,669***	-,044

Fontes: Sorg do PT e TSE. Sig: *** p < 0,01. N = 27.

Os testes mostram que a correlação entre a variação na taxa de FPME entre 2006 e 2008 e a porcentagem de votos recebida pelo presidente Lula em 2006 é moderada e positiva, além de significativa. Nenhuma das outras correlações analisadas mostrou-se significativa (p < 0,1). Os indicadores utilizados apontam para a conclusão de que o PT encontrou mais facilidade, na segunda onda de filiações durante o governo Lula, em atrair membros na região em que o presidente gozou de grande aprovação a partir de 2006 e nos estados em que foi mais bem votado no primeiro turno das eleições daquele ano, e não naqueles em que o partido foi mais forte nas eleições para a Câmara dos Deputados. Ou seja, as barreiras de inclusão de novos filiados foram menores nos estados em que o presidente obteve seus melhores desempenhos eleitorais. Essa conclusão indica uma novidade importante no padrão de recrutamento de filiados ao partido e nas implicações políticas da alta popularidade obtida pelo presidente Lula durante o exercício de seu segundo mandato. A elas voltaremos na conclusão deste capítulo.

As dimensões do *Compromisso* e da *Participação* podem ser tratadas em conjunto no caso do PT. Em ambas, é possível observarmos alterações no desenho institucional do partido voltadas para a redução nos custos de participação do filiado tanto nas atividades partidárias quanto no processo interno de tomada de decisão. Não é objetivo deste capítulo discutir os impactos dessas alterações na dinâmica partidária, o que faremos nos dois capítulos seguintes, mas sim demonstrar as ações da liderança petista no sentido de promover a captação de membros.

A alteração do Estatuto do PT, em 2001, foi o momento de consolidação de uma série de mudanças no arranjo institucional petista que vinham sendo discutidas durante toda a década de 1990, como vimos antes. Entre as alterações, estavam novas regras para a participação dos filiados na vida partidária. A mais importante delas foi a definição da eleição direta (PED) para a escolha dos dirigentes petistas. Até 2001, os dirigentes eram escolhidos nos Encontros realizados pelo partido em todos os seus níveis. Ou seja, os filiados podiam participar diretamente apenas da escolha da direção e do presidente no nível municipal, ou zonal, dependendo do porte da cidade. Os Encontros Municipais eram os responsáveis por enviar os delegados para os Encontros Estaduais, que escolhiam o Diretório e o presidente do partido, e mandavam representantes para o Encontro Nacional, responsável por eleger o DN e o presidente nacional do PT. A estrutura decisória petista privilegiava os Encontros e estabelecia que um filiado, para participar do processo decisório nas instâncias superiores, necessitava passar, no mínimo, pelo crivo do Encontro em nível local. O Estatuto de 2001 mudou esse processo, fortalecendo a base de filiados ao lhe oferecer a possibilidade de escolher até mesmo o mais alto dirigente do partido. Isso significa que mesmo um filiado que não frequente regularmente as reuniões do partido e não compareça sempre ao diretório local pode influir no processo interno de seleção de lideranças em todos os níveis. Desde que as novas regras foram aprovadas, o PT realizou quatro PEDs, em 2001, 2005, 2007 e 2009, o que demonstra um nível elevado de atividade partidária da qual podem participar todos os filiados em períodos não eleitorais. O nível de participação dos membros, mesmo com o aumento de filiações, manteve-se em torno de 40%.[10] Embora seja difícil realizar comparações temporais por conta da precariedade dos dados anteriores a 2001, Almeida afirmou, em 1992, que no máximo 20% dos filiados participavam dos encontros do partido (1992). Além do PED, o Estatuto de 2001 definiu também quatro tipos de consulta aos membros do partido: plebiscitos, referendos, consultas e prévias eleitorais. Entre 2001 e 2012, plebiscitos, referendos e consultas podiam ser convocados em qualquer nível partidário desde que subscritos por pelo menos 20% dos filiados. A partir de 2012, o novo estatuto do partido alterou o quórum de convocação para 20% dos votantes no último PED. Segundo o Estatuto de 2001, plebiscitos e referendos possuíam caráter deliberativo automático. Em 2012, o partido determinou que o caráter deliberativo só acontece se o mecanismo utilizado contar com a participação de mais de 25% do número de filiados que votaram no PED anterior. As consultas servem apenas para informar à direção a posição da base partidária sobre um tema. As prévias podem acontecer quando houver mais de um pré-candidato às eleições majoritárias (PT, 2001a, 2012). A instituição de prévias resultou na construção de mais um mecanismo importante – pois trata da seleção de candidatos – do qual podem participar todos os membros do partido independentemente de seu "nível de ativismo".

As mudanças estatutárias, defendidas pelo Campo Majoritário, resolveram, de forma engenhosa, uma difícil equação em torno da organização partidária. Ao mesmo tempo em que contemplavam as demandas internas por maior participação e democracia, ofereciam aos filiados mais mecanismos de integração às atividades partidárias, sem exigir em troca um alto nível de ativismo, fornecendo assim mais incentivos institucionais para a captação de

---

10 Cf. Capítulo 3.

novos membros sem comprometer a tradição do PT. Embora uma novidade no âmbito partidário brasileiro, essa prática já havia sido identificada em outros partidos localizados em democracias consolidadas e novas (SEYD, 1999; SEYD; WHITELEY, 2002b; KATZ; MAIR, 2002; FREIDENBERG, 2005; SCARROW; GEZGOR, 2010; WAUTERS, 2010). Katz e Mair vinculam a implantação de mecanismos mais democráticos envolvendo todos os filiados tanto à história e à tradição do partido quanto ao desejo por parte da liderança em diminuir a importância de setores organizados das agremiações no processo decisório interno (2002, p.127-129). Voltaremos a essa discussão no Capítulo 3.

Antes de concluirmos este item, é necessário reportar que outros três testes de associação foram realizados para tentar elucidar um pouco mais as razões do crescimento no número de filiados ao PT a partir de 2003. Os dois primeiros buscaram medir o grau de vinculação entre o crescimento no número de filiados e o fato de o PT ser governo em um determinado período. Inicialmente, avaliamos a correlação entre o PT ser governo ou não, entre 2005 e 2009, e a variação nas taxas de FPME, entre 2006 e 2008, em 392 municípios do estado de São Paulo (63% do total de localidades em que o PT contava com algum tipo de organização em 2009). A construção dessa base de dados foi determinada pela capacidade de reunir as informações necessárias para o teste e contempla cidades em todas as regiões do estado e de diferentes portes. Os resultados encontrados, por meio da correlação de Spearman, indicam que praticamente não há associação entre ser governo e a variação na taxa de FPME (Tabela 2.2.5). Como forma de limitarmos eventuais distorções regionais, replicamos o teste com os dados obtidos sobre as capitais e os municípios com mais de 200 mil eleitores no país em 2008 (G-80). Dessa maneira, avaliamos o grau de associação, também por meio da correlação de Spearman, entre a variação na taxa de FPME nos municípios entre 2004 e 2008 e o fato de o PT ser governo ou não entre 2005 e 2009 (Tabela 2.2.6). O teste mostra que existe uma correlação significativa, positiva e baixa entre as variáveis, o que indica a existência de uma associação muito sutil entre ser governo e a variação na taxa de FPME. Sendo assim, é possível destacarmos que não há evidências concretas de que o crescimento no número de filiados ao partido nos últimos anos tenha sido fruto da disseminação de práticas clientelistas por parte de administrações municipais petistas, o que fortalece as explicações baseadas em determinantes organizativos descritas anteriormente.

Tabela 2.2.5. Correlação entre a variação na taxa de FPME (%) e o PT no governo em 392 municípios do estado de São Paulo

	PT no governo (05-09)
FPME 06-08	,093*

Fontes: Sorg do PT e TSE. Sig: * p < 0,10. N = 392.

Tabela 2.2.6. Correlação entre a variação na taxa de FPME (%) e o PT no governo nas capitais e cidades com mais de 200 mil eleitores

	PT no governo (05-09)
FPME 04-08	,263**

Fontes: Sorg do PT e TSE. Sig: ** p < 0,05. N = 80.

O terceiro teste está relacionado à hipótese levantada por Bartolini (1983) e Méndez Lago (2000) de que a disputa interna pode levar a uma maior busca de filiados por parte das facções dos partidos. No caso petista, a hipótese foi apontada também por Ribeiro, como podemos ver na seguinte passagem:

> Essas regras [do PED] constituem incentivos formidáveis para que os líderes locais e regionais procurem maximizar a quantidade de filiados mobilizados em seus redutos. Maximizar a participação de seus filiados "cativos" significa maximizar o espaço do grupo político nas direções de todos os níveis, as delegações enviadas por suas seções aos Encontros superiores, e as quantidades de delegados sujeitos à sua influência. [...] Métodos como a filiação em massa (e quase à revelia do indivíduo), o transporte gratuito de filiados (aluguel de ônibus e vans), a quitação coletiva das contribuições e o pagamento de refeições se propagaram pelo país todo (2008, p.279).

Um dos desdobramentos possíveis dessa hipótese é a suposição de que nos locais onde a disputa interna é mais dura há incentivos para que os líderes partidários realizem filiações com o objetivo de fortalecer suas posições internamente, inflando o número de membros do partido. Como não foi possível obter os dados das disputas estaduais e municipais do PT em todo o país, optamos por construir uma classificação categórica que dividisse os estados brasileiros entre aqueles em que a disputa política é forte ou fraca. Para isso, utilizamos os dados das eleições para o DN em todo o país e classificamos como estados em que há uma forte disputa política aqueles em que nenhuma chapa obteve a maioria dos votos válidos em pelo menos dois dos três PEDs realizados a partir de 2003 (BA, DF, MA, MG, MS, MT, PE, PI, RJ, RN, RS, SC e SP). Após classificarmos as UFs, testamos, por meio da correlação de Spearman, a associação entre a variável "Disputa Política" e a variação (em %) na taxa de FPME entre 2003 e 2010. A associação não se mostrou significativa (p < 0,1), indicando que a ampliação na taxa de FPME no período não esteve correlacionada com a variável "Disputa Política". No entanto, reconhecemos a necessidade de testes mais sofisticados, com um maior número de dados, para descartarmos completamente essa hipótese. Para a nossa análise, porém, em que pesem as denúncias de irregularidades durante a realização dos PEDs mencionadas por Ribeiro, essa não parece ser uma variável explicativa para o crescimento no número de filiados durante o governo Lula, pois como admite o próprio autor (2008, p.275-276), e como é possível ver em Almeida (1992, s.p.), mesmo antes de 2001 eram comuns as denúncias de práticas clientelistas durante os processos eleitorais petistas.

As lideranças do PT

Os Encontros e Congressos Nacionais do PT são as instâncias máximas de deliberação "sobre o programa, a estratégia, a tática, a política de alianças e as linhas de construção partidária" (PT, 2001a, p.30). Deles participam delegados de todo o país escolhidos em seus respectivos encontros estaduais. A proporcionalidade é dada de acordo com a força do partido nas UFs: até 2001, de acordo com o número de filiados, e, a partir daquela data, respeitando o número de votantes nos PEDs. Isso significa que, para um delegado chegar a um Encontro de nível nacional, ele deve passar por escolhas no nível local e estadual e ter algum tipo de inserção na máquina partidária ou projeção pública. Os dados da Tabela 2.3.1 mostram que, em todos os Congressos sobre os quais dispomos de dados, pelo menos 85% dos delegados participavam de alguma instância partidária. Na sua maioria, eram membros de instâncias municipais e estaduais de todo o país (lideranças intermediárias). Outro indicador do grau de envolvimento dos delegados na vida partidária é o número de horas dedicadas por eles ao PT: 52% afirmaram dedicar, no 13º EN, em 2006, mais de 40 horas por mês para atividades partidárias (PESQUISA DELEGADOS-PT/AUTOR, 2006). Isso nos permite afirmar que o conjunto de delegados compõe uma amostra representativa das lideranças da agremiação.

O perfil dos delegados petistas reunido na Tabela 2.3.2 nos permite identificar algumas importantes características da liderança do partido. A primeira delas é que, entre 1997 e 2007, houve pouca alteração no predomínio dos homens entre os delegados, evidenciando a dificuldade de inserção das mulheres na vida partidária, mesmo após a introdução de cotas para as instâncias de direção do PT a partir dos anos 1990. Ao analisar a predominância dos homens entre a liderança petista, Ribeiro ressalta que características do ambiente partidário, que valoriza atributos identificados com o "universo simbólico masculino", e a tripla jornada a que são submetidas as militantes (no trabalho, em casa e no partido) dificultam a ascensão de mulheres na hierarquia petista (2008, p. 176-183). Com relação à idade dos delegados, é possível perceber uma clara tendência de envelhecimento. Em 1997, 64% dos delegados possuíam até 40 anos. Dez anos depois a proporção se inverteu, e apenas 35,1% encontravam-se nessa faixa etária. Esses dados mostram a dificuldade crescente de incorporação de jovens nos quadros médios do partido e nos ajudam a compreender, como veremos adiante, a menor inserção do movimento estudantil entre a liderança petista.[11]

---

11 Como forma de comparação, é interessante destacar que Scarrow e Gezgor, ao analisarem dados relativos a filiados em 12 países europeus, também apontam para um processo de envelhecimento nos quadros partidários e para a manutenção da predominância de homens (2010).

Tabela 2.3.1. **Participação dos delegados em instâncias partidárias (%)**

	1997 (11º EN)	1999 (2º CN)	2001 (12º EN)	2006 (13º EN)	2007 (3º CN)
Participam	87	89	91,6	93,1	89,2
	% do total de delegados				
Núcleo de base	7	10	8,6	2,5	2,3
Diretório Zonal	6	8	7,4	5,2	7,1
Diretório Municipal	47	47	43,6	46,6	52,9
Diretório Estadual	43	43	43,6	43,9	29,4
Direção Nacional	6	2	6,7	4,2	2,2
Outras	6	-	10,4	6,5	3,4
N	(187)	(544)	(431)	(864)	(775)

Fonte: Núcleo de Opinião Pública (NOP) da Fundação Perseu Abramo (FPA).

O alto nível de escolaridade dos delegados também é uma marca do período analisado. Em nenhum dos Encontros a porcentagem de delegados que chegaram a frequentar um curso superior foi inferior a 70%, assim como em nenhum deles foi superior a 5% a quantidade de delegados que nunca estudaram ou cursaram apenas o primeiro grau. No que toca à identidade religiosa, o catolicismo manteve-se como a mais mencionada entre os delegados, apresentando um leve crescimento entre 2001 e 2007. Esse dado não surpreende, pois, como foi apontado em outros trabalhos (MENEGUELLO, 1989; KECK, 1991; RODRIGUES, 1997), a ala progressista da Igreja Católica esteve muito presente nos anos de formação do partido e foi um dos elementos de construção da própria identidade ideológica do PT. É interessante notar, porém, que houve uma redução entre aqueles que não possuem religião e um crescimento dos que se afirmam evangélicos, que passaram de 2%, em 1997, para 8,4%, dez anos depois. Já os dados com relação à renda individual dos delegados precisam ser analisados com cuidado. À primeira vista, parece haver uma redução nos rendimentos, pois a porcentagem de delegados que ganham mais de 10 salários mínimos passou de 60%, em 1999, para 34,6%, em 2007. No entanto, como argumentamos em outro trabalho, esta redução pode ser explicada, em grande medida, pelo aumento real do salário mínimo no período estudado (MENEGUELLO; AMARAL, 2008, p.13).[12]

---

12 Para Singer, o aumento no número de delegados de menor renda pode ser explicado pelo realinhamento na base de apoio do partido, com a maior penetração

As mudanças mais significativas no perfil social da liderança petista estão ligadas às suas condições de trabalho. Como mostrou Rodrigues, o PT poderia ser classificado, em meados dos anos 1990, como um partido de classe média, com o predomínio de assalariados com alto nível de escolaridade, em especial funcionários públicos e líderes sindicais (1997, p.306). Como acabamos de mostrar, boa parte desse perfil se manteve nos últimos 12 anos. No entanto, a predominância de funcionários públicos entre as lideranças aumentou significativamente entre 1997 e 2006. No 13º EN, 54,3% dos delegados afirmaram ser funcionários públicos. Nove anos antes, a porcentagem era de 33%. Nesse mesmo período, a parcela de assalariados caiu de 32% para 12,5%. São dois os fatores que contribuíram para esse crescimento dos funcionários públicos entre a liderança petista. O primeiro – e mais importante – está ligado à proximidade dos sindicatos de setores do serviço público ao partido, especialmente a partir dos anos 1990. De acordo com Samuels, a reestruturação produtiva provocada pelo avanço de políticas pró-mercado fez com que grupos de base tradicionais do PT e da Central Única dos Trabalhadores (CUT), como trabalhadores da indústria e bancários, perdessem força política e cedessem espaço a outros segmentos organizados, como os trabalhadores do serviço público, resultando em uma importante alteração na base de apoio do partido (2004, p.1006-1007). O segundo é consequência da maior inserção institucional do PT. Como é possível observar na Tabela 2.3.3, a partir de 1997 houve uma ampliação na porcentagem de delegados que ocupavam cargos de confiança no Executivo e no Legislativo, o que provavelmente contribuiu para a elevação na proporção de funcionários públicos entre a liderança petista no período analisado. Como não dispomos de dados a respeito das ocupações daqueles que afirmaram ser funcionários públicos em 1997, 1999 e 2001, é impossível saber quantos deles ocupavam cargos de confiança no Executivo ou no Legislativo, o que impossibilita uma medida precisa de seu impacto sobre o perfil

---

da agremiação entre segmentos de baixa renda e escolaridade (2010, p. 100). Embora não discordemos da hipótese de que a base de filiados ao PT possa estar em transformação, não concordamos com a argumentação do autor com relação aos dados obtidos com as lideranças petistas, pois o nível de escolaridade entre os delegados permanece elevado e a porcentagem de novos membros (filiados desde 2001) é relativamente pequena para explicar tal variação no nível de renda.

sócio-ocupacional dos delegados. Em que pesem os problemas metodológicos, a ampliação do espaço ocupado pelos funcionários públicos no partido a partir dos anos 1990 confirma a tendência verificada por Rodrigues (1997), Samuels (2004), Meneguello e Amaral (2008) e D'Araujo (2009).

Tabela 2.3.2. **Perfil do delegado petista (%)**

	1997 11° EN	1999 2° CN	2001 12° EN	2006 13° EN	2007 3° CN
Condição de trabalho[13]					
Funcionários públicos	33	49	44,3	54,3	-
Assalariados	32	23	20,2	12,5	-
Profissionais liberais	9	6	7,7	6,9	-
Autônomos	3	2	5,3	9,0	-
N				(289)	
Escolaridade[14]					
Nuca estudou	-	-	-	0,1	0,1
1° grau	5	5	3,7	2,2	4,9
2° grau	21	22	13,0	16,0	19,0
Superior	62	57	64,7	68,1	65,7
Mestrado/Doutorado	11	14	18,3	12,6	9,8
Sem resposta	1	1	0,2	1	0,5
Renda individual					
Até 2 sm	6	6	4,6	6,0	7,5
De 2 a 5 sm	14	9	11,8	19,1	25,5
De 5 a 10 sm	19	22	23,2	33,0	31,6
De 10 a 20 sm	27	34	34,3	26,4	24,3
Mais de 20 sm	28	26	23,7	13,4	10,3
Sem resposta	6	3	2,3	2,1	0,8
Idade					
Até 25 anos	5	5	3,5	4,3	1,7
De 26 a 30 anos	13	9	8,6	6,9	6,3
De 31 a 40 anos	46	41	40,4	29,5	27,1
41 anos ou mais	32	38	45,9	59,0	64,8
Sem resposta	4	6	1,6	0,2	0,1

---

13 Os dados relativos a 2006 foram obtidos no survey realizado pelo autor. As categorias retratadas foram as mais citadas em 2006.

14 Os dados relativos à escolaridade referem-se aos delegados que chegaram ao menos a frequentar cada categoria.

Sexo					
Homens	80	77	71,7	75,6	80
Mulheres	20	23	28,3	24,4	20
Religião[15]					
Católica	57	59	58,7	62,7	66,5
Espírita	5	3	2,1	6,1	5,2
Umbanda	1	-	0,5	2,8	1,5
Evangélica	2	2	1,4	9,7	8,4
Não tem	30	31	33,4	24,5	22,2
Outras	4	3	3,9	6,3	5,2
Sem resposta	1	2	0,7	0,2	0,3
N	(187)	(544)	(431)	(864)	(775)

Fontes: NOP da FPA e pesquisa realizada pelo autor no 13º EN do PT.

Os dados relativos à profissionalização na política também nos indicam importantes alterações no perfil da liderança petista no período analisado.[16] A história que os números contam é a da inversão, durante a década de 1990, na proporção entre os profissionalizados nas esferas estatais e fora dela. Como podemos observar na Tabela 2.3.3, em 1990, 35,5% dos delegados exerciam atividade política remunerada fora do Estado, enquanto 22,1% ocupavam cargos eletivos ou postos de confiança no Executivo e no Legislativo. Onze anos depois, a tendência se alterou substantivamente – 16,5% eram profissionais da política fora da esfera estatal, enquanto 53,1% ocupavam cargos eletivos ou comissionados. Como aponta a literatura, essa inversão foi resultado da maior inserção institucional do PT no período, com o crescimento no número de parlamentares e mandatários no Executivo em todos os níveis (SINGER, 2001; MENEGUELLO; AMARAL, 2008; RIBEIRO, 2008). É interessante notar que, embora predominantes entre os profissionalizados, o número de ocupantes de cargos eletivos e de confiança caiu entre 2001 e 2007, atingindo 34,4%. Alguns fatores parecem ter contribuído de forma combinada para essa queda: o primeiro é o expressivo aumento no número de delegados que passaram a comparecer aos Encontros (538 em 2001; 1.053 em 2006; e 927 em 2007), o que ampliou a possibilidade de incorporação das lide-

---

15 Para 2001, 2006 e 2007, resposta múltipla.

16 Classificamos como "profissionais da política" os delegados que são remunerados para exercer atividade política.

ranças aos processos deliberativos do partido. O segundo é a substantiva redução na porcentagem de delegados profissionalizados na esfera estatal no estado de São Paulo, que caiu de 69,1% para 33,1% no período. Como São Paulo é a UF que mais envia delegados aos Encontros Nacionais, alterações no perfil da delegação paulista refletem significativamente nos dados nacionais. É provável que o final da prefeitura de Marta Suplicy na capital paulista, em 2004, tenha contribuído para essa redução. O terceiro fator, levantado por Ribeiro, é o deslocamento de milhares de quadros petistas para Brasília com a vitória de Lula em 2002. Esse deslocamento pode ter afastado um número significativo de lideranças intermediárias de suas atividades partidárias locais, impactando nas delegações enviadas aos Encontros (2008, p.154). Para que um quadro mais claro a respeito dessa diminuição apareça, será necessário analisar os dados das próximas pesquisas com os delegados petistas.

Tabela 2.3.3. Tipo de profissionalização política entre os delegados (%)[17]

	1990 7º EN	1991 1º CN	1997 11º EN	1999 2º CN	2001 12º EN	2006 13º EN	2007 3º CN
Não é profissionalizado	40,8	40,2	31	34	25,5	51,7	59,1
Cargo eletivo no Executivo/Legislativo	10,9	11,5	19	18	23,9	14,8	15,9
Cargo de confiança no Executivo/Legislativo	11,2	17,0	21	24	29,2	24,5	18,5
Profissionalizado pelo PT (dirigente ou assessor)	7,2	8,6	7	6	9,7	4,7	3,4
Militante profissionalizado pela tendência	-	-	2	2	2,1	0,3	0,4
Profissionalizado por movimento social	28,3	17,5	9	6	2,1	2,7	0,9
Outras atividades	-	1,6	11	9	2,6	0,5	1,8
Sem resposta	1,6	3,6			4,9	0,7	0,1
N	(289)	(671)	(187)	(544)	(431)	(864)	(775)

Fontes: Novaes (1993, p.228), Ribeiro (2008, p.152) e NOP da FPA.

17 Os dados relativos a 1990 e 1991 foram retirados de Novaes (1993). Os dados relativos a 1997 e 1999, de Ribeiro (2008), que os organizou a partir das pesquisas fornecidas pela FPA. Os dados de 2001, 2006 e 2007 foram organizados pelo autor, a partir da base de dados fornecida pela FPA.

A recente redução na porcentagem de delegados profissionalizados na esfera estatal não invalida, porém, a constatação de que as lideranças, especialmente aquelas que exercem atividade política remunerada, aproximaram-se do Estado a partir da década de 1990. Essa constatação encontra paralelos na literatura sobre os partidos social-democratas europeus (POGUNTKE, 1994; SHARE, 1999; MÉNDEZ LAGO; SANTAMARÍA, 2001). Share observa que, em 1988, 70% dos delegados presentes ao Congresso do PSOE, que governava a Espanha havia seis anos, ocupavam cargos eletivos ou postos administrativos (1999, p.98). Méndez Lago e Santamaría encontraram a mesma porcentagem entre os delegados que compareceram ao 34º Congresso da agremiação, em 1997 (2001, p.60). Katz e Mair, em uma perspectiva teórica mais ampla, usam dados como esses para justificar a ascendência da face pública do partido e a emergência do modelo de *partido cartel* (2002).

Com relação ao caso petista, como vimos no Capítulo 1, Ribeiro foi o primeiro a defender, de maneira estruturada e coerente, que o PT se aproximou do Estado e se afastou dos atores da sociedade civil. Um ponto importante da sua argumentação reside na avaliação de que o partido se distanciou dos movimentos e das organizações sociais *conforme* se aproximou do Estado, e um dos indicadores que usa deriva dos dados obtidos com os delegados presentes aos Encontros Nacionais do partido (2008, p. 164-166). Não concordamos com essa avaliação e mostramos, a partir de agora, que o PT continua permeável à participação de atores da sociedade civil organizada.[18]

Começamos por demonstrar que *não* há uma associação inversa significativa entre a profissionalização em cargos públicos e a participação em movimentos ou organizações sociais, como afirma Ribeiro (2008, p.165). Demonstramos isso ao testar, por meio da correlação de Spearman, o grau de associação entre a porcentagem de delegados que ocupavam cargos eletivos e de confiança, por UF, e a de delegados que participavam de movimentos ou organizações sociais em 2001, 2006 e 2007 (Tabela 2.3.4). Conforme mostram os testes, não é possível afirmar que os estados em que há uma maior porcentagem de delegados ocupando postos eletivos ou comissionados são aqueles em que há baixos níveis de

---

18 Não é nosso objetivo fazer uma discussão sobre a natureza dos movimentos e das organizações sociais próximos ao PT, mas mostrar o grau de vinculação do partido a atores da sociedade civil organizada de uma forma ampla.

participação em movimentos ou organizações sociais. Dessa forma, também não é possível supor que as lideranças deixem de participar de movimentos ou organizações sociais ao se profissionalizarem na esfera estatal.

Nosso argumento é o de que, no lugar de haver um deslocamento entre a liderança dos movimentos e das organizações sociais para o Estado, o que acontece é uma dupla atividade. Ou seja, os delegados permanecem com seus vínculos junto aos movimentos e organizações sociais ao mesmo tempo em que desempenham atividades em posições eletivas ou cargos de confiança. A Tabela 2.3.5 mostra que, entre 2001 e 2007, o nível de participação em movimentos ou organizações sociais entre os delegados profissionalizados junto ao Estado manteve-se em torno de 65%, uma porcentagem bastante significativa apesar de levemente mais baixa do que o nível de participação entre as lideranças como um todo. Embora não seja possível realizar comparações com o período anterior a 2001, esses dados mostram que o PT, apesar de todas as transformações pelas quais passou a partir da segunda metade da década de 1990, ainda serve como importante conexão entre o Estado e os movimentos e as organizações sociais. Voltaremos a esse tema nas conclusões deste capítulo.

Tabela 2.3.4. Correlação entre a porcentagem de delegados profissionalizados em esferas estatais e a de delegados que participam de movimentos ou organizações sociais, por UF

	Participação		
Profissionalização	2001 (12º EN)	2006 (13º EN)	2007 (3º CN)
	-,167	-,214	-,010

Fonte: NOP da FPA. Nenhuma das correlações mostrou-se significativa (p < 0,1). N = 26 para 2001 e 2006 (o estado de Roraima foi excluído por não haver dados sobre seus delegados); N = 27 para 2007.

Tabela 2.3.5. Participação dos delegados que ocupam cargos de confiança ou eletivos em movimentos ou organizações sociais (%)

	2001 12º EN	2006 13º EN	2007 3º CN
Delegados	69,6	71,9	70,9
N	(431)	(864)	(385)
Ocupantes de cargos de confiança ou eletivos	65,1	66,2	65,4
N	(229)	(340)	(127)

Fonte: NOP da FPA.

Como mencionamos na Introdução, os dados referentes à participação dos delegados em movimentos e organizações sociais exigiram uma readequação na classificação para as respostas dadas pelas lideranças petistas nos Encontros de 2006 e 2007. Excluímos os delegados que, questionados se participavam de algum movimento ou organização social, responderam que sim e mencionaram instituições ligadas ao próprio PT, como o Setorial de Mulheres, ou ligadas ao Estado, como os conselhos municipais ou a Funai. Após essa exclusão, prosseguimos com a reclassificação de acordo com as categorias utilizadas nas pesquisas realizadas em 1997 e 2001. Além da reclassificação, outro alerta de natureza metodológica precisa ser feito. O elevado número de respostas encontradas na categoria "Outros" deve-se à alteração na metodologia das pesquisas. O autopreenchimento de questionários em 1997 e 2001 limitava as respostas possíveis, o que provavelmente redundou em uma tentativa do próprio pesquisado em se enquadrar em uma das categorias disponíveis. Em 2006 e 2007, as pesquisas foram feitas por meio de entrevistas, o que permitiu aos delegados mencionar diretamente a organização ou o movimento dos quais faziam parte.

Começamos por apontar que durante todo o período analisado há um forte vínculo das lideranças com os movimentos e as organizações sociais (Tabela 2.3.6). Entre 1997 e 2007, cerca de 70% dos delegados afirmaram fazer parte de algum tipo de movimento ou organização social. Muitos dos delegados faziam parte de mais de um movimento e eram tanto dirigentes quanto militantes de base. No entanto, é possível notar uma tendência de redução na porcentagem daqueles que não ocupavam postos de direção nos movimentos e nas organizações, o que sugere uma crescente dificuldade do partido em incorporar quadros de base dos movimentos sociais ao grupo das lideranças partidárias. Com relação à natureza dos movimentos e organizações, é possível observar que os grupos de origem do partido, como sindicalistas e membros de organizações religiosas, continuam sendo os mais representativos. Em 2006, quando a amostra foi maior, 47 sindicatos e 11 pastorais da Igreja Católica foram mencionados pelos delegados. A exceção nesse caso fica por conta dos movimentos populares urbanos. No entanto, é preciso relativizar essa queda, pois a categoria "Outros" conta com associações de bairro e moradores – organizações sociais que provavelmente entraram na categoria "Movimentos Populares Urbanos" em 1997 e 2001. O envelhecimento dos delegados provocou um impacto na representação dos estudantes e jovens. Entre 2001 e 2007, a porcentagem de delegados associados aos movimentos estudantis e de juventude passou de 8,5% para 2,3%.

Tabela 2.3.6. **Participação dos delegados em movimentos ou organizações sociais (%)**

	1997 (11º EN)	2001 (12º EN)	2006 (13º EN)	2007 (3º CN)
Participam	70	69,6	71,9	70,9
Direção	-	69,4	73,8	69,6
Mil. de base	-	86,0	70,7	62,3
% do total dos delegados				
Sindical	31	28,6	30,7	24,4
Pop. urbano	23	17,4	11,0	6,2
MST	3	3,5	1,7	2,6
Mulheres	9	11,1	6,7	6,0
Racismo/Negro	4	5,1	3,2	3,6
Estudantil/Juv.	7	8,5	5,2	2,3
Ecol./Ambiental	6	8,6	3,2	3,4
Gays/Lésbicas	2	1,1	0,3	-
Orgs. religiosas	9	7,4	8,6	7,5
ONGs	9	10,9	3,7	4,7
Outros	10	6,2	30,0	33,8
N	(187)	(431)	(864)	(385)

Fonte: NOP da FPA.

Um dado complementar ao nível de participação dos delegados em movimentos ou organizações sociais é o que nos permite identificar se a liderança petista possuía algum vínculo com atores da sociedade civil quando entrou para a agremiação. Esse dado torna possível descobrir os padrões de recrutamento dos delegados e as portas de entrada para o partido. Infelizmente, a FPA não aplicou essa pergunta nas pesquisas anteriores a 2007, o que torna impossível comparações diacrônicas. Como mostramos na Tabela 2.3.7, 82,9% dos delegados estavam ligados a algum movimento ou organização quando entraram no partido. Os dados desagregados por período de filiação não mostram grande variação, e mesmo as lideranças com menos tempo de PT entraram no partido possuindo vínculos com atores da sociedade civil organizada (Tabela 2.3.8).

Ao observarmos as origens das lideranças junto aos movimentos e às organizações sociais, é possível identificar que três categorias se destacam: "Movimento Sindical", "Organizações Religiosas" e "Movimento Estudantil e de Jovens". Ou seja, foi a partir desses movimentos que mais de 70% dos delegados entraram no PT. No entanto, há sinais de mudança nos padrões de recrutamento quando observamos os dados desagregados por período de filiação. Entre os que entraram no período 1980-1982 e participavam de movimentos ou organizações sociais, 47,1% estavam vinculados a sindicatos. Essa porcentagem foi declinando até atingir, entre os que entraram a partir de 2001, 20,7%. Tendências semelhantes aconteceram com os que entraram no partido possuindo ligação com o movimento estudantil e com organizações religiosas. Paralelamente, a porcentagem de delegados com vinculação a "Outros" movimentos e organizações sociais no momento de filiação cresceu de 17,5%, dos que entraram no PT entre 1995 e 2000, para 51,7%, entre os membros a partir de 2001. Esse é um dado importante que pode significar o início da erosão da predominância dos atores tradicionais da sociedade civil organizada entre a liderança petista. Se a tendência se confirmar, não é difícil imaginar que o partido sofrerá mudanças tanto no perfil das suas lideranças intermediárias quanto na sua cúpula.

O perfil analisado da liderança petista a partir da segunda metade da década de 1990 mostra que os padrões de alteração identificados por Rodrigues (1997) e Novaes (1993) se confirmaram e o PT é hoje comandado por dirigentes de classe média, com alto nível de escolaridade e com grande presença de setores do funcionalismo público. Além disso, a maior presença institucional do partido exerceu influência sobre o perfil das lideranças ao alterar a proporção de delegados que são remunerados em esferas estatais para exercer atividades políticas. Nesse ponto, concordamos com a avaliação de Ribeiro (2008) de que o PT que chegou ao final do governo Lula estava muito mais próximo do Estado do que aquele que perdeu as eleições presidenciais de 1989. No entanto, não concordamos com a hipótese de que o partido se afastou significativamente dos movimentos e das organizações sociais em consequência da maior proximidade com o Estado. A análise dos dados obtidos com os delegados petistas mostra que o partido continua bastante permeável à participação de atores da sociedade civil organizada e suas lideranças realizam atividades políticas tanto nas instituições estatais quanto junto aos movimentos e organizações sociais.

Tabela 2.3.7. **Participação dos delegados em movimentos ou organizações sociais no momento de entrada no PT (%)**

	2007 (3º CN)
Participavam	82,9
Direção	72,1
Mil. de base	52,0

	% do total dos delegados
Sindical	29,9
Pop. urbano	8,1
MST	2,9
Mulheres	2,1
Racismo/Negro	1,3
Estudantil/Juv.	21,8
Ecol./Ambiental	1,0
Gays/lésbicas	-
Orgs. religiosas	21,6
ONGs	0,8
Outros	19,0
N	(385)

Fonte: NOP da FPA.

Tabela 2.3.8. **Participação dos delegados em movimentos ou organizações sociais no momento de entrada no PT (%) Período de filiação**

	2007 (3º CN)
Filiação	Participava(%)
1980-1982	81,4
1983-1989	84,3
1990-1994	87,0
1995-2000	80,3
2001-2007	82,9
N	(380)

Fonte: NOP da FPA.

Considerações finais

Desde o começo desta década, muitos trabalhos se preocuparam em analisar as transformações do PT a partir de meados dos anos 1990 e a atuação do partido durante o governo Lula (AMARAL, 2003; SAMUELS, 2004, 2008a; FLYNN, 2005; PALERMO, 2005; HUNTER, 2007, 2010, 2011). O material para análise era realmente imenso: transformações ideológicas, alianças eleitorais e políticas com partidos de direita, dificuldades na formação do governo e escândalos de corrupção. As conclusões de todos eles giraram em torno da aproximação do PT com relação aos outros partidos do país na busca por maior competitividade eleitoral, ou como resultado das pressões exercidas pela natureza do sistema político brasileiro e pelas reformas pró-mercado dos anos 1990. Hunter, inclusive, chegou a afirmar que o partido havia passado por um processo de "normalização" (2007, 2010), revertendo a clássica visão de que o PT era "diferente" que marcou as primeiras análises sobre a agremiação (MENEGUELLO, 1989; KECK, 1991). Apesar de fornecerem ferramentas analíticas valiosas para a compreensão da história recente do partido, esses trabalhos pouco se debruçaram sobre as transformações na base de filiados do PT e na avaliação de sua conexão com os atores da sociedade civil organizada. Neste capítulo buscamos preencher essa lacuna e nos juntamos, nesta empreitada, aos trabalhos de Roma (2006) e Ribeiro (2008), embora com algumas conclusões diferentes.

Na primeira parte do trabalho demonstramos que o PT obteve sucesso, a partir de 2003, em ampliar significativamente a sua base de filiados. Essa ampliação esteve diretamente ligada a questões de organização interna do partido, como a construção de uma máquina partidária mais eficiente, o esforço de nacionalização da estrutura petista e a redução nas barreiras de inclusão e nos custos de participação do filiado na vida da agremiação. As transformações do partido nesse sentido não ocorreram sem tensões ou resistências internas e foram marcadas pela preservação de algumas características institucionais importantes, como a manutenção de mecanismos deliberativos participativos e a ausência de práticas clientelistas em larga escala, como pudemos ver com a análise do crescimento no número de filiados nos municípios em que o PT governa.

Ainda com relação à redução das barreiras de inclusão, encontramos duas novidades ainda não exploradas em profundidade pela literatura. A primeira delas é uma consequência indireta das transformações ideológicas e programáticas do partido. Mais próximo do centro do espectro político, o PT conquistou uma série de novos apoiadores (SAMUELS, 2008b), ampliando o número de potenciais filiados. O sucesso das campanhas de filiação em 2003 e 2006 parece ter se beneficiado desse maior "território de caça" aberto pela moderação ideológica. No entanto, certezas a esse respeito só aparecerão quando dispusermos de dados confiáveis sobre os filiados ao partido.

A segunda é a maior facilidade em captar membros, a partir de 2006, nos locais em que o presidente Lula obteve votações mais expressivas. Embora a partir de uma perspectiva diferente, essa evidência insere-se no debate sobre as transformações na base de apoio do presidente Lula nas eleições de 2006 e suas consequências políticas (HUNTER; POWER, 2007; ZUCCO, 2008; SOARES; TERRON, 2008; LÍCIO; RENNO; CASTRO, 2009; SINGER, 2009; RENNÓ; CABELLO, 2010; BOHN, 2011). No lugar de nos concentrarmos nos determinantes da mudança na base de apoio, sugerimos que a alta popularidade do presidente em algumas regiões do país esteja sendo aproveitada como recurso político e organizativo pelo PT. Nesse sentido, seguimos as indicações de Meneguello, que apontou a existência de uma forte associação entre o presidente da República e o PT, mesmo após os esforços de Lula em se distanciar da agremiação com a eclosão do "escândalo do mensalão" em 2005 (2007, p. 12). Sendo assim, é possível levantarmos a hipótese de que o fenômeno do "Lulismo" tenha também uma dimensão partidária. No seu artigo sobre as bases do petismo, Samuels concluiu que o apoio partidário de massa ao PT estava em mudança sob o governo Lula (2008b, p.316). É possível imaginarmos que o mesmo esteja ocorrendo com a base de filiados da agremiação.

Na segunda parte deste capítulo demonstramos, por meio da análise do perfil dos delegados, que o caminho trilhado pelo partido nos anos 1980, com a adesão de segmentos da classe média urbana à proposta de construção de um partido amplo de esquerda (RODRIGUES, 1997), se confirmou nos últimos anos. Ao final do governo Lula, O PT era comandado, na sua maioria, por lideranças do sexo masculino, católicas, com mais de 40 anos, que frequentaram algum curso superior e estavam ligadas ao serviço público. Dada a estabilidade nos dados, especialmente entre 2001 e 2007, acreditamos que esse perfil deva se manter por algum tempo.

Já com relação ao binômio Estado/Sociedade, demonstramos que, como aponta Novaes (1993) e como argumenta Ribeiro (2008), o PT se aproximou das esferas estatais nos anos 1990, em grande medida como resultado da maior inserção na política institucional a partir daquela década. No entanto, essa aproximação não significou uma redução substantiva na permeabilidade do partido a atores da sociedade civil organizada. Como mostram os dados obtidos com a liderança petista, os movimentos e as organizações sociais continuam presentes, inclusive entre aqueles que ocupam cargos eletivos e de confiança, indicando que uma importante conexão entre o Estado e a sociedade civil organizada acontece por meio do PT. Como mencionamos no Capítulo 1, Hochstetler defende que, durante o governo Lula, o PT perdeu o monopólio de representação na arena institucional das demandas dos atores da sociedade civil organizada devido à continuidade da política econômica implantada na administração anterior e à decepção no desenvolvimento de mecanismos participativos sólidos no âmbito federal (2008). A nossa análise indica que o argumento da autora se confirma apenas em parte, especialmente quando observamos que atores tradicionais da sociedade civil organizada, como os sindicatos, vêm perdendo espaço entre as lideranças partidárias. No entanto, o quadro mais amplo aponta para o fato de que o PT ainda conta, em suas fileiras, com um grande número de militantes e dirigentes de movimentos e organizações sociais, e que esses números não declinaram entre 1997 e 2007, sugerindo que os próprios atores da sociedade civil organizada ainda enxergam o partido como um representante institucional aberto às suas demandas e capaz de compartilhar propostas políticas. Isso demonstra que, se não é mais possível falar em "monopólio" de representação, ainda podemos falar em um substantivo grau de interface. Como explicação para a manutenção dessa interface podemos apontar dois elementos: a construção de uma história conjunta marcada pela experiência da redemocratização e pela emergência da "esquerda social" (GARCIA, 1994) nos anos 1980, responsável, em parte, pelo próprio perfil programático e organizacional do partido. Essa história resultou na aquisição por parte da agremiação de uma posição privilegiada de articulação e representação de amplos setores de esquerda junto ao sistema partidário brasileiro a partir das eleições presidenciais de 1989, na qual o partido se afirmou claramente como a principal força política progressista (MENEGUELLO; AMARAL, 2008, p. 6); e a ausência de alternativas institucionais – como outros partidos – com a mesma capilaridade, organização e influência política que o PT.

A discussão realizada neste capítulo evidencia as dificuldades de interpretação do caso petista. Parece claro que, mesmo depois das transformações apontadas pela literatura e descritas no Capítulo 1, o PT conserva muitas das características que fizeram com que fosse apontado como uma "novidade" na política brasileira. Hunter, apesar de se concentrar na "normalização" do PT, observa que a adaptação do partido às restrições políticas e econômicas que emergiram no Brasil nos anos 1990 não foi completa, e que a agremiação manteve muitas das suas características organizativas (2007, 2010). De um ponto de vista mais amplo, esse foi o foco da nossa análise a respeito dos vínculos do partido com a sociedade a partir da segunda metade da década de 1990. Mostramos que o PT retém muitas de suas características originárias, para usarmos uma terminologia cara aos estudiosos de partidos políticos (PANEBIANCO, 2005), e que suas transformações são graduais e moldadas pela origem e pela história da agremiação.

Capítulo 3

As formas de militância no interior do PT

Introdução[1]

Em janeiro de 1986, Lula, então presidente do PT, deu a seguinte declaração em uma entrevista ao Boletim Nacional do partido:

> No dia em que o PT esquecer a nucleação como fator determinante de sua sobrevivência, ele se acaba enquanto partido político. A questão do núcleo é tão importante que, se nós não levarmos muito a sério, a gente descaracteriza a proposta do partido. Quer dizer: o PT não pode discutir política apenas de quatro em quatro anos, nas épocas de eleições. Isso, qualquer partido faz (LEMOS, 1986, p. 11).

As palavras de Lula destacam com precisão aquilo que foi apontado nos primeiros estudos sobre o PT como uma das grandes inovações trazidas pela agremiação para o sistema partidário brasileiro: a preocupação com a participação dos filiados nas atividades e decisões partidárias. Nesse sentido, ao analisar a organização interna do PT nos seus primeiros anos, concluiu Meneguello:

---

[1] Uma versão alterada deste capítulo foi apresentada no 35º Encontro Anual da Anpocs, em 2011, e posteriormente selecionada para publicação na *Revista Brasileira de Ciências Sociais* (n. 82, 2013) sob o título "As formas de militância no interior do PT: Maior inclusão e menor intensidade".

A novidade que o PT estabelece ao nível organizacional e estatutário é o fato de procurar traduzir no seu perfil formal uma proposta de funcionamento mais democrático, definida pelo estabelecimento de mecanismos de maior ligação entre as bases e o partido (1989, p.90).

Neste capítulo, retomamos essa preocupação dos primeiros estudos sobre o PT a respeito das formas mais comuns de inserção dos filiados no dia a dia da agremiação.

As análises sobre a participação de filiados em atividades partidárias podem se dar sob dois ângulos: o primeiro privilegia o envolvimento dos membros do partido em atividades externas, como o engajamento em campanhas eleitorais, o convencimento de eleitores ou a arrecadação de fundos para a agremiação; o segundo está mais concentrado na participação interna, como o comparecimento a atividades deliberativas, de organização e formação política (HEIDAR, 2006). A opção por um ou outro enfoque, ou mesmo uma combinação dos dois, é determinada pelos objetivos de cada pesquisa. Neste trabalho, dadas as hipóteses apresentadas na Introdução do livro, nossa ênfase recai sobre o segundo ângulo.

O objetivo geral deste capítulo é avaliar as transformações nas formas de militância e participação no interior do partido. Fazemos isso ao analisar, em maior profundidade, o surgimento e o desenvolvimento de duas importantes inovações institucionais trazidas para o sistema partidário brasileiro pelo PT: os Núcleos de Base (NB) e o Processo de Eleições Diretas (PED) para os cargos de direção partidária em todos os níveis. Separados por 21 anos, os mecanismos representam diferentes concepções de participação e formas de incorporação dos filiados às atividades partidárias, com distintos impactos sobre a dinâmica interna da agremiação. A hipótese que guia este capítulo é a de que, apesar de manter mecanismos deliberativos participativos capazes de incorporar um grande contingente de filiados, as atividades de militância interna atualmente são de intensidade mais baixa do que nos momentos de fundação e consolidação do partido e se deslocaram para as estruturas partidárias vinculadas à competição eleitoral, como os Diretórios Municipais (DMs).

Para averiguarmos a hipótese, trabalhamos com três conjuntos de indicadores empíricos. O primeiro é composto por resoluções, documentos partidários e dados sobre os Núcleos de Base nos anos 1980 e nesta década obtidos a partir da bibliografia existente a respeito da formação do partido, publicações internas e junto à Secretaria de Nucleação (SN) do estado de São Paulo. Sobre esse conjunto, é necessário destacar a virtual ausência de informações confiáveis a respeito dos Núcleos por parte do Diretório Nacional (DN). Diferentemente do que acontece com os filiados e DMs, o partido não dispõe de um cadastro nacional de Núcleos ativos e do número de membros que participam regularmente de suas reuniões. O único Diretório Estadual (DE) que conta com alguma informação é o de São Paulo, que reorganizou sua SN em 2007 e possui um registro atualizado do número de NBs com suas respectivas localizações. Apesar das restrições geográficas impostas pela escassez de dados, acreditamos que os dados sistematizados aqui sobre os Núcleos são um instrumento de análise valioso que permitem comparação com os trabalhos de Meneguello (1989) e Keck (1991) e podem servir de ponto de partida para futuras pesquisas sobre a organização interna do PT.

O segundo conjunto de indicadores diz respeito ao PED e é composto pelas resoluções e regras partidárias que definem a participação dos filiados no processo e pelos dados de comparecimento dos filiados às eleições internas realizadas em 2005, 2007 e 2009, obtidos na Secretaria de Organização (Sorg) do PT. Optamos por não utilizar os dados relativos ao PED 2001 pelo fato de não haver números confiáveis acerca da quantidade de filiados ao partido naquele ano, o que impossibilitaria qualquer análise mais consistente sobre os padrões de participação dos membros do partido.

O terceiro e último conjunto envolve os dados obtidos a partir dos *surveys* realizados com os delegados que compareceram aos Encontros partidários nacionais em 2001, 2006 e 2007. Na ausência de dados a respeito dos filiados ao partido, indicador mais comum na literatura (SEYD; WHITELEY, 1992, 2002a; SEYD, 1999; CROSS; YOUNG, 2004; FISHER; DENVER; HANDS, 2006; WHITELEY, 2009; SCARROW; GEZGOR, 2010; WAUTERS, 2010), as informações fornecidas pelos delegados nos oferecem valiosas pistas sobre as formas de participação no interior da agremiação e como as lideranças as percebem. Esse caminho foi adotado também por Saglie e Heidar ao analisarem como integrantes dos mais importantes partidos noruegueses avaliavam o desenho institucional de suas organizações (2004).

Este capítulo está organizado em três partes. Na primeira, nos concentramos na análise das transformações dos Núcleos de Base, com ênfase nos determinantes de sua criação como mecanismo de integração dos filiados à dinâmica partidária e no papel que passaram a ocupar no partido a partir da segunda metade da década de 1990. Na segunda, nosso foco recai sobre o PED e a estrutura de incentivos para a participação dos filiados construída a partir da implantação desse mecanismo deliberativo. Ao final, concluímos o capítulo enfatizando a articulação dos resultados encontrados com os estudos existentes sobre o PT e com a literatura internacional sobre a participação dos filiados em atividades partidárias.

Os Núcleos de Base

Os Núcleos de Base foram a principal inovação organizacional petista no seu período de fundação e atraíram a atenção dos primeiros pesquisadores que se debruçaram sobre a formação e consolidação do partido, conforme vimos no Capítulo 1. Símbolo da preocupação com a construção de um partido democrático e com verdadeira articulação entre a liderança e seus membros, os NBs foram concebidos como os órgãos básicos de organização e participação partidária dos quais todos os filiados deveriam fazer parte. Ainda antes da fundação do partido, em 1979, o Movimento pró-PT estabeleceu que seus membros seriam aqueles que, além de apoiar a carta de princípios do Movimento, se integrassem a algum Núcleo e participassem de suas reuniões e atividades de forma regular. No Ato de Lançamento do PT, em São Paulo, em 1980, só obtiveram credenciamento os representantes e líderes sindicais indicados pelos Núcleos (PT, 1998, p. 61-64).

O primeiro Estatuto do partido e o Regimento Interno, aprovado em 1981, formalizaram o papel organizativo dos Núcleos. Formados a partir do local de moradia, trabalho, categoria profissional ou movimento social, e com um número mínimo de 21 membros, os Núcleos tinham como funções atrair simpatizantes, integrar todos os filiados às atividades partidárias, servir de ligação entre a agremiação e os movimentos sociais, promover a educação política dos filiados e os debates em torno das principais questões em que o partido estivesse envolvido (PT, 1998, p. 83). A incorporação dos Núcleos no desenho institucional petista refletiu a dinâmica "basista" de seus grupos de origem, em especial os membros das Comunidades Eclesiais de Base (CEBs) e do Novo Sindicalismo, e a preocupação com a construção de um partido que garantisse a participação democrática de seus filiados (MENEGUELLO, 1989; KECK, 1991). Retomando Duverger (1980), Meneguello qualificou os Núcleos, a partir de suas funções e características, como um "tipo misto de 'seções socialistas' e 'células comunistas'" (1989, p. 92). Como veremos mais adiante, os Núcleos foram a expressão concreta de um partido construído de baixo para cima, marca de nascença fundamental da agremiação e importante elemento de identidade entre os militantes petistas.

O papel de destaque concedido aos Núcleos denota duas importantes características organizacionais do PT nos seus primeiros anos: ao criar um órgão básico de organização que não estava diretamente vinculado à competição por votos, o partido demonstrava a primazia da função de agregação de interesses sobre a função eleitoral (MENEGUELLO; AMARAL, 2008) e que desejava atuar não só como o representante de interesses dos trabalhadores no plano da política institucional, mas também como um agente de mobilização junto a outros atores da chamada "esquerda social" (GARCIA, 1994). A segunda característica diz respeito ao tipo de participação dos filiados incentivado pelo partido: de alta intensidade. A exigência, no momento de fundação, de que todos os filiados estivessem ligados a Núcleos e o desejo de que esses órgãos partidários se constituíssem na principal porta de entrada de simpatizantes ao PT denotavam a intenção de construir uma arena propícia para o envolvimento contínuo dos membros nas atividades partidárias. O partido enxergava na ação dos Núcleos e no alto nível de mobilização de seus membros um recurso organizativo indispensável diante da necessidade de construir um partido sem estrutura prévia – diferentemente de PMDB, PP e PDS, que se apoiavam nas estruturas do MDB e da Arena – e de cumprir as rigorosas exigências para a legalização estabelecidas na Lei da Reforma Partidária, promulgada em 1979.

O avanço na organização dos Núcleos no período de formação do PT foi surpreendente dentro do quadro partidário brasileiro, ajudando a caracterizar o partido como uma "anomalia" (KECK, 1991). Em maio de 1980, mais de 26 mil filiados estavam ligados a 632 NBs espalhados por 23 estados (Tabela 3.2.1). São Paulo contava com 19% dos Núcleos e 23% de seus membros, refletindo a mobilização de sindicalistas e dos movimentos populares urbanos naquele período, em especial na Grande São Paulo. Keck relata, por exemplo, que no bairro da Saúde, na cidade de São Paulo, militantes católicos ligados à Pastoral Operária chegaram a formar cerca de 50 Núcleos, reproduzindo a ideia das CEBs de organizar grupos pequenos e maximizar a participação de seus membros (1991, p. 123).

Tabela 3.2.1. Núcleos de Base e membros nucleados, por estado, em 1980

UF	NBs	Membros dos NBs	UF	NBs	Membros dos NBs
AC	12	1000	RN	12	330
AM	22	1000	SE	5	100
AP	-		DF	4	80
PA	18	62	GO	80	3000
RO	-		MS	18	402
RR	-		MT	1	21
AL	1	140	ES	18	333
BA	18	1100	MG	77	2300
CE	38	3000	RJ	37	1900
MA	39	819	SP	120	6025
PB	17	320	PR	22	300
PE	8	332	RS	28	1000
PI	10	2000	SC	27	570
Brasil	632	26134			

Fonte: BN, n. 50, 1990, p. 13.

Embora não existam dados detalhados a respeito dos NBs no plano nacional, as informações compiladas por Meneguello sobre o estado de São Paulo sugerem que o processo de expansão da nucleação manteve-se até 1982. Naquele ano, São Paulo contava com 272 NBs e 70.933 filiados (260,8 filiados por NB). Destes, 6.441 (9%) eram membros de Núcleos (1989, p. 76). Entre 1980 e 1982, as atividades dos Núcleos estiveram muito ligadas ao esforço de legalização do partido, que envolvia a arregimentação de filiados e a organização de Comissões Provisórias Municipais (CPMs), e à primeira experiência eleitoral da agremiação em 1982. Os Núcleos, dessa forma, faziam parte de uma estratégia de ação partidária que buscava viabilizar o PT do ponto de vista legal e eleitoral por meio da articulação com setores da sociedade civil organizada e de uma intensa participação de seus membros.

As evidências documentais também apontam que os NBs tiveram seu auge enquanto instrumento de organização e participação de filiados nas atividades partidárias nos primeiros anos do PT. Ainda em 1982, a Secretaria Nacional de Filiação e Nucleação redigiu uma circular em que estimava que apenas 5% dos filiados ao partido estivessem ligados a algum Núcleo e na qual esclarecia para os DEs e DMs a importância de incentivarem a participação dos filiados nos órgãos de base do PT (KECK, 1991, p. 126). No 3º Encontro Nacional (EN) do partido, em 1984, uma resolução aprovada diagnosticou que muitos Núcleos estavam se transformando em entidades fantasmas, funcionando apenas para o cumprimento de exigências legais ou como mecanismos de indicação de delegados para as disputas internas (PT, 1998, p. 145). Em 1985, Carlos Zanatta, então membro da Secretaria de Organização, afirmou: "A nossa situação em relação aos núcleos não é boa. Em 1º de maio de 1980 [...] tínhamos 28 mil filiados e 623 núcleos. Pelo nosso levantamento atual, temos quase 300 mil filiados e 668 núcleos. Como podemos perceber, não cresceu muito a nucleação" (1985, p. 4). Dois anos mais tarde, no 5º EN, o partido declarou:

> Atualmente, nossos Núcleos de Base são poucos e, na maioria das vezes, precários, havendo uma enorme distância entre os nossos desejos e a realidade [...]. Os Núcleos estão abandonados. Devemos reconstruí-los como a principal base e característica do partido (PT, 1998, p. 350).

Em 1990, no 7º EN, o partido deu uma demonstração inequívoca do estado de organização dos NBs ao afirmar:

A maioria dos núcleos deixou de existir e, quando existem, se restringem a exercer precariamente apenas alguns dos aspectos de base de democracia interna. O mais das vezes, têm ação apenas episódica, às vésperas dos encontros e convenções, transformando-se em comitês eleitorais de apoio a candidatos proporcionais ou se engalfinhando em intermináveis disputas *internistas* por postos de direção e pelo chamado poder partidário (PT, 1998, p. 443).

A partir dos anos 1990, declarações como essas seriam menos comuns nas resoluções partidárias, embora menções à importância de fortalecer "as bases" da agremiação fossem frequentes. Tanto no 12º EN, em 2001, quanto no 3º Congresso Nacional (CN), em 2007, breves comentários foram feitos sobre a necessidade de "revitalizar" ou "retomar" os NBs como forma de integrar os filiados à vida partidária (PT, 2001b, p. 46; 2007b, p. 152). O fato de os NBs terem deixado de ser objeto de comentários mais longos e críticos por parte das resoluções partidárias ilustra a redução de sua importância junto à organização interna petista.

Os dados obtidos com os delegados também demonstram a decrescente relevância dos NBs na vida partidária. Entre 1997 e 2001, a porcentagem de lideranças que pertenciam a algum Núcleo variou entre 7% e 10%. Uma taxa que podemos considerar baixa se partirmos do pressuposto de que os NBs foram concebidos como forma de organização básica do partido. Entre 2001 e 2007, porém, a porcentagem caiu de forma consistente, de 8,6% para 2,3% (Tabela 3.2.2). A ausência de membros dos NBs em uma importante instância deliberativa como os ENs evidencia que as principais formas de participação nas atividades partidárias não passam mais pelos Núcleos. Dados de opinião dos delegados também demonstram que as lideranças avaliam que, ao longo do tempo, os NBs perderam força enquanto instância partidária: 76,9% concordaram, em 2007, com a afirmação de que "o PT cresceu e os Núcleos perderam peso político" (PESQUISA DELEGADOS-PT/FPA, 2007). Apenas 4,7% acreditavam que os NBs mantinham o mesmo nível de importância na dinâmica partidária interna (Tabela 3.2.3).

Tabela 3.2.2. Participação dos delegados em instâncias partidárias (%)

	1997 (11° EN)	1999 (2° CN)	2001 (12° EN)	2006 (13° EN)	2007 (3° CN)
Participam	87	89	91,6	93,1	89,2
	% do total de delegados				
Núcleo de Base	7	10	8,6	2,5	2,3
Diretório Zonal	6	8	7,4	5,2	7,1
Diretório Municipal	47	47	43,6	46,6	52,9
Diretório Estadual	43	43	43,6	43,9	29,4
Direção Nacional	6	2	6,7	4,2	2,2
Outras	6	-	10,4	6,5	3,4
N	(187)	(544)	(431)	(864)	(775)

Fonte: Núcleo de Opinião Pública (NOP) da Fundação Perseu Abramo (FPA).

Tabela 3.2.3. Opinião dos delegados sobre os NBs (%)[2]

	2007 (3° CN)
Os NBs continuam tendo peso igual nas decisões internas do PT	4,7
O PT cresceu e os Núcleos perderam peso político	76,9
Os NBs nunca tiveram peso nas decisões do PT	15,3
Outras respostas	1,3
Não sabe / Não respondeu	1,9
N	(385)

Fonte: NOP da FPA.

De novidade institucional e símbolo maior do incentivo a uma participação de alta intensidade nas atividades partidárias por parte dos filiados, os Núcleos de Base se transformaram, em alguns anos, em organismos desarticulados e incapazes de cumprir as funções para as quais foram criados no início dos anos 1980. Quais foram as razões que provocaram a decadência desse mecanismo que ajudou a qualificar o PT como "diferente" dos outros partidos políticos brasileiros? Essa é a pergunta que buscamos responder a partir de agora.

2   Pergunta: Qual das frases que vou falar se aproxima mais da sua opinião sobre os núcleos: Um, os Núcleos de Base continuam tendo peso igual nas decisões internas do PT; dois, o PT cresceu e os Núcleos perderam peso político, ou; três, os Núcleos de Base nunca tiveram peso nas decisões do PT? (PESQUISA DELEGADOS--PT/FPA, 2007).

Uma análise que combine elementos conjunturais com opções estratégicas da liderança partidária é o melhor caminho para compreendermos o fenômeno da falência dos Núcleos. Nesse sentido, vamos um pouco além das explicações fornecidas por Keck (1991) e Ribeiro (2008) a respeito das transformações dos NBs, pois ambos se concentram exclusivamente em elementos internos ao partido. Não nos parece acaso que o período de maior atividade dos NBs tenha coincidido com um ciclo de intensa mobilização e protestos por parte dos movimentos sociais (1978-1984) (CARDOSO, 1990; HOCHSTETLER, 2000; SAMUELS, 2004). Os NBs refletiam esse momento sob o ponto de vista da política partidária ao aparecerem como um mecanismo capaz de canalizar as demandas dos atores da sociedade civil organizada por maior participação política. Dessa maneira, os Núcleos não só surgiram a partir dessa conjuntura bastante específica do período de transição para a democracia como também tiveram sua expansão no período vinculada a ela. Isso nos ajuda a compreender por que, mesmo com todos os problemas estruturais para a formação dos Núcleos, como a falta de recursos, eles floresceram naquele período. A partir de meados dos anos 1980, porém, houve um refluxo no processo de mobilização por parte dos movimentos sociais e uma pulverização na sua estratégia de atuação com as possibilidades que se abriam diante do avanço no processo de democratização, resultando em uma maior proximidade entre os atores da sociedade civil organizada e o Estado e a política institucional (MAINWARING, 1988; CARDOSO, 1990; HOCHSTETLER, 2000). Como resultado, os Núcleos deixaram de ser o local privilegiado de discussão e articulação política por parte dos movimentos sociais junto ao PT e passaram a concorrer com os DMs. Essa concorrência era, por sua vez, claramente favorável aos DMs pela sua natureza institucional, que lhes garantia posição privilegiada na relação com parlamentares no plano local e instâncias partidárias superiores e na seleção de candidatos.

Paralelamente à redução no nível de mobilização por parte dos atores da sociedade civil organizada, os NBs conviveram, especialmente nos anos 1980, com a situação de extrema dificuldade financeira que marcou o partido naquela década. Como argumentam Keck (1991) e Ribeiro (2008), as atividades dos Núcleos foram bastante prejudicadas pela ausência de um sistema de comunicação eficiente entre eles e os DMs e de recursos básicos que garantissem a manutenção de espaços permanentes de reunião. Sem estar conectados às comunicações e decisões partidárias e com dificuldades para manter as portas abertas e organizar encontros periódicos, os NBs tiveram em muito reduzida a capacidade de consolidar práticas e estruturas que incentivassem a participação contínua dos militantes independentemente do processo de ampla mobilização social descrito acima.

A ausência de recursos financeiros impôs duras condições para o processo de consolidação e expansão dos Núcleos. No entanto, as dificuldades poderiam ter sido minoradas a partir de decisões estratégicas da liderança partidária, especialmente a partir de 1995, quando o partido passou a contar com mais recursos e melhor organização de suas finanças, conforme vimos no Capítulo 2. Dessa forma, residiu, em grande medida, nas opções da liderança partidária o destino dos NBs dentro da estrutura interna petista. Ainda no aspecto financeiro, em 1984, o partido decidiu, em seu Regimento Interno, que os Núcleos deveriam repassar ao DM a que estavam vinculados 60% de sua arrecadação (PT, 1998, p. 171). Se observarmos que mesmo no estado de São Paulo a nucleação nunca chegou a superar 10% dos filiados, essa decisão, na prática, asfixiava financeiramente os NBs e ampliava o montante de recursos nas mãos dos DMs, que já contavam com a contribuição direta dos filiados que não pertenciam a nenhum Núcleo. O Estatuto de 2001 sacramentou a subordinação financeira dos NBs aos DMs ao retirar qualquer função de arrecadação de fundos dos Núcleos (Art. 170) e estabelecer, no Art. 175, que seriam os Diretórios Municipais (ou os Diretórios Zonais, quando fosse o caso) os responsáveis por decidir "a forma de distribuição de recursos para a sustentação dos Núcleos" (PT, 2001a, p. 103). Ainda nos anos 1980, os NBs sofreram com a falta de atribuições na organização interna partidária. Perderam a primazia na captação de membros e, durante a campanha pela legalização do partido, o PT viu-se obrigado a abandonar a ideia de que todo filiado ao partido deveria estar ligado a algum Núcleo, o que em muito reduziu sua importância organizativa de base. Além disso, os Núcleos nunca tiveram poder deliberativo. Tema de acalorado debate, a liderança partidária temia que os NBs fossem instrumentalizados pelos grupos organizados do partido e incentivassem as disputas internas (KECK, 1991, p. 125-126). Dessa forma, foram atribuídos aos Núcleos apenas funções consultivas e a possibilidade de enviar delegados com direito a voz e voto aos Encontros regionais do partido. No entanto, mesmo essa possibilidade de representação estava restrita apenas aos Núcleos por categoria e local de trabalho e subordinada a regras estabelecidas pelos Diretórios Regionais (PT, 1998, p. 162). A limitação do escopo de atuação dos NBs e a eliminação de qualquer possibilidade deliberativa demonstravam uma mudança de posição da liderança partidária a respeito do papel que os Núcleos deveriam ter. Se no momento de fundação do partido os NBs foram vistos como importante recurso organizativo, em meados dos anos 1980 a percepção era de que os Núcleos significavam um risco à estratégia de ampliação da base social e capacidade de representação do partido. Os NBs foram, assim, privados de incentivos institucionais que auxiliassem na sua manutenção como importantes instrumentos de organização, e a atuação dos militantes passou a se concentrar, cada vez mais, nos Diretórios.

Na segunda metade dos anos 1990, a maior preocupação com a ampliação da presença institucional do partido e de sua base eleitoral, conforme descrevemos no Capítulo 1, fez com que a direção do PT se concentrasse na expansão partidária baseada na abertura de DMs. Os dados apresentados no Capítulo 2 não deixam dúvidas. Enquanto o número de DMs e CPMs crescia, o partido não possuía uma política para a expansão dos NBs. As discussões para a reformulação do desenho institucional petista realizadas em torno das propostas de um novo Estatuto traduziram duas visões a respeito do papel que os NBs deveriam ocupar na vida partidária. Como argumenta Ribeiro, a esquerda petista defendia o "empoderamento" dos Núcleos por meio de sua transformação em real instância deliberativa de base com capacidade de eleger delegados para os Encontros Estaduais e Nacionais. Já os moderados, reunidos em torno do Campo Majoritário, defendiam que os Núcleos deveriam permanecer apenas como instâncias consultivas e sem representação junto aos órgãos deliberativos mais importantes do partido, como os Encontros e Congressos Nacionais (2008, p. 267-268). A visão moderada prevaleceu, e o Estatuto de 2001 reforçou a posição coadjuvante dos Núcleos dentro da estrutura organizacional do PT. Além da subordinação financeira aos Diretórios Municipais e Zonais já descrita, os NBs ficaram sem possibilidade de enviar delegados aos Encontros Estaduais e Nacional e sem representação junto aos Diretórios em todos os níveis (PT, 2001a, p. 53-74). O Estatuto de 2001 não só restringiu a participação dos NBs na vida partidária, como os direcionou para a competição eleitoral ao estabelecer, no Art. 129, que pré-candidaturas às Câmaras Municipais podem ser aceitas a partir da indicação de um Núcleo e, para as Prefeituras, a partir da subscrição de 30% dos NBs existentes no município (PT, 2001a, p. 78). Dessa forma, o partido ofereceu um incentivo extra para a aproximação entre candidatos a vereadores e a prefeitos e os NBs.

As opções da liderança partidária com relação aos NBs refletem as estratégias mais amplas do partido com relação ao próprio espaço que desejava ocupar no cenário político brasileiro. Se no momento de fundação os NBs foram a resposta organizativa para as demandas de construção de um partido democrático e ancorado essencialmente na "esquerda social" (GARCIA, 1994), a partir de meados dos anos 1980 eles perderam espaço dentro de um contexto de ampliação da base social do partido e de maior preocupação com a presença institucional e a competição eleitoral. Dentro dessa lógica, os DMs ganharam espaço e os incentivos se dirigiram para a incorporação de grandes contingentes de filiados, ainda que com uma militância de menor intensidade.

Após apresentarmos as explicações para a erosão da importância dos NBs na estrutura organizativa petista, nos debruçamos agora sobre os dados a respeito dos Núcleos no estado de São Paulo. Na medida do possível, realizamos comparações com os dados coletados por Meneguello sobre o mesmo universo no início dos anos 1980 (1989). Começamos por apontar que, em 1982, no auge do processo de nucleação, o estado de São Paulo contava com 272 NBs e 150 DMs e uma razão, como mencionamos antes, de 260,8 filiados por Núcleo. Atualmente, existem no estado 241 NBs, 457 DMs, 165 CPMs e uma razão de 1.241,9 filiados por Núcleo (Tabela 3.2.4). Essa simples descrição demonstra que no início dos anos 1980 o processo de construção partidária tinha nos NBs um importante elemento organizativo em São Paulo e que o aumento no número de filiados não foi acompanhado pela expansão dos Núcleos, sugerindo que a militância não tem mais essa instância partidária como um espaço privilegiado de atuação. Os dados também demonstram que a expansão para o interior do estado foi calcada na organização de DMs e não de NBs, refletindo os elementos conjunturais e as opções estratégicas discutidos anteriormente.

Tabela 3.2.4. A organização do PT no estado de São Paulo (1982-2010)

	1982	2010
NBs	272	241
DMs	150	457
% do total de municípios	26,2	70,8
CPMs	-	165
Filiados	70.933	299.305
FPME	5,4	10,1
Filiados/NB	260,8	1.241,9

Fontes: Meneguello (1989, p.75-76), Sorg e SN-SP.

Com relação à distribuição geográfica dos NBs, é necessário advertir que, dos 241 Núcleos, obtivemos endereços corretos de apenas 230 (95,4%). Dessa forma, toda a análise que envolve a localização dos NBs é feita sobre essa base. Os NBs estão distribuídos em 40 cidades do estado (6,2%), que oncentram 68,7% dos filiados ao partido e 53,2% dos eleitores.[3] Assim como em 1982, os NBs estão concentrados na Grande São Paulo. Em 1982, 220 Núcleos (80,9%) estavam na região. Em 2010, o número é de 187 (81,3%) (Tabela 3.2.5). Esses dados demonstram que o fenômeno de nucleação em São Paulo esteve ligado à região e aos grupos que deram origem ao partido. A manutenção dessa concentração indica que o reconhecimento dos NBs como um espaço de militância partidária é mais forte exatamente nos lugares em que as mobilizações no final dos anos 1970 e início dos anos 1980 estiveram mais presentes e a "esquerda social" (GARCIA, 1994), mais organizada. Sugerimos, assim, que, apesar de todas as transformações pelas quais passaram os NBs, eles sobreviveram exatamente no lugar em que mais se

---

3   Os dados de filiados e eleitores são relativos a novembro de 2008.

confundem com a própria história do partido e são elementos centrais da sua identidade. Porém, uma importante alteração na localização dos NBs dentro da Grande São Paulo aconteceu. Em 1982, a maioria dos NBs estava localizada na cidade de São Paulo (148). Atualmente, a capital conta com 28 Núcleos e a maioria localiza-se no Grande ABC[4] (135), sendo que as cidades de Diadema e Mauá concentram 114 NBs. Uma possível explicação para essa inversão é a de que, no início dos anos 1980, os sindicatos da região do ABC serviam como polos de organização para o partido, o que não acontecia na capital, abrindo espaço para a formação de Núcleos, especialmente na Zona Sul da cidade. Com a diminuição da mobilização sindical e a estruturação do PT, os NBs passaram a ser mais necessários do ponto de vista organizativo e mais atraentes como espaço de atuação partidária para os militantes da região do Grande ABC. Além disso, as cidades de Santo André, São Bernardo do Campo, Diadema e Mauá contaram com administrações petistas entre 2005 e 2010, o que pode ter incentivado o surgimento de NBs nesse período. As relações entre os Núcleos e os governos municipais serão discutidas mais adiante.

Tabela 3.2.5. **Distribuição geográfica dos NBs no estado de São Paulo (1982-2010)**

	1982	2010
Capital	148	28
% do total de NBs	54,4	12,2
Grande São Paulo	220	187
% do total de NBs	80,9	81,3
Interior	52	43
% do total de NBs	19,1	18,7

Fontes: Meneguello, 1989, p.76 e SN-SP.

Para avançarmos um pouco na análise dos NBs em São Paulo, realizamos uma série de testes de associação, por meio da correlação de Spearman, para avaliarmos a hipótese de que a presença de filiados e seu nível de participação

---

4   Fazem parte do Grande ABC os seguintes municípios: Santo André, São Bernardo do Campo, São Caetano do Sul, Diadema, Mauá, Ribeirão Pires e Rio Grande da Serra.

nas atividades partidárias *independem* da existência de Núcleos organizados nas cidades. Por trás dessa hipótese está a ideia de que as formas de militância partidária não passam mais pelos NBs, conforme já discutimos. Para operacionalizarmos os testes, classificamos as cidades em duas categorias: as que possuem Núcleos e as que não possuem. O indicador utilizado para representar o nível de filiação foi a taxa de Filiados por Mil Eleitores (FPME) em 2006 e 2008. Já para avaliarmos o nível de participação nas atividades partidárias, recorremos à porcentagem de comparecimento dos filiados aos PEDs de 2007 e 2009. A base de dados construída possui 392 municípios distribuídos em todo o estado e que representam 63% do total de cidades em que o PT contava com algum tipo de organização em 2009. Pela impossibilidade de obter todos os dados para os 392 municípios, alguns testes apresentam N menores números.

Os resultados encontrados demonstram não haver associações nem mesmo moderadas entre as variáveis. Inclusive é possível notar correlações significativas, negativas e sutis entre a presença de NBs e a porcentagem de comparecimento no PED de 2009 e na variação, medida em porcentagem, do nível de comparecimento dos filiados aos PEDs de 2007 e 2009. O que os testes indicam é que a presença de NBs nos municípios não exerce impacto representativo tanto, nos níveis de filiação e na sua variação entre 2006 e 2008 quanto nos níveis de participação dos filiados nos PEDs de 2007 e 2009, bem como na sua variação no período. Dessa forma, não nos parece possível vincular a existência de NBs a maiores ou menores níveis de filiação ou de mobilização da militância.

Tabela 3.2.6. Correlação entre a presença de NBs nos municípios do estado de São Paulo e: as taxas de FPME em 2006 e 2008; a variação na taxa de FPME entre 2006 e 2008 (%); os níveis de comparecimento dos filiados aos PEDs de 2007 e 2009 (%); e a variação nos níveis de comparecimento entre 2007 e 2009 (%)

	FPME 06	FPME 08	FPME 06-08	Comp. PED 07	Comp. PED 09	Comp. PED 07-09
NBs	,039	,103**	,162***	-,067	-,116**	-,121**
N	(392)	(392)	(392)	(347)	(352)	(317)

Fontes: Sorg, SN-SP e TSE. Sig.: *** $p < 0,01$; ** $p < 0,05$.

Ainda sobre os dados a respeito dos NBs em São Paulo, devemos observar que 71,7% dos Núcleos estavam localizados em cidades que tiveram prefeitos petistas entre 2005 e 2010. O teste qui-quadrado envolvendo os 645 municípios do estado aponta uma associação significativa entre o fato de o PT ter administrado o município entre 2005 e 2010 e a existência de NBs na cidade. Em 2010, a probabilidade de uma cidade em que o PT tivesse sido governo nos cinco anos anteriores possuir um NB era 5,2 vezes maior do que em um município no qual o partido não ocupou a prefeitura em nenhuma ocasião desde 2005 (Tabela 3.2.7). Embora inconclusivos a respeito da relação de cada um desses Núcleos com o poder no âmbito municipal, esses dados sugerem que era mais fácil encontrar um NB ativo em lugares nos quais o PT foi governo entre 2005 e 2010 do que nos locais em que havia um alto nível de filiação ou de participação dos militantes nas atividades partidárias.

Para terminarmos nossa avaliação sobre as transformações nos NBs e as formas de militância que eles incentivavam, é necessário analisar um importante dado obtido com os delegados do partido e que demonstram dois importantes aspectos do papel que os NBs ocupam atualmente no PT. O primeiro está vinculado à erosão dos Núcleos como instância de organização partidária e sua substituição pelos DMs como local privilegiado de participação na vida da agremiação no nível local. Em 2001, 52,8% dos delegados afirmaram que a principal instância de organização, participação e decisão da base partidária deveriam ser os Núcleos. Seis anos mais tarde, 33,5% dos delegados tinham a mesma opinião, colocando os NBs abaixo dos DMs (35,1%) (Tabela 3.2.8). Esses dados demonstram que, cada vez menos, os Núcleos são vistos como elementos organizativos importantes pela liderança petista. No entanto, a avaliação dessas porcentagens deve ser feita com cuidado, pois mostra que um terço dos delegados ainda aponta os NBs como a principal instância de organização de base do partido – apesar de não fazerem parte deles. É aqui que aparece o segundo aspecto. Os Núcleos são elemento essencial da identidade partidária e a representação concreta da história de uma agremiação formada a partir das premissas de forte vinculação com os atores da sociedade civil organizada e de participação de alta intensidade dos militantes nas atividades partidárias. Se não exercem mais papel organizativo relevante, ainda guardam importante papel simbólico.

Tabela 3.2.7. Presença de NBs nas cidades do estado de São Paulo x Administração petista entre 2005 e 2010

	Administração do PT (05-10)	Administração de outros partidos (05-10)	Total
Cidades com NBs	16	24	40
Cidades sem NBs	69	536	605
Total	85	560	645

Fontes: PT-SP e TSE. Qui-quadrado (1) = 26,81 ($p < ,001$); Phi = ,204 ($p < ,001$).

Tabela 3.2.8. Opinião dos delegados sobre qual instância deve ser fortalecida para a organização, participação e tomada de decisão das bases (%)[5]

	2001 (12º EN)	2006 (13º EN)	2007 (3º CN)
Núcleos	52,8	42,7	33,5
Diretórios Zonais	13,7	10,4	10,4
Diretórios Municipais	33,3	30,4	35,1
PEDs	-	13,0	12,7
Outras	7,2	3,5	2,9
Não sabe/respondeu	3,7	-	5,5
N	(431)	(431)	(385)

Fonte: NOP da FPA.

Neste item em que analisamos as transformações dos NBs, demonstramos como o surgimento dos Núcleos esteve ligado aos grupos que deram origem ao partido e como a perda de relevância desse elemento organizativo se deu por fatores tanto conjunturais quanto por opções estratégicas da liderança, resultando na perda de espaço para os Diretórios Municipais. Demonstramos

---

5 Pergunta: Na sua opinião, o que deve ser fortalecido como a principal instância de organização, participação e decisão da base partidária? Em 2001, estimulada e múltipla. Em 2006 e 2007, estimulada e única PESQUISA DELEGADOS-PT/FPA, 2001, 2006, 2007).

ainda, por meio da análise dos dados relativos aos NBs no estado de São Paulo, que os Núcleos estão mais presentes nos locais em que mais se confundem com a própria história do partido, que sua existência não está vinculada aos níveis de filiação e mobilização dos militantes petistas e que é mais fácil encontrarmos NBs nas cidades nas quais o PT foi governo entre 2005 e 2010, indicando uma associação entre essas instâncias e a atuação partidária no âmbito institucional. Voltaremos a algumas dessas conclusões no final do capítulo.

O Processo de Eleições Diretas

O Processo de Eleições Diretas é, sem dúvida, a principal forma de participação dos filiados na vida partidária atualmente. São centenas de milhares de filiados que vão às urnas em milhares de municípios espalhados por todo o país para escolher as direções partidárias em todos os níveis (zonal, municipal, estadual e nacional). Nenhuma outra atividade partidária interna envolve tantos filiados. Assim como os NBs nos anos 1980, o PED representou uma inovação no aspecto organizativo dos partidos políticos brasileiros. Até hoje, nenhum dos outros grandes partidos do país conta com eleições diretas para escolha de suas lideranças em todos os níveis. Novidade no plano nacional, a transferência de poder sobre a seleção de líderes partidários para o conjunto de filiados é uma prática cada vez mais comum em partidos localizados em democracias estáveis e novas (SCARROW; GEZGOR, 2010; FREIDENBERG, 2005). Embora não haja um consenso na literatura a respeito do sentido dos impactos de mudanças institucionais dessa natureza sobre a disputa interna de poder e sobre os efeitos nas formas de militância, há o reconhecimento de que elas alteram a dinâmica organizativa estabelecendo novas estruturas de incentivos e oportunidades tanto para as lideranças partidárias quanto para os filiados (SEYD, 1999; SEYD; WHITELEY, 2002b; KITTILSON; SCARROW, 2003; SCARROW; GEZGOR, 2010). Neste item, nos concentramos na avaliação da relação dessas transformações com as formas de militância interna. No próximo capítulo discutiremos mais detalhadamente os impactos sobre a disputa política no interior do partido.

Conforme tratamos no Capítulo 2, a implantação do PED como mecanismo de escolha para as direções partidárias em todos os níveis foi aprovada no

2º Congresso do PT, em 1999, e incorporada ao Estatuto do partido em 2001, que estabeleceu em seu Art. 35:

> As direções zonais, municipais, estaduais, nacional e seus respectivos presidentes, os Conselhos Fiscais, as Comissões de Ética e os delegados aos Encontros Municipais e Zonais serão eleitos pelo voto direto dos filiados.
>
> § 1º As eleições serão realizadas, por voto secreto, em todo o país, em um único e mesmo dia, das 9 às 17 horas, de acordo com calendário aprovado pelo Diretório Nacional.
>
> § 2º O processo eleitoral será conduzido, em todos os níveis, por uma comissão de organização eleitoral [...] (PT, 2001a, p. 36-37).

Outros artigos definiram que, para votar ou ser votado, o filiado deveria ser membro do PT há pelo menos um ano (Art. 26) e estar em dia com as contribuições financeiras ao partido (Art. 169) (PT, 2001a). O Estatuto estabeleceu também o mandato de três anos para as direções partidárias, prevendo a possibilidade de antecipação ou prorrogação das eleições se autorizadas por deliberação de, no mínimo, 60% dos membros do Diretório Nacional (Art. 21) (PT, 2001a, p. 31). Em fevereiro de 2012, uma alteração no estatuto do PT determinou que o filiado deve também comparecer a pelo menos uma atividade partidária para poder participar do processo eleitoral e ampliou o mandato das direções para quatro anos, mantendo a previsão de antecipação ou prorrogação de acordo com as regras anteriores (PT, 2012, p. 10-12).

O processo de alteração das regras de qualquer instituição é sempre um momento de intensas disputas por parte dos atores que a integram. Como descrevemos antes, a mudança do Estatuto do PT, em 2001, foi precedida por muitas discussões e debates durante toda a década de 1990. No que toca à instituição das eleições diretas para escolha dos dirigentes petistas, havia duas posições distintas, especialmente na segunda metade da década: a liderança partidária, composta pelo Campo Majoritário, mostrava-se a favor da instituição do PED. No Caderno de Debates sobre o Estatuto, publicado pelo DN em 1997, José Dirceu, então presidente do PT, e Danilo de Camargo, à época dirigente do PT-SP, defenderam abertamente a necessidade de alterar a processo decisório interno e ampliar o poder dos filiados (DIRCEU, 1997; CAMARGO, 1997). As posições da liderança partidária eram as mesmas que motivaram as decisões a respeito dos NBs descritas anteriormente: aumentar a base social do partido e transformá-lo em uma agremiação mais aberta a amplos segmentos sociais e com uma proposta eleitoral menos identificada com grupos radicais de esquerda. Nas palavras de Dirceu: "Temos que abrir o partido, distensioná-lo, profissionalizá--lo. O PT tem que se assumir como instituição [...] Somos e defendemos um partido de cidadãos, e não de militantes de vanguarda" (1997, p. 6). A visão do Campo Majoritário era de que isso deveria ser feito a partir da redução do poder dos grupos mais radicais de esquerda organizados no interior do partido, encarado como desproporcional à sua representação junto aos filiados. A posição dos moderados era de que o processo decisório baseado em Encontros não era efetivamente representativo do conjunto dos membros do PT por privilegiar os grupos organizados, o que acabava por afastar o partido de segmentos mais amplos da sociedade. É provável também, como veremos no próximo capítulo, que os membros do Campo Majoritário acreditassem que a mudança na estrutura decisória lhes favoreceria na disputa política interna por contarem com figuras públicas mais visíveis e com maior apelo junto ao conjunto de filiados, e por imaginarem que os membros da agremiação que não estivessem integrados a grupos organizados e que não tivessem uma participação intensa nas atividades partidárias teriam posições políticas mais moderadas, em uma visão próxima às sugeridas por Mair (1994), Katz e Mair (2002) e Detterbeck (2005).

A esquerda partidária, por sua vez, mostrou-se reticente com relação à implantação dos PEDs. Assim como vimos com relação aos NBs, a posição dos grupos mais à esquerda era de que as instâncias de organização de base deveriam ser fortalecidas, assim como um tipo de militância de alta intensidade (MARINGONI, 1997). É possível também que o cálculo político realizado pelos membros do Campo tenha sido o mesmo por parte das tendências de esquerda, imaginando mais dificuldades em eleger representantes para as instâncias de direção com a implantação das eleições diretas.

Ao mesmo tempo em que os filiados ganharam poder com a instituição do PED, os Encontros partidários tiveram suas atribuições reduzidas ao perderem a possibilidade de escolher as direções do PT em todos os níveis, diminuindo os incentivos ao engajamento ativo nas discussões que os antecedem. Dessa forma, o PED traduz uma concepção diferente de militância partidária da adotada no momento de fundação e consolidação do partido: mais inclusiva e aberta – ao estender possibilidades de participação em importantes atividades partidárias, como a seleção de lideranças internas –, e de menor intensidade – ao individualizar o processo decisório e desarticulá-lo das demais reuniões e atividades partidárias. Como mostramos no Capítulo 2, um dos resultados dessa nova concepção foi o favorecimento à ampliação da base de filiados ao partido.

Após discutirmos as implicações e o significado do PED para as formas de militância interna, apresentamos e analisamos agora alguns dados a respeito da participação dos filiados nos processos eleitorais para escolha das direções partidárias em todos os níveis em 2005, 2007 e 2009. Começamos por apontar que houve, no período analisado, uma expansão significativa no número de membros aptos a participar do processo e no de localidades em que ele aconteceu. Em 2005, 774.842 membros do partido estavam aptos a participar, distribuídos em 3.650 municípios espalhados em todo o país (65,6% do total de cidades no Brasil). Em 2009, o número de filiados aptos foi de 1.322.644, distribuídos em 4.352 municípios (78,2% do total) brasileiros. Mesmo com o incremento de membros aptos, que reflete o crescimento no número de filiados ao partido no período, o nível de comparecimento manteve-se em torno de 40% (Tabela 3.3.1). Isso significa que os novos filiados foram incorporados ao processo de eleições diretas para as direções partidárias. Não é fácil encontrar medidas de comparação para esses dados. Wauters reporta que 31% dos filiados dos Liberais e Democratas Flamengos participaram do processo eleitoral via mala direta para a escolha da liderança nacional da agremiação em 2001 (2010, p. 42). Seyd mostra que, no final dos anos 1990, 29% dos membros do Partido Trabalhista britânico afirmaram comparecer "ocasionalmente" ou "frequentemente" a reuniões partidárias (1999, p. 396). Segundo os dados coletados por Cross e Young, 60% dos filiados às principais agremiações canadenses declararam ter comparecido a pelo menos um encontro partidário nos 12 meses anteriores à pesquisa (2004, p. 438). Heidar, em uma abrangente revisão da literatura sobre participação em atividades partidárias, conclui que a maioria dos trabalhos indica que a proporção de membros que se envolvem regularmente nas atividades das agremiações varia de 10% a 45% (2006, p. 306). Mesmo considerando que o comparecimento ao PED é uma atividade de baixa intensidade e que, no período observado, o Processo não aconteceu todos os anos, é possível afirmar que o nível de participação dos filiados petistas não destoa daquilo que é encontrado na literatura internacional sobre partidos políticos. No Brasil, porém, devemos destacar a singularidade petista nesse aspecto. Apesar da escassez de dados a respeito dos outros partidos, é possível afirmar que nenhuma das grandes agremiações do país consegue atingir tamanho nível de mobilização de seus integrantes.

Tabela 3.3.1. Participação dos filiados nos PEDs de 2005, 2007 e 2009

	PED 2005	PED 2007	PED 2009
Filiados aptos	774.842	849.619	1.322.644
Votantes	314.692	326.064	518.912
Comparecimento (%)	40,6	38,4	39,2
Municípios	3.653	3.253	4.352

Fonte: Sorg.

Os dados desagregados por estado demonstram que, de uma maneira geral, há uma estabilidade no nível de comparecimento dos filiados aos PEDs (Gráfico 3.3.1). Os testes por meio da correlação de Pearson revelam que há uma associação significativa, positiva e alta entre os níveis de comparecimento em 2005, 2007 e 2009 nos estados, indicando uma pequena variação entre as UFs que apresentaram os maiores índices de comparecimento nos três PEDs.[6] Determinantes locais, como a maior ou menor capacidade de comunicação dos DMs com seus filiados, ou especificidades nas disputas políticas

---

6   PED 2005 X PED 2007: ,860; PED 2007 X PED 2009: ,817; PED 2005 X PED 2009: ,773 (p < 0,01 e N = 27).

por cada diretório, podem ser os responsáveis por essas variações. É interessante notar que o nível de participação no Acre caiu de 42,3%, em 2005, para 24,7%, em 2009, tornando-se o segundo estado com o menor índice de comparecimento. É possível que as disputas administrativas em torno de questões ambientais nas quais se envolveu a então ministra Marina Silva e seu desligamento do partido, em agosto de 2009, ajudem a explicar esses números. Devemos destacar ainda o elevado nível de participação na região Nordeste. Apenas na Paraíba, em 2005, e em Pernambuco, em 2009, os níveis de comparecimento foram menores do que 40%. Esse é um dado importante, pois demonstra que o crescimento dos filiados verificado naquela região nos últimos anos veio acompanhado de índices de participação acima da média no processo eleitoral interno. Além disso, indica que a histórica dificuldade organizativa do partido no Nordeste foi superada.

Gráfico 3.3.1. **Nível de comparecimento dos filiados aos PEDs de 2005, 2007 e 2009 (%), por estado**

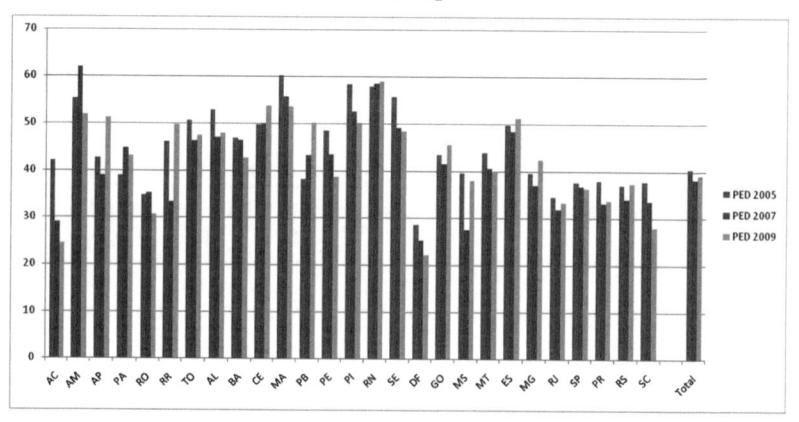

Fonte: Sorg.

Avançando na análise do nível de comparecimento aos PEDs, é possível observar uma associação, medida pela correlação de Spearman, significativa, negativa e moderada entre os níveis de comparecimento nos estados e a taxa de FPME (Tabela 3.3.2). Essa correlação aponta que é mais fácil obter índices mais elevados de comparecimento nos locais em que o nível de filiação é menor, indicando, ainda que de maneira preliminar, que a expansão na base de filiados não parece assentada em sólidos laços de vinculação com a agremiação. No entanto, conclusões definitivas só poderão ser feitas quando contarmos com *surveys* realizados com os membros do partido.

Tabela 3.3.2. Correlação entre o nível de comparecimento aos PEDs (%) nos estados e as taxas de FPME

	FPME 05	FPME 06	FPME 08
Comp. PED 2005	-,573***		
Comp. PED 2007		-,584***	
Comp. PED 2009			-,363*

Fonte: Sorg. Sig.: *** p < 0,01; * p < 0,10. N = 27.

Para encerrarmos a análise sobre o nível de comparecimento dos filiados aos processos eleitorais internos, convém replicar um teste realizado no capítulo anterior e avaliar a existência de correlação entre o nível de disputa política interna e o aumento na presença de filiados nas eleições petistas. A hipótese que seguimos aqui é de que o PED incentivaria a liderança partidária a maximizar a participação dos seus "apoiadores" no processo eleitoral – inclusive com práticas como o transporte gratuito de filiados e a quitação da contribuição estatutária – para garantir melhores resultados eleitorais. Dessa forma, é possível imaginarmos que encontraríamos um crescimento no nível de comparecimento entre os PEDs de 2005 e 2009 nos locais em que a competição política interna é mais intensa. Assim como no Capítulo 2, operacionalizamos o teste a partir da construção da variável "Disputa Política", na qual classificamos como estados em que há uma forte disputa política aqueles em que nenhuma chapa que concorria ao DN obteve a maioria dos votos válidos em pelo menos dois dos três PEDs (BA, DF, MA, MG, MS, MT, PE, PI, RJ, RN, RS, SC e SP). Os resultados encontrados, por meio da correlação de Spearman, não indicam haver uma associação significativa entre as variáveis (p < 0,1). Reconhecemos, porém, a necessidade de testes com os dados das disputas estaduais e municipais, que infelizmente não conseguimos obter, para que essa hipótese seja totalmente descartada.

Mostramos neste item em que discutimos as relações do Processo de Eleições Diretas com as formas de militância no interior do PT que sua implantação foi objeto de polêmica e de intensos debates na segunda metade da década de 1990 e que sua adoção significou a opção por incentivar formas de militância mais inclusivas, mas de menor intensidade se comparadas com as adotadas no período de formação e consolidação do partido, e que traduziam a decisão pela transformação do PT em uma agremiação mais aberta a amplos segmentos do eleitorado. Mostramos também que há uma estabilidade no nível de comparecimento aos PEDs e que, de uma maneira geral, o partido foi capaz de incorporar ao seu processo decisório o contingente de filiados que entraram no PT nos últimos anos, ainda que não haja evidências de que a expansão no número de filiados esteja baseada em sólidos laços de vinculação com o partido.

Considerações finais

No final dos anos 1980 e início dos 1990, Meneguello (1989) e Keck (1991) concluíram suas análises sobre o PT, ressaltando, entre outros fatores, a democracia interna petista e o incentivo à participação dos filiados de forma ativa na vida partidária como diferenciais do partido com relação às outras agremiações políticas brasileiras. Os Núcleos de Base eram o símbolo e a expressão concreta de um partido que primava pela participação de alta intensidade de seus membros nas atividades partidárias e para além dos ambientes mais diretamente vinculados à competição eleitoral, como os Diretórios Municipais. Essa não é mais a realidade do partido. Mostramos, por meio da análise das transformações nos NBs e no seu papel como instância de articulação dos filiados e da implantação dos PEDs, que, mais de 30 anos após a fundação do PT, as atividades de militância acontecem em instâncias articuladas à competição eleitoral e são de mais baixa intensidade, embora mais inclusivas (Quadro 3.4.1). As razões para essas transformações foram tanto endógenas quanto exógenas. Opções da liderança partidária inseridas em um contexto estratégico mais abrangente agiram em conjunto com as alterações no comportamento dos atores da sociedade civil organizada diante de novas perspectivas que se abriam com o avanço do processo de democratização.

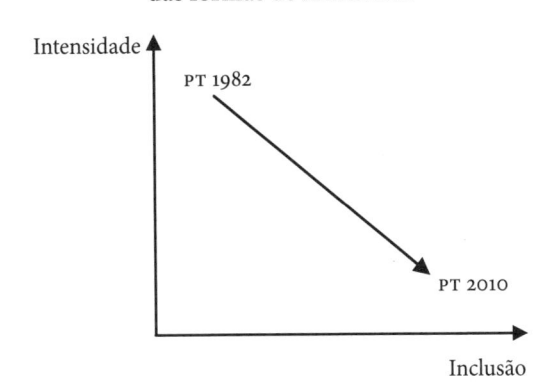

Quadro 3.4.1. Nível de intensidade x Nível de inclusão das formas de militância

Intensidade

PT 1982

PT 2010

Inclusão

O PED, outra inovação petista no cenário partidário brasileiro, simboliza essas mudanças. A implantação desse mecanismo, bem como suas regras, demonstra que o partido buscou, especialmente desde o início da última década, incluir o máximo possível de filiados ao seu processo decisório e que fez isso sem incentivar, em troca, um alto nível de ativismo. É importante destacar, porém, que a instituição das eleições diretas para a direção partidária reafirmou a preocupação do partido com a manutenção de um de seus principais diferenciais: a presença de mecanismos deliberativos participativos capazes de incorporar a base de filiados ao processo decisório interno. Dessa maneira, sua instituição é também reflexo das práticas partidárias forjadas nos 21 anos que a antecederam e demonstra que as transformações no desenho institucional petista, por mais significativas que sejam, guardam sempre as marcas de seus elementos organizativos originários.

Em uma perspectiva comparada, as transformações nas regras partidárias e nas formas de participação privilegiadas pelo PT a partir de 2001 encontram paralelos na Europa Ocidental e no Canadá (SEYD, 1999; SEYD; WHITELEY, 2002b; KITTILSON; SCARROW, 2003; CROSS; YOUNG, 2004; SCARROW; GEZGOR, 2010; WAUTERS, 2010). De uma forma um pouco diferente das análises de Mair (1994), Katz e Mair (2002) e Detterbeck (2005), que tratam os processos de democratização internos como resultado da emergência do modelo de *partido cartel* e da ampliação do poder da face pública das agremiações, trabalhos como os de Scarrow e Gezgor (2010) e Kittilson e Scarrow (2003) apontam para os processos de democratização internos também como uma forma de resposta à diminuição na base de filiados verificada nos últimos anos em democracias consolidadas, à crescente desconfiança demonstrada pela opinião pública com relação aos partidos políticos e à redução da polarização ideológica. Dessa forma, a ampliação dos poderes dos filiados seria uma maneira de captar membros, recuperar a credibilidade dos partidos junto ao eleitorado, tornando seu processo decisório mais atraente e transparente, e manter uma parcela dos eleitores mais próxima ao partido em uma época de clivagens ideológicas mais fluidas. Parece-nos que essa interpretação mais abrangente, não apenas vinculada aos cálculos da disputa política interna, apresenta uma importante linha interpretativa para o caso petista. "Abrir o PT" e "distensioná-lo" fizeram parte de um esforço maior de ampliar a base social petista e sua vinculação com setores mais amplos do eleitorado, ainda que com laços mais frouxos.

Capítulo 4

O PED e a disputa política intrapartidária

Introdução[1]

Nos capítulos anteriores, nos preocupamos em demonstrar as transformações – e continuidades – na relação do PT com seus filiados de uma forma mais ampla, abrangendo tanto a expansão da base de membros e seus vínculos com atores da sociedade civil organizada quanto as alterações nas formas mais comuns de participação nas atividades partidárias. Neste capítulo, mudamos um pouco o foco da nossa análise e nos concentramos na competição política no interior do partido. Conforme sustentam Sartori (1980) e Panebianco (2005), as agremiações políticas são unidades compostas por grupos que disputam o controle de diferentes tipos de recursos a partir de estratégias determinadas pelas condições de competição intrapartidária. Dessa forma, compreender as transformações na organização interna de um partido requer também a análise da dinâmica competitiva no seu interior.

Como vimos, o PT sempre se caracterizou pela inserção das bases no seu processo decisório e de seleção de lideranças. A partir de 2001, o partido modificou suas regras eleitorais de forma significativa, e a escolha dos membros dos diretórios e presidentes do partido em todos os níveis passou a ser feita pelo voto direto dos filiados. O objetivo deste capítulo é avaliar se

---

1 Alguns trechos deste capítulo serviram de base para o artigo "O que sabemos sobre a organização dos partidos políticos: uma avaliação de 100 anos de literatura", publicado na *Revista Debates* (v. 7, n. 2, 2013).

as alterações nas regras do jogo eleitoral intrapartidário levaram a mudanças na distribuição de poder e no comportamento dos atores. As hipóteses que seguimos são de que o novo sistema eleitoral petista favoreceu a proliferação de chapas e candidatos, ampliando a fragmentação interna, privilegiou os grupos com maior visibilidade pública e transformou a escolha para a presidência do partido em um processo mais personalista e menos baseado nas disputas entre as diferentes facções internas e seus projetos políticos.

Concentramos nossa análise nas disputas em torno do Diretório Nacional (DN) e da presidência do partido. Essa opção se justifica pela posição privilegiada do DN e da presidência para o controle de recursos de poder organizativo, ou "zonas de incerteza" na definição de Panebianco (2005, p. 65-71). Administrar as finanças partidárias, determinar posições políticas, aprovar resoluções, intervir nos Diretórios Estaduais e aplicar sanções disciplinares aos filiados estão entre as atribuições do DN. Além disso, estão subordinadas a ele as secretarias do partido, responsáveis, por exemplo, pela comunicação, organização, relação com movimentos sociais e atores institucionais e formação política. O presidente do partido, por sua vez, faz parte tanto do DN quanto da Comissão Executiva Nacional (CEN), responsável por executar as deliberações do DN. Ele representa o partido publicamente, garantindo grande exposição na mídia, e pode adquirir funções eleitorais importantes, como a chefia de campanhas para os pleitos presidenciais.

A averiguação das hipóteses exige que tratemos o PT como um sistema político em miniatura, com processos institucionalizados de seleção de lideranças, definição de objetivos e resolução de conflitos internos protagonizados por grupos rivais, conforme sugere Sartori (1980). No caso petista, essa abordagem foi adotada por Keck (1991), Lacerda (2002) e Ribeiro (2008) ao analisarem a competição política no interior do partido. Outra exigência teórica é a definição conceitual das subunidades que integram as agremiações. Esta não é uma empreitada fácil, dada a diversidade de tratamentos que a Ciência Política dá ao tema das divisões internas dos partidos políticos, fenômeno conhecido como "facciosismo" (BOUCEK, 2009). Organização, função, papel e tamanho estão entre as variáveis mais utilizadas para classificar as subunidades partidárias. Boucek argumenta que os trabalhos sobre as divisões intrapartidárias devem se concentrar mais na sua dinâmica e menos nos seus elementos organizativos. Segundo a autora, as formas de interação entre as subunidades – por ela chamadas de facções –, bem como suas relações com eleitores e a agremiação que integram, devem ser abordadas como a principal característica do "facciosismo", tratado tanto como variável dependente quanto explicativa. A autora defende, assim, uma definição ampla de facção (2009, p. 468). Concordamos com essa avaliação e a julgamos a mais apta teoricamente para o cumprimento dos objetivos deste capítulo. Dessa forma, adotamos, como Boucek (2009), uma definição de facção próxima à estabelecida por Zariski (1960, p. 33):

> uma facção é um grupo intrapartidário cujos membros compartilham propósitos comuns e se organizam para agir coletivamente em busca de seus objetivos. Tais objetivos podem ser: controlar cargos no partido ou no governo; satisfazer interesses locais, regionais ou de grupo; influenciar a estratégia e/ou a linha política partidária; ou ainda promover um conjunto de valores.

A partir desse instrumental teórico é possível afirmarmos que, como veremos mais detalhadamente na seção seguinte, as tendências internas do PT são as facções do partido. Dessa forma, neste e no próximo capítulo, usamos os dois termos de forma intercambiável e a expressão genérica *grupos* quando nos referirmos a um conjunto de facções/tendências.

Do ponto de vista dos indicadores empíricos utilizados neste capítulo, trabalhamos com dois conjuntos. O primeiro é composto pelas resoluções e documentos partidários que tratam da regulamentação das tendências internas e do processo de seleção de lideranças petista. O segundo, pelos resultados de todas as disputas que ocorreram para o DN e para a presidência nacional do PT. A coleta dos dados anteriores a 2001 foi feita a partir de publicações do próprio PT e dos trabalhos de Lacerda (2002) e Ribeiro (2008).

Já os resultados dos Processos de Eleições Diretas (PEDs) realizados em 2001, 2005, 2007 e 2009 foram obtidos junto à Secretaria de Organização do partido (Sorg).

Este capítulo está organizado em três partes. Na primeira, reconstituímos, de forma bastante sucinta, o processo de consolidação das tendências no interior do PT, sua integração formal à dinâmica partidária, e analisamos os resultados das eleições internas tanto para o DN quanto para a presidência do partido até a instituição do PED, em 2001. Na segunda parte, discutimos a alteração nas regras do processo eleitoral interno, testamos as hipóteses levantadas e analisamos os resultados dos PEDs realizados em 2001, 2005, 2007 e 2009. Ao final, concluímos o capítulo articulando os resultados encontrados à literatura existente sobre a competição no interior dos partidos políticos e sobre o PT.

O sistema político do PT até 2001

A formação das tendências

Não há como desvincular a existência de facções no interior do PT de seu processo de gestação e construção no final dos anos 1970 e início dos anos 1980. Conforme discutimos no Capítulo 1, a formação do partido foi caracterizada pela confluência de diversos atores políticos de esquerda. Sindicalistas, membros das Comunidades Eclesiais de Base (CEBs), de movimentos populares urbanos e de organizações de esquerda que atuaram na clandestinidade durante o regime militar, além de intelectuais e parlamentares do MDB, contribuíram para que coexistissem dentro do PT diferentes concepções ideológicas e de estratégia de atuação partidária (MENEGUELLO, 1989; KECK, 1991). O reconhecimento dessa multiplicidade de atores por parte daqueles que estavam à frente da organização da agremiação aconteceu ainda em 1979, quando o Movimento pró-PT afirmou em sua carta de princípios: "O PT se constituirá respeitando o direito das minorias de expressarem seus pontos de vista. Respeitará o direito à fração e às tendências, ressalvando apenas que as inscrições serão individuais" (PT, 1998, p. 54). Os primeiros anos do partido foram marcados por uma convivência interna difícil entre grupos mais moderados e facções de orientação leninista e trotskista. Os dirigentes oriundos do Novo Sindicalismo apontavam que o partido corria o risco de se transformar em uma "frente", caracterizado pela dupla militância e disciplina, o que dificultaria a organização da agremiação e a sua consolidação como um ator institucional viável. Essa foi uma das razões para o surgimento da tendência Articulação dos 113, em 1983. Organizada em torno de líderes sindicais – entre eles Lula –, intelectuais e militantes independentes, a facção buscava construir uma maioria estável nos órgãos diretivos partidários capaz de impor "uma visão relativamente unificada da natureza e dos objetivos do PT, não ao ponto de eliminar as diferenças derivadas das tendências, mas pelo menos como expressão de uma clara maioria" (KECK, 1991, p. 135). Além disso, a Articulação buscava também controlar a maior quantidade de recursos organizativos disponíveis, consolidando assim a posição predominante de suas lideranças na estrutura partidária. Para Keck, esse foi o momento de afirmação clara da primeira "coalizão dominante" no interior do PT (1991, p.136).[2]

A formação da Articulação e seu desenvolvimento organizativo, com a realização de plenárias próprias e deliberações prévias anteriores aos encontros partidários, facilitou a construção de uma atuação mais coesa por parte da agremiação, mas não significou o fim das disputas internas ou a diluição das outras facções organizadas no interior do PT. A consolidação de eleições proporcionais para a direção partidária, em 1984, incentivou o partido a discutir mais abertamente a regulamentação da existência das tendências e suas formas de atuação, o que não havia acontecido até então. Em 1986, a prisão de um grupo de militantes petistas ligados ao Partido Comunista Brasileiro Revolucionário (PCBR), em uma tentativa de assalto a um banco para financiar a Revolução Sandinista na Nicarágua, colocou ainda mais urgência na definição de regras para a atuação das tendências no interior do PT (KECK, 1991, p. 138; RIBEIRO, 2008, p. 194). Naquele mesmo ano, o 4º Encontro Nacional (EN) do partido foi marcado pelas críticas, especialmente da Articulação, à excessiva autonomia e independência de

---

2   Segundo Panebianco, "a coalizão dominante de um partido é composta por aqueles agentes formalmente internos e/ou externos à organização, que controlam as zonas de incerteza mais vitais. O controle sobre esses recursos, por sua vez, faz da coalizão dominante o principal centro de distribuição de incentivos organizativos no interior do partido" (2005, p.74).

algumas facções. No "Plano de Ação Política e Organizativa do PT para o Período 1986-1988", a agremiação declarou:

> [...] coabitam dentro do Partido diferentes correntes ou tendências organizadas, que possuem sua própria política e sua própria disciplina, grande parte das vezes em contraposição à política adotada democraticamente pelo Partido, rompendo com a disciplina do PT, cujo aspecto mínimo é o cumprimento das decisões do PT. Algumas tendências dentro do PT constituem partidos dentro do Partido. Embora haja diferenciação nas suas políticas ante o problema-chave da construção do PT, nos últimos anos tem havido a formação, entre outras, de um bloco entre elas para impor ao partido a tática geral e diversas táticas setoriais.
> [...] As decisões dos órgãos dirigentes do PT só são levadas em conta se coincidirem com as próprias decisões das instâncias dirigentes dessas tendências. Nessas condições, elas rompem constantemente não só com a disciplina, mas também com a democracia interna do PT. Esse método de ação de tendências prejudica a construção do PT como Partido (PT, 1998, p. 287-288).

Ainda no 4º EN, o PT aprovou uma resolução na qual reconhecia o "direito de tendências" e a garantia de presença de minorias nas instâncias partidárias, e autorizou o DN a promover um amplo debate a respeito da regulamentação das facções no interior do partido. Um ano mais tarde, o partido aprovou, no 5º EN, a "Resolução sobre Tendências" apresentada pela Articulação, estabelecendo normas gerais para o funcionamento das facções. O agitado calendário eleitoral do biênio 1988-1989 e a dificuldade de negociação com algumas facções fizeram, porém, com que o DN demorasse mais de dois anos para a elaboração final das regras. Apenas em abril de 1990 o PT passou a contar com um regulamento acerca das tendências internas do partido. A "Regulamentação das Tendências Internas" (RTI) estabelecia que as facções poderiam se organizar para "defender posições políticas e organizacionais e disputar postos nas instâncias e organismos do partido" (PT, 1998, p. 360), e que suas atividades deveriam estar circunscritas à agremiação. A RTI determinava também que as tendências deveriam se submeter ao programa e às resoluções partidárias e proíbia, explicitamente, dupla militância e filiação a organizações externas ao PT. A RTI definia ainda o processo de registro das tendências. Este deveria ocorrer junto à Sorg e ser acompanhado do nome dos responsáveis pela facção em nível nacional e estadual, de um documento contendo as linhas políticas da tendência e suas formas de funcionamento e de um compromisso com o Programa, o Estatuto, o Regimento Interno e as resoluções do partido. Caberia ao DN a aprovação final do pedido de registro de tendência, assim como uma eventual decisão pelo seu cancelamento e a aplicação de sanções por dupla militância (PT, 1998, p. 360-364). Pouco antes do 7º EN, em maio de 1990, dez tendências obtiveram registro: Convergência Socialista (CS), Democracia Socialista (DS), Força Socialista (FS), Articulação, Tendência Marxista (TM), O Trabalho (OT), Vertente Socialista (VS), Voz Proletária (VP), Nova Esquerda (NE) e Luta pelo Socialismo. Como observa Ribeiro, o processo de negociação para a aprovação da regulamentação e registro das tendências envolveu o compromisso por parte da Articulação de que a proporcionalidade válida para a constituição dos Diretórios seria também respeitada na composição das Comissões Executivas, atendendo a uma demanda dos grupos minoritários do partido (2008, p. 197). Essa decisão passou a valer já no 7º EN e teve importantes efeitos na dinâmica da competição política interna, como veremos mais adiante.

Alterações na regulamentação das tendências ocorreram no 1º Congresso Nacional (CN) do PT, em 1991, e no estatuto do partido aprovado em 2001. Proibições estabelecidas em 1990 foram explicitadas, como a relativa à possibilidade de as tendências contarem com sedes próprias, e ficou estabelecido que qualquer agrupamento de filiados que não fosse instância ou organismo partidário deveria solicitar o registro como tendência interna (PT, 2001a, p. 137). Nas versões subsequentes do estatuto partidário, as regras estabelecidas em 2001 foram mantidas (PT, 2007a, 2012)

O processo de regulamentação das tendências teve importantes efeitos na organização partidária. Primeiro, reduziu significativamente a independência dos grupos no interior da agremiação, diminuindo os incentivos para a realização, por parte das facções, de ações autônomas contrárias às estratégias partidárias mais amplas, e aumentando o poder do centro decisório partidário, que passou a contar com mais mecanismos para fazer valer suas determinações no âmbito interno. Segundo, tornou mais institucionalizado tanto o processo de seleção de lideranças quanto o de decisão sobre os rumos do partido. A competição política no interior da agremiação se estruturou em torno das tendências, pois elas passaram a ser os principais veículos de representação interna, canalizando diferentes demandas partidárias. Dessa forma, sua regulamentação foi fundamental para a consolidação de uma estrutura decisória baseada em mecanismos participativos de base, pois conferiu mais legitimidade ao processo interno de solução de conflitos.

As regras eleitorais e os resultados da disputa intrapartidária até 2001

Conforme descrevemos no Capítulo 2, o processo de seleção de lideranças no interior do PT, até 2001, tinha como momento principal os Encontros partidários em todos os níveis. Era por meio deles que acontecia a escolha dos Diretórios, Executivas e presidentes do partido. Os filiados compareciam diretamente aos Encontros Municipais ou Zonais, dependendo do porte do município, e escolhiam delegados que eram enviados aos Encontros Estaduais, que, por sua vez, elegiam os representantes para a reunião nacional. A existência de posições divergentes no interior do partido e a crescente organização de facções levaram à consolidação, em 1983, de um sistema proporcional para a composição dos Diretórios, com o estabelecimento de uma barreira de 10% para que cada chapa obtivesse direito à representação. A proporcionalidade, porém, não foi garantida para a composição das Comissões Executivas. Para a Articulação, então no comando do PT, a CEN não poderia ser formada de maneira proporcional enquanto não houvesse um regulamento claro acerca do papel e do funcionamento das tendências internas. A visão da facção era de que a existência de grupos com projetos partidários próprios poderia levar o PT a uma situação de paralisia decisória caso a CEN não fosse coesa e indicada pela chapa vencedora.

O sistema eleitoral adquiriu novos contornos ao final da primeira década de existência da agremiação com o reconhecimento da proporcionalidade para a formação da CEN, em 1990, e a eliminação da barreira de 10% dos votos para o preenchimento de vagas nos Diretórios em 1991. Essas medidas atenderam a uma importante demanda dos grupos minoritários e foram tomadas em um momento de fragilidade da Articulação, marcado por disputas no interior da facção a respeito da interpretação do colapso do socialismo no Leste Europeu e das formas de inserção do partido na arena institucional (RIBEIRO, 2008, p. 202-209).

Como argumenta Lacerda, as mudanças no sistema eleitoral no início da década de 1990 concluíram o processo de institucionalização da competição intrapartidária, garantindo a plena participação dos filiados no processo decisório interno e o acesso por parte das facções a todas as instâncias do partido (2002, p. 50). Como desdobramento, foram atenuadas as pressões centrífugas no interior do PT, reduzindo o incentivo para rompimentos por parte de grupos minoritários. Mais importante, porém, foi o processo de estruturação da competição política detonado com a garantia da proporcionalidade em todas as instâncias. A institucionalização da representação proporcional levou as tendências a se organizarem para as disputas internas em todos os níveis, consolidando seu papel como representantes das demandas dos filiados, interlocutores privilegiados para os arranjos internos e veículos de ascensão na hierarquia petista, transformando-se em elementos essenciais da dinâmica partidária.

A escolha para o segundo DN, em 1984, foi o primeiro momento real de disputa no interior do partido, pois, em 1981, a primeira direção havia sido composta a partir de uma chapa única negociada internamente antes do 1º EN. A recém-organizada Articulação obteve 65,8% dos votos dos delegados presentes ao 3º EN, conquistando a maioria do Diretório e todas as vagas da CEN. A eleição de 1984 marcou o início de um padrão que se repetiria nas eleições de 1986, 1987 e 1990: predomínio da facção liderada por Lula e uma competição estruturada em torno de chapas de porte médio e grande que congregavam diferentes facções (Quadro 4.2.2.1). No período (1984-1990), a média de chapas que concorreram ao DN foi de 3, e a média do número efetivo de chapas concorrentes (NECC), de 2,1 (Tabela 4.2.2.1).[3] Esse padrão competitivo foi estabelecido a partir da rápida organização da Articulação e pelas regras eleitorais internas, que incentivavam a união de tendências menores com o objetivo de obter ao menos 10% dos votos dos delegados. O resultado foi a construção de um DN pouco fragmentado (Tabela 4.3.2). No aspecto ideológico, os três primeiros pleitos foram marcados pela polarização entre moderados, representados pela Articulação, e a esquerda partidária, que apresentou apenas uma chapa em 1984 e 1986 e três em 1987. No 7º EN, porém, houve uma alteração ideológica importante com a dissolução do Partido Revolucionário Comunista (PRC) e sua reorganização como tendência petista sob a denominação de Nova Esquerda. Liderada por José Genoíno e Tarso Genro, essa facção uniu-se à Vertente Socialista e concorreu ao DN com uma proposta mais próxima da Articulação, reduzindo a força da esquerda (LACERDA, 2002, p. 61; RIBEIRO, 2008, p. 201).

O período entre o 1º (1991) e o 2º (1999) Congressos Nacionais do PT foi um dos mais atribulados no que toca à competição intrapartidária. Maior fragmentação e realinhamentos estratégicos e ideológicos transformaram a organização interna do partido e consolidaram novas práticas políticas na direção da agremiação. A adoção da proporcionalidade para a composição da CEN e o fim da barreira de 10% para a indicação de membros do DN, bem como o avanço organizativo das tendências minoritárias, contribuíram para o fracionamento do sistema político petista. O grande número de vagas em disputa no Diretório (cerca de 80) deixou a instância bastante permeável à participação das facções, incentivando tanto o lançamento de chapas por grupos que antes optavam por competir associados quanto a cisão de facções. Além disso, as tendências internas foram desenvolvendo relações cada vez mais sólidas com grupos de filiados em todo o país, adquirindo mais recursos organizativos para a composição de chapas próprias.

---

3   O número efetivo de chapas concorrentes (NECC) foi calculado seguindo a indicação de Laakso e Taagepera (1979). NECC = 1 / Σpe2, sendo pe = a porcentagem de votos obtidos por cada chapa.

Os números são claros a esse respeito: entre 1993 e 1999, a média de chapas que concorreram ao DN foi de 5,25, e a média do número efetivo de chapas concorrentes, de 3,3 (Tabela 4.2.2.1). Mais fracionado, o DN deixou de ser exclusivamente controlado por uma única tendência, o que forçou uma "dinâmica de coalizão" na gestão partidária.

Às novas características institucionais somou-se a crise da tendência até então majoritária, a Articulação. Formada para garantir a unidade partidária diante do avanço de grupos mais radicais de esquerda, a tendência apresentava uma grande heterogeneidade ideológica no seu interior. As divisões ficaram mais nítidas quando o partido se viu obrigado a discutir o colapso do "socialismo real" e a importância do PT enquanto ator institucional. Diferentes visões em torno da estratégia partidária passaram a ficar cada vez mais inconciliáveis, com grupos no interior da facção defendendo que o partido deveria concentrar sua atuação junto aos movimentos sociais e outros argumentando que era possível combinar as ações do partido na sociedade com a crescente participação nas esferas estatais. O resultado dessa crescente polarização foi a ruptura do grupo em 1993 – facilitada pelas novas regras de composição das instâncias partidárias. No 8º EN, a dissidência da Articulação, que mais tarde se chamaria Articulação de Esquerda (AE), uniu-se à tendência DS, obtendo o maior número de votos entre os delegados presentes (36,5%). A outra chapa que congregava tendências de esquerda, Na Luta PT, obteve 19,1% dos votos, possibilitando, pela primeira vez, a construção de um DN dominado pelas facções da esquerda partidária (Quadro 4.2.2.1).

O controle do DN pela esquerda petista foi marcado por divisões internas e pela derrota nas eleições presidenciais de 1994. Durante a campanha, a direção partidária foi constantemente criticada por sua posição intransigente com relação à ampliação do leque de alianças eleitorais e pela incapacidade de resposta diante do sucesso do Plano Real, implantado pelo então ministro da Fazenda e candidato à presidência pelo PSDB, Fernando Henrique Cardoso. A coalizão de esquerda provocou também uma aproximação entre a Articulação e outras tendências moderadas, como a Democracia Radical (DR), herdeira da NE, que passaram a agir concertadamente.

Essa conjuntura de extrema polarização na disputa intrapartidária teve como seu capítulo mais emocionante o 10º EN, em 1995. Cientes do seu enfraquecimento na disputa interna, AE e DS conseguiram unificar o campo da esquerda em uma única chapa, obtendo 46,2% de apoio entre os delegados. Do outro lado, a Articulação fechou acordos com a DR e com a chapa de centro Velhos Sonhos, Novos Desafios, liderando uma coalizão que obteve 53,8% dos votos e reconquistando o DN. Nesse Encontro, com a recusa de Lula em continuar como presidente do PT, pela primeira vez houve uma disputa para o cargo máximo do partido. Refletindo os acordos para a disputa do DN, José Dirceu, da Articulação, foi eleito com 54% dos votos (Quadro 4.3.2). A composição de forças do 10º EN formaria a espinha dorsal do que ficaria conhecido como Campo Majoritário (CM), um agrupamento de tendências moderadas em torno da Articulação que comandaria o PT por dez anos.

As disputas pelo DN e pela presidência do partido ocorridas em 1997 e 1999 seguiram padrões semelhantes aos verificados no 10º EN. Em ambas as eleições, coalizões de chapas reunindo facções moderadas asseguraram ao Campo Majoritário o controle do DN e a presidência do partido para José Dirceu. A tática empregada pela Articulação para a manutenção da maioria e construção da "coalizão dominante" foi a distribuição de cargos importantes na hierarquia partidária entre aliados – prática comum em sistemas políticos fragmentados. De posse de uma maioria estável, conforme mencionamos no Capítulo 2, a Articulação conseguiu empreender uma série de mudanças no desenho institucional e no programa partidário, moldando o perfil do partido que chegaria à Presidência da República em 2003.

Tabela 4.2.1. Total de chapas que concorreram ao DN e número efetivo de chapas concorrentes (NECC) entre 1984 e 2009

	1984 2° DN	1986 3° DN	1987 4° DN	1990 5° DN	1993 6° DN	1995 7° DN	1997 8° DN	1999 9° DN	2001 10° DN	2005 11° DN	2007 12° DN	2009 13° DN
N	2	2	4	4	5	4	5	7	7	10	9	8
Média		3					5,25				8,5	
NECC	1,8	1,7	2,3	2,6	3,7	2,5	3,4	3,7	3,1	4,3	3,8	2,8
Média		2,1					3,3				3,5	

Fontes: PT (1998), Ribeiro (2008) e Sorg.

Quadro 4.2.2.1. Resultado das eleições (% dos votos válidos) para o DN entre 1984 e 1999

Esquerda		Direita
	1984 (3º EN)	
O PT se constrói na luta (34,2%)		Por um PT de massa (Articulação) (65,8%)
	1986 (4º EN)	
Alternativa operária e popular (27,8%)		Articulação por uma proposta democrática, de massas e socialista para o PT (72,2%)
	1987 (5º EN)	
Em defesa da democracia (3,6%) O PT pela base (VS) (12,9%) Luta socialista (PRC) (24,1%)		Por um PT de massas (Articulação) (59,4%)
	1990 (7º EN)	
PT de luta e de massas (OT, CS) (11%) Alternativa socialista e revolucionária (DS, FS, TM) (16%)	Socialismo e Liberdade (NE, VS) (17%)	Articulação da luta socialista (56%)
	1993 (8º EN)	
Na luta PT (FS, TM, OT) (19,1%) Uma opção de esquerda (AE, DS) (36,5%)	Sem medo de ser socialista, pela base com independência (3,5%)	Articulação unidade na luta (29,3%) Democracia Radical (11,6%)
	1995 (10º EN)	
Socialismo e democracia (46,2%)	Velhos sonhos, novos desafios (5,9%)	Articulação unidade na luta (40,3%) Democracia Radical (7,6%)
	1997 (11º EN)	
Luta socialista (37,8%)	Socialismo e Liberdade (11,1%)	Articulação unidade na luta (34,7%) Democracia Radical (11,8%) Nova democracia (4,6%)
	1999 (2º CN)	
Fiel ao PT das origens (OT) (2,1%) Nosso tempo (DS) (9,9%) Socialismo ou barbárie (AE, FS) (20,8%)	Movimento PT (12,7%)	PT de luta e de massas (2,9%) Revolução democrática (Artic.) (43,6%) Democracia Radical (8,0%)

Obs.: A localização das chapas é relacional e não reflete a distinção esquerda-direita no espectro político brasileiro (Cf. Capítulo 5).
Fontes: Elaboração do autor a partir de PT (1998), Lacerda (2002) e Ribeiro (2008).

A alteração nas regras eleitorais
e as disputas entre 2001 e 2009

Nos Capítulos 2 e 3 discutimos algumas das implicações para a organização interna do PT da alteração do processo eleitoral para as direções partidárias no início desta década. Aqui, retomamos apenas as mudanças fundamentais e o posicionamento dos atores com relação a elas. O 2º CN do PT decidiu, em 1999, que as eleições para todos os cargos de direção partidária e seus respectivos presidentes seriam realizadas por meio da participação direta dos filiados. Dois anos mais tarde, o novo Estatuto do PT regulamentou o processo eleitoral, estabelecendo também as restrições de que o filiado deveria estar há pelo menos um ano no partido e em dia com as contribuições financeiras para poder participar. O Estatuto de 2001 também determinou um quorum mínimo para a validação da eleição de 15% e, nas eleições para presidente, estabeleceu a realização de segundo turno caso nenhum candidato obtivesse mais de 50% dos votos válidos. O Estatuto determinou ainda a realização de debates e plenárias e garantia igualdade de condições no acesso a recursos financeiros e espaço nas sedes e imprensa partidárias (PT, 2001a). O Estatuto de 2012 manteve a maior parte das regras estabelecidas 11 anos antes, mas mudou o quorum mínimo para 25% do total de votantes no PED anterior (PT, 2012, p. 16). Conforme vimos anteriormente, não eram uniformes as posições no interior do partido com relação à instituição do PED. As facções moderadas que compunham o Campo Majoritário defendiam a alteração das regras, enquanto as tendências de esquerda preferiam a manutenção da escolha dos dirigentes por meio dos Encontros partidários. Se partirmos do argumento de Sartori de que as elites intrapartidárias vão sempre tentar explorar ao máximo as vantagens do sistema eleitoral interno (1980, p. 136), é possível imaginar que os grupos moderados vislumbrassem na implantação do PED uma forma de fortalecer a sua posição no interior do partido, pois contavam com figuras públicas mais conhecidas e de maior apelo junto aos membros da agremiação. É provável também que acreditassem que o conjunto de filiados, em especial aqueles com menor participação na vida partidária, tivessem posições ideológicas e programáticas mais moderadas do que os militantes mais ativos na vida partidária. A realidade do PED mostrou-se, porém, um pouco diferente, como veremos mais adiante.

Iniciamos nossa avaliação sobre os efeitos das mudanças nas regras do jogo eleitoral sobre o sistema político petista com a análise da fragmentação da competição intrapartidária. Os dados da Tabela 4.2.2.1 mostram que, entre 2001 e 2009, a média de chapas que concorreram ao DN foi de 8,5, representando um aumento significativo com relação ao período 1993-1999 (5,25). O número de candidatos a presidente nacional do PT também cresceu substancialmente na comparação com o período 1995-1999. A média de candidatos que concorreram às três primeiras eleições presidenciais petistas em que houve disputa foi de 2,3. Entre 2001 e 2009, esse número saltou para 6,5 (Tabela 4.3.1). Esses dados refletem os novos incentivos institucionais fornecidos pelo PED. O argumento é simples: abertas a todos os filiados, as eleições internas oferecem mais incentivos para que um número maior de tendências se apresente à competição para os postos de direção em nível nacional. Isso acontece porque facções com maior peso regional ou setorial, que dificilmente conseguiriam emplacar um número de delegados suficiente no EN para obter representantes na direção nacional, agora podem, por meio de uma mobilização intensa de seus militantes nos momentos eleitorais, obter votos suficientes para conquistar ao menos uma vaga no DN. Casos exemplares dessa nova característica da competição intrapartidária foram as chapas Movimento Popular, ligada à Central de Movimentos Populares (CMP), que concorreu às eleições para o DN em 2005 e 2007, O Brasil Agarra Você, vinculada a militantes do estado do Ceará e que participou do PED 2005, e Democracia pra Valer, ligada ao Setorial de Combate ao Racismo e que disputou o PED de 2007. A eleição direta para presidente do PT também serviu como um estímulo para o lançamento de postulantes por parte das chapas com o objetivo de ampliar a sua visibilidade junto aos filiados por meio de debates internos e veiculação de informação dos candidatos na imprensa partidária. Além disso, a condição de partido governante na esfera federal fez com que o PED atraísse a atenção da grande imprensa, com a cobertura sistemática da campanha e das propostas das chapas e candidatos, transformando o processo em uma atraente vitrine para a divulgação de nomes e aquisição de capital político-eleitoral por parte das facções.

O aumento substancial na quantidade de chapas não foi acompanhado, porém, de crescimento semelhante na dispersão dos votos dos filiados. Como podemos observar na Tabela 4.2.2.1, as eleições realizadas para o DN no período 2001-2009 não apresentaram uma variação significativa com relação ao período anterior (1993-1999) no que toca ao número efetivo de chapas concorrentes. A média dos dois períodos apresentou apenas uma pequena oscilação, de 3,3 (1993-1999) para 3,5 (2001-2009). Como consequência, não houve aumento substantivo na fragmentação do DN. A Tabela 4.3.2 mostra também uma pequena oscilação entre as médias do número efetivo de chapas na direção nacional (NECDN) do PT nos períodos 1993-1999 (3,3) e 2001-2009 (3,5).[4] Esses dados sugerem que os efeitos da alteração das regras eleitorais em 2001 sobre o sistema político petista foram menores do que os exercidos pelas mudanças ocorridas no início dos anos 1990 e indicam a existência de uma estrutura competitiva organizada em torno de poucas facções que contam com o apoio da grande maioria dos filiados.

Tabela 4.3.1. **Total de candidatos a presidente do PT (1995-2009)**

	1995 10º EN	1997 11º EN	1999 2º CN	2001 PED	2005 PED	2007 PED	2009 PED
N	2	2	3	6	7	7	6
Média	2,3			6,5			

Fontes: PT (1998) e Sorg.

Tabela 4.3.2. **Número efetivo de chapas no DN (NECDN) entre 1984 e 2009**

	1984 2º DN	1986 3º DN	1987 4º DN	1990 5º DN	1993 6º DN	1995 7º DN	1997 8º DN	1999 9º DN	2001 10º DN	2005 11º DN	2007 12º DN	2009 13º DN
NECDN	1,8	1,7	2,2	2,6	3,5	2,6	3,4	3,7	3,1	4,3	3,8	2,8
Média	2,1				3,3				3,5			

Fontes: PT (1998), Ribeiro (2008) e Sorg.

---

[4] O número efetivo de chapas no DN (NECDN) foi calculado seguindo a indicação de Laakso e Taagepera (1979). NECDN = 1 / $\Sigma pe2$, sendo pe a porcentagem de vagas ocupada por cada chapa.

A existência dessa estrutura pressupõe também a manutenção de padrões de apoio entre os filiados ao longo do tempo, ou seja, uma baixa volatilidade eleitoral. Como é impossível operacionalizarmos com precisão os índices de volatilidade eleitoral mais comuns na Ciência Política, como o desenvolvido por Bartolini e Mair (1990), por não sabermos com exatidão quais foram as tendências que integraram cada chapa nos diferentes PEDs, optamos por realizar testes de correlação entre as porcentagens de votos válidos obtidos por cada chapa composta pelos mesmos grupos partidários nas 27 unidades da Federação nas eleições para o DN realizadas em 2005, 2007 e 2009. As cinco chapas que preencheram essas características contaram com diferentes graus de apoio entre os filiados e estão localizadas em diferentes pontos do espectro esquerda-direita (Quadro 4.3.1), o que nos permite excluir a possibilidade de que a posição ideológica ou o tamanho tenham distorcido os resultados. São elas: Construindo um Novo Brasil, composta por membros do Campo Majoritário; Mensagem ao Partido, formada pela DS e por antigos membros do Campo Majoritário; A Esperança é Vermelha/Esquerda Socialista, organizada pela AE; Terra, Trabalho e Soberania, composta pela facção OT; e Movimento Popular, integrada pela CMP. Os testes mostram que todas as correlações foram significativas, positivas, moderadas ou altas, o que indica a existência de um padrão no comportamento dos filiados nas eleições para o DN (Tabela 4.3.3). Ou seja, as facções tendem a ter níveis semelhantes de votação nas diferentes unidades da Federação ao longo do tempo. Isso não significa que o sistema seja estático, mas sim que as tendências desempenham um papel fundamental na formação da preferência do filiado, o que ajuda a compreender por que, mesmo com a ampliação do número de chapas concorrentes, não houve um aumento significativo na dispersão dos votos entre elas. A consolidação das tendências como o lócus privilegiado de representação dos filiados e ascensão na hierarquia partidária, combinada com a série de disputas pelos cargos de direção em diferentes níveis desde meados dos anos 1980, construiu uma identificação entre os membros do PT e as facções que não foi rompida pela alteração nas regras eleitorais em 2001. Essa evidência fica ainda mais forte quando observamos a correlação entre a porcentagem de votos válidos recebidos pelas chapas e por seus respectivos candidatos a presidente do partido nos PEDs ocorridos em 2005, 2007 e 2009 em todos os estados. Dos 20 pares de correlação chapa/presidente, apenas 1 (5%) não se mostrou significativo (p < 0,1) (Movimento Popular/Gegê, em 2005) e 2 (10%) apresentaram correlação significativa, positiva e moderada (Programa Operário e Socialista/Miranda, em 2007, e Virar à Esquerda/ Serge Goulart, em 2009). Todos os outros 17 pares (85%) apresentaram correlações significativas (p < 0,01) e altas (r > ,800). Esse dado é importante, pois demonstra que os votos para os candidatos à presidência do PT e para as chapas que disputam o DN estão vinculados, indicando que a hipótese de que a implantação do PED levaria a uma personalização da disputa à presidência da agremiação, resultando em escolhas independentes dos projetos políticos apresentados pelas facções, não se comprova. Os dois testes sugerem, assim, que a consolidação de práticas políticas construídas ao longo do tempo no interior do partido, como a competição estruturada em torno de tendências, também molda o sistema político petista, que não reage mecanicamente às alterações das regras eleitorais. Voltaremos a esse tema nas Considerações Finais deste capítulo.

Tabela 4.3.3. Correlação entre as porcentagens de votos válidos obtidos pelas chapas em todos os estados nos PEDs de 2005, 2007 e 2009[5]

	A Esperança é Vermelha/ Esquerda Socialista (AE)	Movimento Popular (MP)	Construindo um Novo Brasil (Ex-CM)	Mensagem ao Partido (DS + Ex-CM)	Terra, Trabalho e Soberania (OT)
2005 x 2007	,706***	,536***	,713***	–	,653***
2007 x 2009	,670***	–	–	,881***	,557***

Fonte: Sorg. Sig.: *** p < 0,01. N = 27.

---

5   Utilizamos a correlação de Spearman para todas as associações, com exceção da que envolveu a chapa Construindo um Novo Brasil, na qual utilizamos a correlação de Pearson.

A suposição de que o PED, ao abrir o processo de seleção de lideranças a todos os filiados, independentemente do seu nível de ativismo, privilegiaria os grupos com maior visibilidade pública também encontra dificuldades em ser demonstrada quando observamos os resultados das eleições para o DN em 2001, 2005, 2007 e 2009. Se partirmos do pressuposto de que as lideranças do Campo Majoritário, como Lula, José Dirceu e José Genoíno, entre outros, sempre contaram com grande visibilidade pública por suas atuações tanto no interior do partido quanto no parlamento ou em campanhas presidenciais, é possível imaginarmos que, com o PED, o grupo teria em muito ampliadas as facilidades de manutenção do controle sobre o DN e a presidência do PT. Os resultados eleitorais, porém, refutam essa hipótese. Vencedor em 2001, com 51,7% dos votos válidos para o DN e 55,7% para a presidência, resultando na eleição de José Dirceu, o CM, rebatizado de Construindo um Novo Brasil (CNB), não obteve maioria absoluta dos votos tanto para o DN quanto para a presidência do partido nos dois pleitos seguintes. Em 2005 conseguiu 41,9% dos votos para o DN e seu candidato a presidente, Ricardo Berzoini, teve que disputar um acirrado segundo turno contra Raul Pont, da facção DS. Dois anos mais tarde, script semelhante se repetiu: o CNB conseguiu 42,6% dos votos, e Berzoini, que disputava a reeleição, teve novamente de enfrentar um segundo turno, desta vez contra Jilmar Tatto, que concorria com o apoio das tendências PT de Luta e de Massas (PTLM), Movimento PT (MPT) e Novo Rumo (NR). Em 2009, o quadro se alterou parcialmente. Reunidas em uma mesma chapa, as facções CNB, PTLM e NR obtiveram 55,1% dos votos válidos para o DN e seu candidato à presidência, José Eduardo Dutra, obteve 57,9% (Quadros 4.3.1 e 4.3.2).

Os resultados dos PEDs demonstram que as lideranças partidárias com maior visibilidade pública não gozaram de apoio irrestrito por parte dos filiados, especialmente a partir de 2005, indicando que as novas regras eleitorais não transformaram o processo de seleção de lideranças em um simples jogo de cartas marcadas no qual se sabe com certeza o resultado final. A análise dos efeitos do PED sobre a correlação interna de forças exige, assim, um tratamento um pouco mais refinado. Como mostramos anteriormente, as novas regras incorporaram ao processo decisório no plano nacional um grande contingente de filiados que não vivem o dia a dia partidário e não participam cotidianamente das atividades organizadas por Núcleos e Diretórios. Dessa forma, a alteração no contexto institucional promoveu uma nova dinâmica no processo de seleção de lideranças no plano nacional, deixando-o mais sensível ao quadro político brasileiro mais amplo. O exercício do governo federal a partir de 2003 reforçou essa dinâmica, vinculando o partido ao desempenho da administração Lula. A alteração nas regras eleitorais, então, só beneficia os grupos com maior visibilidade quando o quadro político mais amplo parece favorável ao partido. Esse parece o caminho mais acertado para interpretarmos as oscilações no desempenho do CM e seu descendente, a facção CNB, nos PEDs de 2001, 2005, 2007 e 2009 (Quadro 4.3.1).

Após a sólida vitória no PED de 2001, que garantiu o controle tanto da presidência do partido como do DN ao Campo Majoritário, o PED de 2005 apresentou um quadro eleitoral completamente diverso e muito menos favorável ao grupo que comandava o partido desde 1995. Em junho de 2005, estourou o "escândalo do mensalão". Detonado pelo então deputado federal do Partido Trabalhista Brasileiro (PTB) Roberto Jefferson, o escândalo consistia na denúncia de que o governo e o PT comandavam um esquema de suborno a deputados federais para garantir apoio ao governo. Durante a apuração das denúncias, o tesoureiro petista, Delúbio Soares, admitiu que o PT contava com um esquema de financiamento ilegal – "caixa dois" – de campanhas eleitorais do partido e de agremiações aliadas intermediado pelo publicitário Marcos Valério. Como resultado do avanço das investigações, importantes figuras do PT foram afastadas de seus cargos no partido e no governo. José Dirceu, presidente do PT entre 1995 e 2003, e então ministro-chefe da Casa Civil e principal articulador político do governo, foi apontado como o mentor do esquema e pediu demissão. José Genoíno abandonou a presidência da agremiação e Delúbio Soares e Silvio Pereira deixaram a CEN.

Quadro 4.3.1. Resultado das eleições (% dos votos válidos) para o DN entre 2001 e 2009[6]

Esquerda			Direita
2001			
Um novo mundo é possível (DS) (14,8%) Partido Cumpra o Mandato (OT) (2,0%)	Por um Socialismo Democrático (2,9%) Socialismo ou Barbárie (AE, FS) (15,7%)	Movimento PT (8,0%) Democracia, Solidariedade e Luta (PTLM) (4,9%)	Um Outro Brasil é Possível (CM) (51,7%)
2005			
Terra, Trabalho e Soberania (OT) (1,9%)	Esperança Militante (Bloco de Esquerda) (9,1%) A Esperança é Vermelha (AE) (11,8%) Coragem de Mudar (DS) (12,2%) Movimento Popular (CMP) (1,8%)	Movimento PT (11,5%)	Socialismo e Democracia (PTLM) (5,8%) O Partido que Muda o Brasil (3,1%)
		O Brasil Agarra Você (0,9%)	Construindo um Novo Brasil (EX-CM) (41,9%)
2007			
Programa Operário e Socialista (0,6%)	Terra, Trabalho e Soberania (OT) (1,2%)	A Esperança é Vermelha (AE) (11,8%)	Militância Socialista (PTMS, SL, RPT) (4,9%)	Mensagem ao Partido (DS, Ex-CM) (16,9%)	Partido é pra Lutar (PTLM, MPT, NR) (19,4%)	Construindo um Novo Brasil (Ex-CM) (42,6%)
2009			
Virar à Esquerda (EM) (0,7%)	Terra, Trabalho e Soberania (OT) (1,3%)	Contraponto (BS) (1,4%) Esquerda Socialista (ES) (10,5%)	Partido para Todos (5,5%) Mensagem ao Partido (DS, Ex-CM) (15,9%)	Partido que Muda o Brasil (CNB, PTLM, NR) (5,1%) Movimento (MPT) (9,5%)

Fontes: Elaboração do autor a partir das teses apresentadas pelas chapas, dos dados fornecidos pela Sorg e de Ribeiro (2008).

---

[6] A localização das chapas é relacional e não reflete a distinção esquerda-direita no espectro político brasileiro. Utilizamos, neste quadro, uma classificação desenvolvida nesta pesquisa a partir da análise dos documentos elaborados pelas chapas concorrentes. As chapas Democracia pra Valer (1,2%) e Movimento Popular (CMP) (1,5%) foram excluídas da linha relativa a 2007 por não apresentarem elementos suficientes para a classificação. Para o PED de 2001, utilizamos também Ribeiro (2008).

AS TRANSFORMAÇÕES NA ORGANIZAÇÃO INTERNA DO PT 163

Quadro 4.3.2. Resultado das eleições (% dos votos válidos) para presidente nacional do PT entre 1995 e 2009

Pleito	Candidatos (chapa)				
1995 (10º EN)	Hamilton Pereira: 46% (Socialismo e Democracia)			José Dirceu: 54% (Articulação Unidade na Luta)	
1997 (11º EN)	Milton Temer: 47,4% (Luta Socialista)			José Dirceu: 52,6% (Articulação Unidade na Luta)	
1999 (2º CN)	Milton Temer: 32,7% (Socialismo ou Barbárie – AE, FS)	Arlindo Chinaglia: 12,5% (Movimento PT)		José Dirceu: 54,8% (Revolução Democrática – Artic.)	
2001 PED	Marcus Sokol: 1,6% (Partido Cumpra o Mandato – OT)	Raul Pont: 17,2% (Um Novo Mundo é Possível – DS)	Júlio Quadros: 15,2% (Socialismo ou Barbárie – AE, FS)	Tilden Santiago: 7,6% (Movimento PT)	Ricardo Berzoini: 2,8% (Dem., Solid. e Luta – PTLM)	José Dirceu: 55,6% (Um Outro Brasil é Possível – CM)
2005 PED	Marcus Sokol: 1,3% (Terra, Trabalho e Soberania – OT)	Raul Pont: 14,7% (Coragem de Mudar – DS)	Valter Pomar: 14,6% (A Esperança é Vermelha – AE)	Plínio de A. Sampaio: 13,4% (Esperança Militante – Bl. de Esquerda)	Gegê: 0,7% (Movimento Popular – CMP)	Ricardo Berzoini: 42,0% (Construindo um Novo Brasil – Ex-CM)
2005 (2º turno)			48,4%			51,6%
2007 PED	Miranda: 0,6% (Programa Operário e Socialista)	Marcus Sokol: 1% (Terra, Trabalho e Soberania – OT)	Valter Pomar: 12% (A Esperança é Vermelha – AE)	Gilney Viana: 3,7% (Militância Socialista – PTMS, SL, RPT)	Jilmar Tatto: 20,3% (Partido é prá Lutar – PTLM)	José E. Cardozo: 19% (Mensagem ao Partido – DS, Ex-CM)
2007 (2º turno)			38,6%			61,4%
2009 PED	Serge Goulart: 0,7% (Virar à Esquerda – EM)	Marcus Sokol: 1% (Terra, Trabalho e Soberania – OT)	Iriny Lopes: 10,7% (Esquerda Socialista – AE)	José E. Cardozo: 17,2% (Mensagem ao Partido – DS, Ex-CM)	Geraldo Magela: 12,4% (Movimento)	José E. Dutra: 57,9% (Partido que Muda o Brasil – CNB, PTLM, NR)

Fontes: PT (1998), Lacerda (2002), Ribeiro (2008) e Sorg.

No segundo semestre de 2012, após mais de quatro meses de julgamento, o Supremo Tribunal Federal (STF) condenou 25 dos 38 acusados pela Procuradoria Geral da República de envolvimento no "escândalo do mensalão". Segundo a corte, houve compra de apoio político no Congresso nos primeiros anos do governo Lula e parte dos recursos utilizados para isso vieram de desvios junto ao Banco do Brasil e à Câmara dos Deputados. Como consequência, José Dirceu, José Genoíno e Delúbio Soares foram condenados por corrupção ativa.

O "escândalo do mensalão" provocou a mais grave crise interna da história petista, abalando um dos pilares de sustentação do partido: a defesa da ética na política. Sob a chuva de ataques da oposição e a crescente queda nos níveis de popularidade do governo Lula, o escândalo revelou de forma crua aos militantes e filiados que o PT se tornara mais suscetível a práticas antes restritas aos outros grandes partidos brasileiros. A maior ênfase nas disputas eleitorais e a crescente necessidade de obter mais recursos financeiros para as dispendiosas campanhas eleitorais abriram o PT para os esquemas ilegais de financiamento de campanha (HUNTER, 2007, 2010). Além disso, demonstrou o alto grau de autonomização das lideranças petistas no governo (MORAES, 2005; MENEGUELLO; AMARAL, 2008; RIBEIRO, 2008; AMARAL, 2010). Acordos com outras legendas eram feitos informalmente sem consulta às bases do partido, que também perderam controle sobre as finanças da agremiação. Esse cenário transformou o PED de 2005 em um importante momento de discussão sobre os rumos do PT. Sob forte ataque da esquerda partidária, que criticava tanto os rumos do governo federal quanto os do PT, e mesmo de grupos moderados descontentes com a maneira como o partido vinha sendo conduzido, o Campo Majoritário perdeu 10% dos votos válidos nas eleições para o DN com relação ao pleito de 2001 – e a maioria automática no órgão. Os grupos mais radicais, porém, não conseguiram obter a maioria na instância diretiva nacional, apontando para o fato de que os filiados mostravam descontentamento com relação às lideranças do CM, mas não com a moderação ideológica adquirida pelo partido a partir da segunda metade da década de 1990 (AMARAL, 2010). Nesse contexto, ganharam força política facções como MPT e PTLM, mais próximas ideológica e programaticamente do CM e necessárias para a composição de uma maioria sólida no DN (Quadro 4.3.1).

Com os índices de popularidade do governo Lula em elevação e a saída de facções e militantes de esquerda descontentes com as orientações programáticas do partido rumo ao Partido Socialismo e Liberdade (PSOL), o PED de 2007 foi marcado por uma queda na tensão entre as tendências. Discordâncias programáticas abriram espaço para uma discussão mais centrada em aspectos organizativos. O "escândalo do mensalão" reapareceu, especialmente entre as adversárias do antigo Campo Majoritário, como resultado de uma correlação de forças que deveria ser evitada. Com uma campanha eleitoral centrada na reconstrução da imagem partidária, cuja principal porta-voz foi a chapa Mensagem ao Partido, composta por ex-integrantes do CM e pela DS, os resultados do PED de 2007 repetiram os do pleito anterior (AMARAL, 2010). O CNB não obteve votos para, sozinho, compor a maioria do DN. Um aspecto importante do PED de 2007, porém, foi a queda no número de votos obtidos entre as chapas de esquerda. Somadas, conquistaram apenas 18,5% de apoio entre os petistas, pouco mais da metade do apoio que obtiveram dois anos antes (36,8%). Essa perda, que será discutida mais detalhadamente no próximo capítulo, marcou o início de um novo padrão na dinâmica da disputa intrapartidária e esteve relacionada à migração da facção DS para uma posição mais moderada ideológica e programaticamente e à referida defecção de militantes de esquerda (Quadro 4.3.1).

O PED de 2009 foi realizado sob uma conjuntura absolutamente nova e extremamente favorável aos grupos mais moderados e às lideranças com maior visibilidade pública da facção CNB. Ocorrida no final do ano, quando a popularidade do governo Lula atingia seu ponto mais alto – 72%[7] – e a campanha presidencial da ministra-chefe da Casa Civil, Dilma Rousseff, ganhava corpo, a eleição teve como temas centrais as conquistas da admi-

---

7 O índice de aprovação significa a porcentagem de pessoas que responderam "ótimo" e "bom" à seguinte pergunta: "Na sua opinião, o presidente Lula está fazendo um governo: _____". Os dados foram obtidos em pesquisa realizada em dezembro de 2009 pelo Instituto Datafolha.

nistração federal e a necessidade de construir uma candidatura sólida para a primeira disputa presidencial da qual Lula não participaria como candidato. As críticas mais duras ao governo e ao partido ficaram restritas a duas pequenas chapas da esquerda petista encabeçadas pelas tendências OT e Esquerda Marxista. Temas como o "escândalo do mensalão" e a prática de "caixa dois", assim como as críticas às lideranças do antigo CM, desapareceram do debate e deram lugar à queda na concentração de renda, ao crescimento econômico verificado nos anos anteriores e à necessidade de unir o partido em torno de Dilma Rousseff. Essa nova conjuntura, bastante diferente das observadas em 2005 e 2007, teve importantes consequências para a disputa intrapartidária. Primeiro, forneceu incentivos para que as tendências adotassem propostas mais moderadas, reduzindo ainda mais o campo da esquerda partidária. Segundo, colocou a tendência CNB em uma posição privilegiada para a negociação de apoios, o que acabou levando à construção de uma chapa encabeçada por ela e integrada pelas facções PTLM e NR, resultando na conquista da maioria dos votos para o DN (Quadro 4.3.1). Quatro anos depois dos escândalos que abalaram o PT e de quase perder a presidência da agremiação para a DS, o grupo mais próximo do presidente Lula voltaria a conquistar uma posição de dominância interna, no que parece constituir uma nova "coalizão dominante" capaz de controlar grandes recursos de poder organizativo. Como os filiados e as facções excluídas da coalizão vão reagir a essa nova realidade é ainda uma questão em aberto. Uma coisa é certa, porém: mantidas as regras do PED, o destino dessa nova maioria, como a da que comandou o partido entre 2001 e 2005, estará bastante vinculado às vicissitudes do quadro político brasileiro.

Nesta seção, vimos que as hipóteses levantadas no início do capítulo se confirmam apenas parcialmente. Mostramos que o novo sistema eleitoral incentivou a ampliação de chapas concorrentes ao DN e à presidência do partido. No entanto, verificamos que não houve uma dispersão significativa nos votos dos filiados, o que não acarretou em um DN mais fragmentado do que nos anos 1990. Demonstramos também que o PED não resultou em uma "personalização" da disputa pela presidência do partido, que continua vinculada às facções e a seus projetos políticos. Sugerimos ainda que as novas regras eleitorais só favoreçam as lideranças partidárias com maior visibilidade pública quando o quadro político mais amplo se apresenta como favorável ao PT. Já a análise das disputas indica que a esquerda partidária viu seu terreno diminuir a partir de 2007, em grande parte pela saída de facções e militantes de esquerda do partido e pela migração da tendência DS para uma posição mais moderada dentro do espectro político petista. Os resultados encontrados sugerem que as transformações identificadas no sistema político petista foram moldadas tanto pela nova estrutura de incentivos que emergiu com a alteração das regras eleitorais quanto pela persistência de práticas políticas construídas ao longo da história da agremiação, e que o conjunto dos filiados é capaz de "punir" as lideranças partidárias por meio do PED. Esses são temas importantes na literatura sobre partidos políticos e sobre o PT e serão discutidos a seguir

Considerações finais

Como vimos no capítulo anterior, a transferência de poder para os filiados sobre o processo de seleção de lideranças partidárias é uma prática cada vez mais comum, tanto nas democracias consolidadas quanto nas que emergiram a partir da 'Terceira Onda de Democratização" na América Latina (FREIDENBERG, 2005; SCARROW; GEZGOR, 2010). A literatura geralmente se refere a este fenômeno como "democratização interna" e o vincula à crescente capacidade dos filiados em participar diretamente (um membro, um voto) dos processos de seleção de candidatos e lideranças e elaboração de propostas partidárias (MAIR, 1994; KATZ; MAIR, 2002; KITTILSON; SCARROW, 2003; SCARROW; GEZGOR, 2010; SEYD, 1999; SEYD; WHITELEY, 2002b; FREIDENBERG, 2005). A maior participação dos filiados nos processos decisórios intrapartidários reascendeu o debate a respeito da "Lei de Michels" (1982) sob novas bases teóricas e empíricas, abertas pela maior quantidade de casos disponíveis para análise. Katz e Mair, em diferentes trabalhos, e dentro da perspectiva da emergência do modelo de *partido cartel*, defendem que o empoderamento dos filiados representa uma falsa democratização, pois leva à ampliação do poder da liderança partidária. O argumento dos autores está baseado na premissa de que a massa desorganizada de filiados tende a apoiar a liderança partidária. Dessa forma, a "democratização interna", ao marginalizar as lideranças intermediárias e os ativistas, mais capazes de realizar oposição organizada, e ao fortalecer os membros comuns, acaba por produzir uma situação paradoxal na qual a maior participação da base resulta em maior poder e autonomia para a liderança (MAIR, 1994; KATZ; MAIR, 2002). Seyd e Whiteley não concordam com essa interpretação. Em trabalhos sobre o Partido Trabalhista britânico refutam, a partir de evidências obtidas em *surveys* junto aos filiados e na análise de resultados eleitorais internos, a premissa de que filiados menos ativos são mais "dóceis" e tendem a seguir a liderança (SEYD, 1999; SEYD; WHITELEY, 2002b). Nas palavras dos autores:

> As evidências de nossas pesquisas revelam que as opiniões dos membros menos ativos do Partido Trabalhista em pouco diferem das dos mais ativos e, sendo assim, eles podem não se constituir em um grupo no qual a liderança tem, automaticamente, mais apoio, como afirma Mair. Dessa forma, há dúvidas se esses membros tendem a ser mais dóceis e simpáticos à liderança do que os ativistas (2002b, p.23).

Segundo Seyd e Whiteley, as evidências disponíveis na literatura não permitem afirmar claramente que a participação direta dos filiados resulta em inevitável fortalecimento do poder e da autonomia dos líderes partidários (SEYD, 1999; SEYD; WHITELEY, 2002b). Em uma perspectiva um pouco distinta, Kittilson e Scarrow argumentam que, independentemente da persistência de tendências "oligarquizantes" no interior das agremiações, a ampliação dos poderes do conjunto de filiados resulta no aumento do grau de transparência dos processos decisórios internos e da possibilidade dos cidadãos exercerem mais influência em um local onde importantes decisões são tomadas: os partidos políticos (2003, p. 75).

No caso petista, no que toca à implantação do PED como mecanismo de seleção de lideranças, Ribeiro segue a interpretação sugerida por Katz e Mair. Para o autor, o empoderamento da base petista via eleições diretas para todos os cargos de direção partidária fortaleceu a liderança nacional, enfraquecendo as tendências, lideranças e instâncias intermediárias. A premissa de Ribeiro é a mesma da qual partem Katz e Mair: "Ao menos desde Michels, sabe-se que a massa difusa é mais dócil e controlável do que as elites das facções adversárias, ou do que as instâncias intermediárias do partido" (2008, p. 282). Nossa análise, porém, sugere um quadro distinto. Vimos na seção anterior que os PEDs possuem a capacidade de alterar a correlação de forças no interior do partido. Como demonstramos, nem sempre a liderança partidária nacional com maior visibilidade obteve o apoio da maioria dos filiados, indicando que outras variáveis influenciam as escolhas dos membros que comparecem às urnas nas eleições petistas. Nossa sugestão é de que o apoio à liderança por parte dos filiados sofre influência do quadro político mais amplo no qual o partido está inserido. Dessa forma, os PEDs ampliam o peso de elementos externos na competição política intrapartidária. Crises de grande repercussão – como escândalos de corrupção –, o desempenho das administrações do partido e os resultados e perspectivas eleitorais podem fazer com que os filiados punam ou recompensem as lideranças nas urnas. Além disso, nossa análise sugere também que as tendências desempenham importante papel na formação da preferência do filiado, ocupando um lugar de destaque nos processos eleitorais internos. A combinação desses dois fatores faz, inclusive, com que as facções sofram pressões para a mudança no seu posicionamento ideológico e programático, conforme veremos no próximo capítulo. O caso petista parece, assim, distanciar-se das proposições de Mair (1994) e Katz e Mair (2002) e sugerir que a participação direta dos filiados nos processos decisórios internos *pode* se constituir em um importante e transparente mecanismo de controle das lideranças por parte da base. Nesse sentido, nossa análise reafirma o que havíamos dito em outro trabalho, no qual qualificamos o PED como um "fôlego de resistência à 'Lei de Michels'" e um instrumento capaz de conferir às bases real poder na estrutura partidária, em consonância com a trajetória petista (MENEGUELLO; AMARAL, 2008). No entanto, como mostra a história recente do próprio PT, a maior participação direta dos filiados não é, sozinha, capaz de impedir a autonomização de lideranças, o que demonstra a necessidade da combinação de mecanismos verticais (eleições) e horizontais (conselhos, encontros etc.) efetivos de controle para que o partido não adquira uma dinâmica essencialmente "delegativa".[8]

Por fim, é importante destacarmos como as práticas e os processos políticos constituídos nos anos de formação e consolidação do PT acabaram por deixar fortes marcas nas transformações da organização interna da agremiação. Esse é o caso do papel predominante das tendências na estruturação da competição política intrapartidária e na formação da preferência dos filiados. Rapidamente institucionalizadas, as tendências se constituíram no principal veículo de canalização de demandas, organização de conflitos e ascensão na hierarquia partidária, ajudando a moldar o sistema político petista e construindo relações de identificação com os membros a partir da continuada prática de disputas pelos postos de direção da agremiação. Sartori defende que a variável-chave para compreender o sistema político de um partido é o seu sistema eleitoral (1980, p. 136). Demonstramos aqui que, além do sistema eleitoral, a compreensão do sistema político petista e de suas transformações demanda também a incorporação da análise de práticas políticas construídas e consolidadas ao longo da vida do partido, responsáveis também por determinar a sua forma e o seu desenvolvimento.

---

8   No sentido sugerido por O'Donnell (1994).

Capítulo 5

As transformações nas clivagens internas

Introdução

Desde os trabalhos de Azevedo (1995) e Lacerda (2002), poucos autores se debruçaram sobre a classificação e a sistematização das posições ideológicas e programáticas das facções que compõem o PT. Nos trabalhos mais recentes sobre a agremiação, na área de Ciência Política, os pesquisadores têm optado, por razões metodológicas e de objeto, por uma distinção entre "moderados" e "radicais", como é possível ver nos textos de Hunter (2007, 2010) e Meneguello e Amaral (2008), ou por apresentar uma classificação no espectro esquerda-direita, sem abordar de forma sistemática os elementos que distinguem os grupos, como observado nos trabalhos de Samuels (2004), Ribeiro (2008) e Amaral (2010). De acordo com as hipóteses apresentadas na Introdução deste livro, acreditamos ser fundamental analisar as distinções ideológicas e programáticas que existem no interior do partido e suas alterações na última década para a compreensão da organização interna do PT e do seu comportamento político mais amplo, preenchendo, assim, uma importante lacuna na literatura recente sobre a agremiação.

Neste capítulo buscamos, como objetivo geral, analisar tanto as transformações das clivagens ideológica e programática no interior do partido quanto as alterações no posicionamento das facções internas com relação a elas entre 2001 e 2009. Como objetivo específico, propomos uma nova forma de classificação dos grupos internos, mais apta a explicar as divergências intrapartidárias durante o exercício do governo federal pelo PT. A hipótese principal que seguimos é de que a condição de partido governante no âmbito federal e a reestruturação do processo de seleção de lideranças produziram uma reorganização das clivagens internas, levando a uma maior homogeneidade ideológica e programática dentro da agremiação. A restrição da análise ao período 2001-2009 se justifica por dois fatores: a) a existência de trabalhos que cobriram os anos 1980 e 1990 de forma sistemática, como os de Azevedo (1995) e Lacerda (2002); e b) a vinculação do período à hipótese apresentada, pois a alteração no mecanismo de seleção de lideranças passou a funcionar em 2001 e o PT assumiu o governo federal em 2003.

Para averiguarmos a hipótese, realizamos nossa análise a partir de dois conjuntos de indicadores empíricos que merecem algumas considerações. O principal deles é composto pelas teses apresentadas pelas chapas que concorreram ao Diretório Nacional (DN) nos Processos de Eleições Diretas (PEDs) de 2001, 2005, 2007 e 2009.[1] Essa opção se dá pelo fato de o PED ser o momento em que os grupos partidários se organizam para disputar a direção e a presidência do partido, apresentando suas propostas e ideias a todo o conjunto de filiados. Dessa forma, o PED não só age como um instrumento de organização e consolidação do mosaico de opiniões existente no PT sobre os mais variados temas, mas também aparece como uma oportunidade para avaliarmos a receptividade das diferentes propostas pelos membros do partido. O fato de várias tendências se aglutinarem em torno de uma mesma chapa não invalida a nossa escolha, pois elas se reúnem a partir do estabelecimento de plataformas comuns suficientes para cumprirmos com os objetivos deste capítulo. O outro conjunto de indicadores complementa a análise das teses apresentadas e é composto pelos dados relativos às votações recebidas

---

1 Como vimos no capítulo anterior, sete chapas concorreram ao DN em 2001; dez, em 2005; nove, em 2007; e oito, em 2009. Não foi possível obter as teses de duas chapas (6% do total) que concorreram ao PED de 2001 (Movimento PT e Democracia, Solidariedade e Luta, da tendência PTLM). Como nosso objetivo é apresentar uma discussão mais ampla sobre as clivagens internas no período 2001-2009, acreditamos que a ausência dessas teses não prejudica a análise.

por cada uma das chapas que concorreram ao DN nos PEDs de 2001, 2005, 2007 e 2009. Este capítulo está organizado em três partes. Na primeira, apresentamos a clivagem definida por Lacerda (2002) e verificamos, a partir de suas distinções, as alterações do posicionamento ideológico e programático dos grupos no interior do partido. Na segunda, propomos uma clivagem capaz de captar, de forma mais refinada, as divergências internas que emergiram com a conquista do governo federal em 2003. Ao final, concluímos o capítulo invertendo o sentido da análise e transformando as alterações nos perfis ideológico e programático dos grupos no interior do partido em variável explicativa para a compreensão da dinâmica interna da agremiação e seu comportamento mais amplo no sistema político.

As distinções tradicionais no interior do PT

As divergências ideológicas e programáticas no interior do PT são tão antigas quanto o próprio partido e remontam à confluência de diferentes atores políticos e sociais que se mobilizaram em torno da proposta de criação da agremiação (MENEGUELLO; AMARAL, 2008). Dessa forma, a distinção entre as facções sempre foi um tema importante nas análises sobre o partido, como é possível notarmos nos trabalhos de Meneguello (1989), Keck (1991), Novaes (1993), Azevedo (1995) e Rodrigues (1997). Lacerda, porém, avançou ao sistematizar três desacordos fundamentais entre a esquerda e a direita[2] partidária nas dimensões ideológica (a e b) e programática (c) existentes nos anos 1990. São eles:

a) *Ênfase na luta social x Articulação entre luta social e luta institucional.*
A esquerda petista, nos anos 1990, defendia que o partido deveria atuar prioritariamente junto aos atores organizados da sociedade civil. A ação do partido como um elemento de organização popular deveria preceder à atuação partidária no campo institucional. Já a direita

---

2   Como adverte Ribeiro, esta é uma definição a partir da relação entre os grupos internos, e não levando em consideração o espectro esquerda-direita no sistema político brasileiro (2008, p.199).

argumentava que ambas deveriam caminhar juntas e que não deveria haver uma relação de precedência entre elas.

b) *Ausência de compromisso com a institucionalidade liberal x Compromisso com a institucionalidade liberal*. A esquerda partidária pregava que a construção do socialismo deveria ocorrer a partir da superação do quadro institucional democrático-liberal. Embora rejeitasse a opção ditatorial, não havia compromisso claro com a preservação da democracia representativa. A direita partidária, por sua vez, defendia a ideia de que a construção do socialismo se daria a partir de um processo de expansão da democracia da esfera política para as esferas econômica e social, conjugada com a manutenção e o aperfeiçoamento das instituições representativas.

c) *Política de alianças restrita x Política de alianças ampla*. A esquerda partidária sempre apresentou propostas para a construção de alianças eleitorais e governativas mais restritas do que a direita. Para a esquerda, as alianças políticas deveriam privilegiar os movimentos sociais e os partidos localizados à esquerda do espectro político. Já a direita pregava a construção de arcos de alianças mais amplos, incorporando setores fora do campo da esquerda (2002, p. 55-60).

A partir dessas distinções, é possível elaborarmos um quadro que apresenta a existência, durante os anos 1990, de uma clivagem básica bidimensional entre a esquerda e a direita partidárias. A esquerda priorizava as lutas sociais, não estava claramente comprometida com a manutenção da democracia representativa e da institucionalidade liberal e defendia a construção de alianças políticas apenas com movimentos sociais e partidos de esquerda. A direita, por sua vez, argumentava a favor da combinação entre as lutas social e institucional, demonstrava comprometimento com a preservação das formas representativas de democracia e pregava a construção de alianças políticas mais amplas (Quadro 5.2.1).

Quadro 5.2.1. Divergências ideológica e programática no interior do PT nos anos 1990

Dimensão	Esquerda	Direita
Ideológica	O PT deve priorizar a luta social	O PT deve combinar luta social e luta institucional
	Ausência de compromisso com a manutenção da democracia representativa e da institucionalidade liberal	Expansão da democracia. Compromisso com a preservação da democracia representativa
Programática	Alianças com movimentos sociais e partidos políticos de esquerda	Alianças amplas, incorporando partidos políticos fora do campo da esquerda

Fonte: Adaptação do autor a partir de Lacerda (2002, p.57).

Nosso objetivo agora é testar se as distinções sistematizadas por Lacerda (2002) permaneceram válidas na última década. Fazemos isso por meio da classificação das teses apresentadas pelas chapas para as eleições dos DNs em 2001, 2005, 2007 e 2009. O Quadro 5.2.2 mostra a posição de cada uma das teses diante dos três desacordos fundamentais descritos e apresenta trechos extraídos dos documentos que auxiliaram na nossa classificação, bem como o total de votos válidos obtidos por cada uma das chapas nos respectivos PEDs.

Quadro 5.2.2. Classificação das chapas que concorreram aos PEDs de 2001, 2005, 2007 e 2009 segundo a distinção de Lacerda (2002)[3]

Chapas (tendências)	Dimensão ideológica		Dimensão programática	% dos VV
	Luta social x Luta social/ institucional	Ausência de compromisso com a instituc. liberal x Compromisso com a instituc. liberal	Política de alianças ampla x Política de alianças restrita	
PED 2001				
Um Outro Brasil é Possível (Campo Majoritário – CM)	Luta social/ institucional "A articulação da luta popular e institucional é decisiva [...]" (p. 3)	Compromisso com a instituc. liberal "A democracia política tem três prioridades básicas: [...] a cidadania, a reforma [...] da representação política [...]" (p. 5)	Ampla "[...] Construir uma aliança ampla, com forças políticas de esquerda e de centro [...]" (p. 3)	51,7
Por um Socialismo Democrático	Luta social/ institucional "Um partido articulado com os movimentos sociais [...], defendendo [...] a ação direta e a institucionalidade [...]" (p. 4-5)	Não há posição clara	Restrita "Devemos propor a unidade para ação [...] de todos os partidos do campo democrático e popular" (p. 5)	2,9

---

[3] A classificação foi feita a partir da análise do conteúdo e do sentido geral dos textos. Os trechos aqui citados servem apenas como ilustração. A indicação de que "Não há uma posição clara" significa que não foi possível discernir um posicionamento claro da chapa com relação ao tema. O (-) indica que a chapa não abordou a questão.

Socialismo ou Barbárie (Articulação de Esquerda – AE, Força Socialista – FS)	Luta social/ institucional "O PT deve combinar [...] mobilização social, uma ação de governo e bancadas coerentes [...]" (p.5)	Não há posição clara	Restrita "Nosso programa deve ser debatido junto aos partidos de esquerda, aos movimentos sociais [...]" (p. 5)	15,7
Um Novo Mundo é Possível (Democracia Socialista – DS)	Luta social "O PT necessita [...] apostar no fortalecimento dos movimentos populares" (p. 7)	Ausência de compromisso com a instituc. liberal "A síntese destas experiências só será possível se formularmos [...] uma proposta [...] a partir de uma visão não liberal de democracia" (p. 5)	Restrita "O PT estará tão mais preparado [...] quanto mais definido e firme estiver em defesa [...] de uma política de alianças de esquerda" (p.4)	14,8
Partido Cumpra o Mandato (O Trabalho – OT)	Luta social "Convocar o povo e suas organizações à luta para terminar com o regime FHC--FMI" (p. 7)	Ausência de compromisso com a instituc. liberal "O que corresponde ao mandato é uma plataforma de soberania nacional [...] e novas instituições" (p. 7)	Restrita "O PT deve se apresentar como candidato para encabeçar um governo de emergência, apoiado na CUT e nas organizações populares" (p.7)	2,0

	PED 2005			
O Partido que Muda o Brasil	Lutas social/ institucional "É inegável a importância que prefeitos, parlamentares, [...] têm para o crescimento do partido, mas também o têm [...] os movimentos organizados" (p. 4)	Compromisso com a instituc. liberal "O PT [...] não pode perder de vista a missão de contribuir para a governabilidade" (p. 9)	Ampla "Necessitávamos construir uma governabilidade [...] dentro das condições impostas por um parlamento dividido" (p. 12)	3,1
Esperança Militante (Bloco de Esquerda, Ação Popular Socialista – APS, Brasil Socialista – BS)	Luta social/ institucional "Reconstruir os princípios e a base de [...] uma boa relação entre o governo, o partido, [...] os movimentos" (p. 28)	Ausência de compromisso com a instituc. liberal "Tudo o que precisamos fazer para que a 'esperança vença o medo' é consultar o povo. Consultá-lo diretamente" (p.38)	Restrita "Prioriza-se o leque de partidos com mais incorporação à direita, tornando-se ainda mais refém da política conservadora" (p. 25)	9,1
Terra, Trabalho e Soberania (OT)	Luta social "O governo Lula constitui um obstáculo para a luta dos trabalhadores" (p. 2)	Não há posição clara	Restrita "É necessária uma outra política, [...] rompendo as alianças com os partidos corruptos e burgueses" (p. 2)	1,9
A Esperança é Vermelha (AE)	Luta social/ institucional "Fazer funcionar os canais [...] de diálogo [...] entre partido, movimentos e governo" (p. 8)	Não há posição clara	Restrita "Adotar uma política de alianças baseada na esquerda e nos mov. sociais" (p. 12)	11,8

	Luta social/ institucional	Compromisso com a instituc. liberal		
Construindo um Novo Brasil (Construindo um Novo Brasil – CNB) (Ex-CM)	"O PT entende que o processo de aprofundamento da democracia comporta um duplo movimento: a luta social e [...] a ação política no Estado" (p. 5)	"O PT entende que a defesa incondicional da democracia, do Estado de Direito e das liberdades individuais dá consistência à sua ideia força" (p. 9)	Ampla "O fator orientador da política de alianças [...] deverá consistir na criação das condições necessárias para garantir a reeleição do presidente Lula" (p. 9)	41,9
Coragem de Mudar (DS)	"É preciso ainda dar curso [no governo] a uma agenda de reformas democráticas em conjunto com a participação ativa dos movimentos sociais" (p. 6)	Ausência de compromisso com a instituc. liberal "[...] é também imprescindível combater os riscos [...] de esterilização de forças emancipatórias pela integração à ordem estatal burguesa" (p. 2)	Restrita "[...] uma concepção de governabilidade centrada no parlamento e em alianças amplíssimas e contraditórias [...] desorganiza as relações do governo com sua base social histórica" (p. 5)	12,2
Socialismo e Democracia (PT de Luta e de Massas – PTLM)	"[...] é perfeitamente possível manter uma relação de parceria [com os mov. sociais], ajudando a abrir canais [...] junto ao governo" (p. 8)	Compromisso com a instituc. liberal "O PT [...] não tergiversa em defender os princípios do Estado de Direito e liberdades civis e plena justiça social" (p. 9)	Ampla "Somos favoráveis a uma ampla aliança, que aglutine do centro à esquerda e mesmo partidos sem muita firmeza no espectro ideológico" (p. 18)	5,8

Movimento PT (Movimento PT –MPT)	Luta social/ institucional "Só a pressão social, aliada aos mecanismos do poder institucional, alavancará as mudanças necessárias" (p. 3)	Não há posição clara	Ampla "O governo Lula é um governo de coalizão, o que é correto" (p. 12)	11,5
Movimento Popular (Central de Movimentos Populares – CMP)	Luta Social "[...] o campo de ação privilegiada do PT [...] são os movimentos sociais organizados" (p. 5)	-	-	1,8
O Brasil Agarra Você	Luta social/ institucional "Será preciso construir um grande alicerce de militantes para a [...] mobilização orgânica dos trabalhadores e pelo governo" (p. 5)	Compromisso com a instituc. liberal "Os partidos podem ser criados livremente e sobre os mais diversos aspectos" (p. 4)	Ampla "A união deve se dar em torno da candidatura presidencial, se votam ou apoiam, ou pelo menos fingem, ficamos certos" (p. 4)	0,9
PED 2007				
Partido é pra Lutar (PTLM, MPT, Novo Rumo – NR)	Lutas social/ institucional "A realização de uma constituinte [...] deverá mesclar capacidade de articulação institucional com mobilização popular" (p. 4)	Compromisso com a instituc. liberal "O PT resolveu adotar uma estratégia [...] que garanta [...] a participação popular direta e fortaleça os partidos" (p. 4)	Ampla "[...] o atual sistema político impõe a necessidade da coalizão" (p. 2)	19,4

AS TRANSFORMAÇÕES NA ORGANIZAÇÃO INTERNA DO PT | 181

Mensagem ao Partido (DS, Ex-CM)	Luta social/ institucional "[...] é preciso implementar [...] outro modelo organizativo, que combine presença institucional com forte organização de base" (p. 1)	Compromisso com a instituc. liberal "Além da luta pela reforma das instituições representativas, novas e ousadas formas de participação popular devem ser implementadas" (p. 2)	Restrita "[...] constituirmos, com os partidos com que temos identidades programáticas e com os mov. sociais, uma aliança estratégica" (p. 2)	16,9
CNB (Ex-CM)	Luta social/ institucional "O PT reconhece a autonomia dos movimentos [sociais] e se coloca ao lado deles. [...] nosso partido está apto a assumir tarefas de governo" (p. 3)	Compromisso com a instituc. liberal "[Defesa da] ampliação e consolidação das esferas de participação da sociedade como forma de aperfeiçoamento da democracia" (p. 4)	Ampla "[...] temos de fortalecer nosso papel propositivo frente aos partidos da coalizão [de governo]" (p. 3)	42,6
Militância Socialista (PT Militante e Socialista – PTMS, Socialismo é Luta – SL, Redemocratizar o PT – RPT)	Luta social/ institucional "[...] a defesa dos governos [...] compõe um conjunto de tarefas do partido [...]. Outras tarefas e agendas como a participação na luta cotidiana dos lutadores do povo [...] são fundamentais" (p. 3)	Não há posição clara	Restrita "[...] a prioridade da nossa política de alianças deve ser a composição com os partidos do campo democrático e popular" (p. 4)	4,9

	Programa	Ausência de compromisso com a instituc. liberal		
Programa Operário e Socialista	Luta social "A classe trabalhadora necessita derrotar o capitalismo […]. Foi para isso que o PT nasceu" (p. 1)	"O povo trabalhador do campo e da cidade deve controlar democraticamente toda a sociedade" (p. 1)	Restrita "Não haverá avanço real se o PT não romper com […] os partidos do capital (PMDB, PP, PL, PTB e outros)" (p. 2)	0,6
Terra, Trabalho e Soberania (OT)	Luta social "E não é o que deve fazer um autêntico governo do PT, apoiar-se na luta da maioria oprimida para livrar a nação da dominação imperialista?" (p. 1)	-	Restrita "[A direção] rifa o PT na mão da 'coalizão' com os partidos PP, PL, PMDB, PTB etc." (p. 3)	1,2
A Esperança é Vermelha (AE)	Luta social/ institucional "[A estratégia do PT] é mudar o país através de uma combinação entre luta social e luta institucional" (p. 6)	Não há posição clara	Restrita "A escolha de nossa candidatura […] exigirá muito diálogo interno, com os mov. sociais e com os partidos de esquerda" (p. 5)	11,8
Democracia pra Valer	Luta social/ institucional "Ocupamos espaços de poder nos sindicatos e associações populares, nos parlamentos, executivos […]" (p. 1)	-	-	1,2

AS TRANSFORMAÇÕES NA ORGANIZAÇÃO INTERNA DO PT 183

Movimento Popular (CMP)	Luta social "Os mov. sociais são força real e política fundamental para a sustentação da ação partidária" (p. 1)	-	-	1,5
		PED 2009		
Virar à Esquerda (Esquerda Marxista – EM)	Luta social "É preciso romper a colaboração de classe com a burguesia e seus partidos, no governo e no Congresso, apoiar-se na organização e mobilização popular" (p. 1)	Ausência de compromisso com a instituc. liberal "É hora de ser realista companheiro! É hora de ser revolucionário e socialista!" (p. 5)	Restrita "É preciso romper a colaboração de classe com a burguesia e seus partidos, no governo e no Congresso, apoiar-se na organização e mobilização popular" (p. 1)	0,7
Terra, Trabalho e Soberania (OT)	Luta Social "Estamos no dia-a-dia na defesa das organizações construídas pelos trabalhadores" (p. 4)	-	Restrita "A política de alianças ameaça a perda de identidade do partido [...]" (p. 4)	1,3
Partido para Todos	Luta social/ institucional "É necessário [...] revigorar nosso compromisso com os mov. populares [...]. Temos que mostrar [...] que estamos preparados para avançar [...] na construção de um Estado moderno [...]" (p. 3)	Compromisso com a instituc. liberal "[...] Deve ser considerada [...] a fidelidade partidária, o fim de coligações proporcionais e um modelo justo de lista partidária" (p. 4)	Ampla "[...] as alianças com os partidos da base aliada do governo fortalecerão [...] as candidaturas próprias" (p. 5)	5,5

Movimento (MPT)	Luta social/ institucional "Só superaremos a dependência da formação de coalizão [...] quando avançarmos para um acúmulo de luta social [...]" (p. 5)	Compromisso com a instituc. liberal "A bandeira da reforma política [...] deve ser defendida com determinação, para que as relações política e ideológica de cada bancada sejam transparentes" (p. 5)	Ampla "[...] reforçar a Frente Popular [...], incluindo os demais partidos [...] da base de sustentação [do governo]" (p. 3)	9,5
Contraponto (BS)	Luta social/ institucional "Esse é o grande desafio para o PT e o governo Lula e os mov. sociais: construir uma estratégia conjunta [...]" (p. 2)	Não há posição clara	Restrita "[...] a tática eleitoral e a política de alianças são trágicas para o PT" (p. 7)	1,4
Partido que Muda o Brasil (CNB, PTLM, NR)	Luta social/ institucional "O diálogo [...] com a sociedade, particularmente com os mov. sociais, tem contribuído para a ampliação da base [...] social do governo" (p. 3)	Compromisso com a instituc. liberal "A Reforma Política, ainda que seja obra essencialmente do Legislativo, terá no novo governo um fator de estímulo" (p.7)	Ampla "A continuidade do nosso projeto político [...]. Dependerá também da capacidade de agregar forças políticas de centro [...]" (p. 4)	55,1

		Compromisso com a instituc. liberal "O PT [...] deve ainda promover uma profunda reformulação do sistema eleitoral--partidário [...] para que os partidos políticos afirmem sua identidade programática" (p. 5)	Ampla "Nossas alianças para a vitória devem ir além deles [agremiações de esquerda], com outros partidos que sustentam o governo" (p. 2)	
Mensagem ao Partido (DS, Ex-CM)	Luta social/ institucional "A tarefa central é eleger a companheira Dilma Rousseff" (p.2) "O PT precisa retomar a elaboração de sua linha sindical" (p.7)			15,9
Esquerda Socialista (AE)	Luta social/ institucional "[O desafio do PT é] implementar o programa democrático-popular, articulando a luta de massa, a ação dos movimentos sociais [...], com a atuação de um novo mandato presidencial" (p. 1)	Não há posição clara	Restrita "O PT deve buscar alianças estratégicas dentro do campo democrático popular, com os partidos de esquerda" (p. 8)	10,5

Fonte: Elaboração do autor a partir das teses apresentadas pelas chapas para os PEDs de 2001, 2005, 2007 e 2009.

Apesar das ambiguidades comuns a esse tipo de documento (AZEVEDO, 1995; LACERDA, 2002; AMARAL, 2003), a classificação acima nos apresenta dados interessantes acerca das clivagens ideológica e programática no interior do PT. O primeiro aspecto importante a ser ressaltado é que a distinção entre ênfase na ação partidária junto aos movimentos sociais e combinação da atuação na sociedade e nas instituições não é mais relevante no interior do partido. Em 2001, duas chapas defendiam claramente que o partido deveria priorizar as ações junto à sociedade e obtiveram, somadas, 16,8% dos votos válidos dos militantes. Em 2005, novamente duas chapas pregaram essa posição, totalizando 3,7% dos votos. Em 2007 e 2009, a tendência manteve--se e três e duas chapas conquistaram, respectivamente, 3,3% e 2% de apoio entre os membros do partido. Em resumo, especialmente a partir de 2005, a maioria das facções e mais de 95% dos militantes petistas que optaram por alguma chapa demonstraram estar de acordo com a ideia de que o partido deve combinar ação junto à sociedade com a atuação nas instituições estatais.

A análise da segunda distinção, ligada ao posicionamento dos grupos internos com relação ao compromisso ou não com a preservação do quadro institucional liberal, demonstra que ainda há um substantivo número de chapas que não apresentam compromissos inequívocos com a institucionalidade liberal. No entanto, é interessante observar que sua representatividade caiu significativamente no interior do partido a partir de 2007. Em 2001, apenas a chapa vencedora defendeu claramente a manutenção do quadro institucional liberal, conseguindo 51,7% dos votos válidos.[4] No PED seguinte, em 2005, quatro chapas posicionaram-se dessa maneira e também obtiveram o apoio de 51,7% dos militantes. Em 2007 e 2009, o apoio às chapas (três no PED de 2007 e quatro no PED de 2009) que se mostraram claramente favoráveis à manutenção do quadro institucional liberal subiu para 78,9% e 86%, respectivamente.

A observação da distinção dos grupos internos com relação à política de alianças do partido nos permite descrever um movimento de sentido semelhante, mas com um ritmo distinto, ao verificado nos outros dois desacordos. Em 2001, quatro das cinco teses analisadas defenderam claramente uma política de alianças restrita, reunindo 35,4% dos votos válidos. Nos PEDs de 2005 e 2007, o nível de apoio dos militantes à restrição com relação à aliança com partidos e movimentos que não estavam à esquerda do espectro político manteve-se em 35% e 35,4%, distribuídos em quatro e cinco chapas, respectivamente. Já no PED

---

4   É possível que o compromisso inequívoco com a manutenção do quadro institucional liberal tenha sido um pouco maior em 2001, pois nossa análise não incluiu a chapa encabeçada pela tendência PTLM, que obteve 5,0% dos votos válidos em 2001 e adotou esta posição no PED de 2005.

de 2009, os quatro grupos que defenderam essa posição reuniram apenas 13,9% dos votos válidos. Esses dados apontam para o fato de que, embora ainda presente no interior do partido, o desacordo interno em torno da política de alianças do PT é atualmente bem menos significativo do que nos anos 1980 e 1990.

A descrição dos resultados obtidos no teste acima denota uma dupla alteração na dinâmica da disputa intrapartidária. A primeira é a migração para a direita das propostas apresentadas por algumas chapas e também dos votos dos militantes. No Quadro 5.2.3 é possível visualizarmos o posicionamento e a movimentação das chapas no contínuo esquerda-direita entre 2001 e 2009, de acordo com a distinção estabelecida por Lacerda (2002). A colocação das chapas foi operacionalizada a partir da classificação das teses realizada acima. Na primeira distinção (Luta social x Luta social/institucional), estabelecemos o valor de -1 quando a chapa defendeu uma posição de esquerda e +1 quando apresentou uma proposta à direita. Na segunda (Ausência de compromisso com a instituc. liberal x Compromisso com a instituc. liberal), atribuímos o valor de -1 quando não houve posição clara sobre a questão e quando a proposta estava à esquerda, e + 1 quando a chapa se posicionou à direita.[5] Na terceira (Política de alianças restrita x Política de alianças ampla), obteve o valor de -1 a chapa que se posicionou à esquerda, e +1 a que defendeu uma proposta de direita. Não atribuímos nenhum valor quando não houve posicionamento das teses com relação a alguma das distinções. Dessa forma, construímos um gradiente que vai de -3 (esquerda) a +3 (direita). O primeiro ponto a destacar é a ampliação da porcentagem de votos válidos obtidos pelas chapas mais à direita no contínuo nos PEDs de 2007 (62%) e 2009 (86%). O segundo é a movimentação rumo à direita das chapas encabeçadas pelas tendências Movimento PT (MPT) e Democracia Socialista (DS). Esta última saltou de −3 para +3 no período analisado. O quadro mostra também que o apoio interno às chapas localizadas à esquerda caiu de 36,8%, em

---

5 No Quadro 5.2.2, optamos por deixar clara ao leitor a ambiguidade existente em algumas teses com relação a essa distinção. Para o posicionamento, porém, a ausência de uma definição clara sobre o tema significa que uma chapa não defende *inequivocamente* a preservação do quadro institucional liberal.

2005, para 13,9%, em 2009. Em outro trabalho, argumentamos que o processo de moderação ideológica e programática do partido se acelerou a partir da conquista da Presidência da República (AMARAL, 2010). Os dados expostos aqui demonstram que essa aceleração foi acompanhada pelos filiados e parte importante dos grupos internos. Ao final do governo Lula, a maioria dos militantes petistas apoiava tendências que defendiam a combinação entre luta social e luta institucional, o quadro institucional liberal e alianças políticas com partidos que não estavam à esquerda no espectro político.

A segunda mudança na dinâmica da disputa intrapartidária está diretamente ligada ao processo de "moderação" já descrito. Ao se moverem para a direita, facções e filiados alteraram parcialmente a estrutura de clivagens que existia no interior do partido. Ideologicamente, ficou mais difícil distinguir os grupos e as tendências: o primeiro dos componentes da dimensão ideológica (Luta social x Luta social/Institucional) praticamente deixou de existir; o segundo, relativo ao compromisso com a preservação do quadro institucional liberal, permanece, mas com menor força desde 2007. Já na dimensão programática, é possível também perceber um movimento recente de aproximação entre as tendências mais representativas do partido no que toca à política de alianças. Isso demonstra que houve um processo inegável de homogeneização no interior do PT. No entanto, não é possível afirmarmos que as diferenças entre as facções tenham deixado de existir entre 2001 e 2009. Conforme apontam Meneguello e Amaral (2008), os temas relativos ao governo federal passaram a ocupar um lugar de destaque nos documentos elaborados para as disputas intrapartidárias, indicando novos pontos de divergências internas e a emergência de uma nova clivagem inserida na dimensão programática e tendo como base a relação governo/partido. Esse é o tema da nossa próxima seção.

Quadro 5.2.3. Posição das chapas no espectro esquerda-direita nos PEDs de 2001, 2005, 2007 e 2009 a partir de três distinções

Esquerda (-3)	(-1)	(+1)	(+3) Direita
2001			
Um Novo Mundo é Possível (DS) Partido Cumpra o Mandato (OT) (16,8%)	Por um Socialismo Democrático Socialismo ou Barbárie (AE, FS) (18,6%)		Um Outro Brasil é Possível (CM) (51,7%)
2005			
Terra, Trabalho e Soberania (OT) (1,9%)	Esperança Militante (Bloco de Esquerda) A Esperança é Vermelha (AE) Coragem de Mudar (DS) Movimento Popular (CMP)* (34,9%)	Movimento PT (11,5%)	Construindo um Novo Brasil (EX-CM) Socialismo e Democracia (PTLM) O Brasil Agarra Você O Partido que Muda o Brasil (51,7%)
2007			
Programa Operário e Socialista (0,6%)	Terra, Trabalho e Soberania (OT)** (1,2%)	Militância Socialista (PTMS, SL, RPT) A Esperança é Vermelha (AE) Movimento Popular (CMP)* (18,2%)	Democracia pra Valer* Mensagem ao Partido (DS, EX-CM) (18,1%)	Construindo um Novo Brasil (EX-CM) Partido é pra Lutar (PTLM, MPT, NR) (62%)
2009			
Virar à Esquerda (EM) (0,7%)	Terra, Trabalho e Soberania (OT)** (1,3%)	Contraponto (BS) Esquerda Socialista (ES) (11,9%)		Partido que Muda o Brasil (CNB, PTLM, NR) Movimento (MPT) Partido para Todos Mensagem ao Partido (DS, EX-CM) (86%)

Nota: a linha de 2007 está organizada em subcolunas; e a de 2009 igualmente.

* Posição a partir de apenas uma distinção; ** Posição a partir de apenas duas distinções.

Fonte: Elaboração do autor a partir do Quadro 5.2.2.

Antes de avançarmos, porém, é necessário responder à seguinte pergunta: quais foram os fatores que provocaram a alteração parcial das clivagens existentes nos anos 1990 e que levaram à migração para a direita das propostas apresentadas por algumas tendências nos últimos anos?

A resposta, como sugerimos na Introdução deste capítulo, está ligada tanto a elementos endógenos quanto exógenos ao partido. A maior inserção do PT na arena institucional nos anos 1990, com a ampliação do número de parlamentares eleitos em todos os níveis e do número de governos municipais e estaduais conquistados, colocou para o partido a necessidade de desenvolver e implantar políticas públicas, bem como de se posicionar acerca de uma série de temas ligados diretamente a questões administrativas. Como consequência, um número cada vez maior de militantes e lideranças de diferentes facções começou a se integrar às estruturas institucionais e a desenvolver estratégias de atuação no Executivo e no Legislativo. Um bom exemplo desse desdobramento foi o surgimento do "Modo Petista de Governar", uma tentativa de sistematizar as políticas públicas que vinham sendo construídas em administrações petistas em torno do eixo "inversão de prioridades--participação popular" (BARRETO; MAGALHÃES; TREVAS, 1999). A conquista do governo federal, em 2002, amplificou esse movimento iniciado nos anos 1990 e tornou a experiência institucional ainda mais cotidiana. As tendências Articulação de Esquerda (AE) e DS, por exemplo, ocuparam a chefia de ministérios desde o início do governo Lula. Paralelamente à inserção petista no ambiente institucional houve também, como descrevemos no Capítulo 3, um refluxo no processo de mobilização dos movimentos sociais a partir da segunda metade dos anos 1980 e a aproximação destes às esferas estatais, o que se traduziu em mais um incentivo para o incremento da atuação partidária nessa arena. Dessa forma, é possível entendermos o deslocamento dos grupos internos para a defesa de uma ação conjugada junto às instituições estatais e aos movimentos sociais. Tornou-se praticamente impossível para a maioria das tendências petistas ignorar a ação nas instituições estatais como um importante elemento de atuação partidária. No entanto, é interessante notar que todos os grupos internos continuam a valorizar a ação junto aos movimentos sociais, reconhecendo a importância desses atores para a organização da agremiação, conforme sugerimos no Capítulo 2.

Já para compreendermos a migração de algumas chapas para a direita e o aumento do apoio interno às facções que defendem uma política de alianças ampla e o compromisso com o quadro institucional liberal, teremos de lançar mão, como indicamos no Capítulo 4, de uma análise que combine os efeitos do exercício do governo federal sobre o PT e o desenho institucional interno.

Começamos pelo aspecto programático. Embora tivesse assumido, durante a campanha para as eleições presidenciais de 2002, o compromisso com a estabilidade monetária, a manutenção do equilíbrio fiscal e com o cumprimento de acordos firmados com o Fundo Monetário Internacional (FMI), os primeiros anos do governo Lula exerceram uma forte pressão sobre o partido para uma moderação ainda maior nas suas posições programáticas. "A manutenção de uma política econômica ortodoxa, com elevados superávites primários e taxas de juros, assim como a ampliação da autonomia do Banco Central, marcou uma posição de continuidade com os ajustes pró-mercado do período FHC" (AMARAL, 2010, p. 119). Internamente, a direção partidária, então comandada pelo Campo Majoritário (CM), apoiava as decisões do governo, enquanto representantes de facções mais à esquerda reagiam com críticas às medidas governamentais. A elevação da tensão interna em torno de questões programáticas provocou o primeiro racha na legenda ainda em 2003, quando da aprovação da reforma da Previdência. Durante o governo anterior, o PT havia sido um forte opositor a qualquer tentativa de modificação na estrutura previdenciária. No Planalto, porém, a cúpula petista mudou de posição e apoiou o projeto enviado pelo Executivo, que, entre outras determinações, elevava a idade mínima para a aposentadoria e estabelecia a contribuição de 11% para os servidores públicos inativos sobre a parcela que excedesse R$ 1.058. Durante a tramitação da proposta, parlamentares ligados a grupos da esquerda petista criticaram abertamente o governo e a liderança do partido, acusando-os de trair as bandeiras históricas da legenda. Três deputados (Luciana Genro, João Batista e João Fontes) e uma senadora (Heloísa Helena) votaram contra o projeto e foram punidos pelo DN com a expulsão do

PT, em dezembro de 2003 (AMARAL, 2010, p. 119). As tendências Movimento Esquerda Socialista (MES) e Corrente Socialista dos Trabalhadores (CST), ligadas a João Batista e Luciana Genro, respectivamente, deixaram o partido, assim como membros da DS, à qual pertencia Heloísa Helena, e outros militantes descontentes com os rumos programáticos adotados pelo PT no início do governo Lula. Juntos, fundaram, em junho de 2004, o Partido Socialismo e Liberdade (PSOL). A saída de membros contrários às transformações pelas quais passou o partido não encerrou o debate em torno das mudanças programáticas petistas. Como veremos mais detalhadamente, o PED de 2005 teve como um de seus pontos centrais de discussão as críticas, especialmente por parte das facções localizadas à esquerda, à política econômica do governo e à direção partidária, envolvida no "escândalo do mensalão". Após o resultado do 1º turno, no qual as tendências à esquerda não obtiveram maioria no DN, membros da AE e da DS, muitos deles ligados à Central Única dos Trabalhadores, se desligaram do partido e ingressaram no PSOL. O mesmo aconteceu com Plínio de Arruda Sampaio, candidato a presidente do PT no PED de 2005 com o apoio de vários grupos de esquerda, e com a tendência Ação Popular Socialista (APS), que contava com os deputados federais Ivan Valente e Maninha. Ao justificar sua saída, Sampaio afirmou:

> Apesar das negativas dos atuais dirigentes, a verdade é que o partido se rendeu ao neoliberalismo. Não foi, como se alega, uma tática de transição. Lula e a cúpula petista convenceram-se de que a receita neoliberal de estabilidade do mercado a qualquer custo, de abertura comercial, de terceirização e de privilégios aos investidores estrangeiros é o melhor que se pode fazer para o Brasil (2005, p. 3).

Não foram apenas as discordâncias internas e o resultado adverso no PED que motivaram a saída de parlamentares e tendências. Como argumenta Secco, muitos grupos e mandatários tomaram suas decisões a partir de cálculos eleitorais. Acreditando que o PT encolheria de forma acentuada nas eleições seguintes, deixaram o partido entre os dois turnos do PED para poderem se filiar a outras legendas (na maioria dos casos, o PSOL) a tempo de concorrerem no pleito de 2006 (2011, p. 224).

Independentemente das razões, a defecção de militantes que não concordavam com as orientações programáticas do PT durante o governo Lula ampliou o peso da direita no interior do partido, facilitando também o processo de movimentação de alguns grupos rumo a posições mais moderadas.

O segundo ponto a ser destacado decorre das características institucionais do processo de seleção de lideranças instalado no partido a partir de 2001. Ao permitir que todos os filiados há pelo menos um ano e em dia com as contribuições partidárias votassem no PED, independentemente do seu nível de militância, o PT tornou sua disputa interna mais suscetível a influências do quadro político brasileiro mais amplo. Em um contexto em que a agremiação comanda a Presidência da República, isso significa que o posicionamento das chapas é influenciado pela avaliação do desempenho do governo. A lógica é simples: um governo com altos índices de aprovação fornece incentivos para que os grupos internos adotem propostas mais próximas daquelas defendidas pela administração federal. De maneira inversa, um governo com taxas de aprovação mais baixas incentiva uma maior diversidade de posições.

Esse prisma analítico nos auxilia a compreender as flutuações das chapas e tendências observadas no contínuo esquerda-direita nos PEDs de 2005, 2007 e 2009. O PED de 2005 ocorreu em um contexto de crise política, no qual o governo Lula e o PT ficaram sob ataques da oposição durante meses em consequência do "escândalo do mensalão", que eclodira em junho daquele ano. Na época do PED (setembro de 2005), o índice de aprovação do governo federal, medido pelo Instituto Datafolha, caminhava para seu patamar mais baixo em todo o período da administração Lula, com um empate em 28% entre aqueles que qualificavam o governo como "ótimo/bom" e "ruim/péssimo".[6] Já as eleições internas seguintes ocorreram em contextos distintos. Em dezembro de 2007, quando ocorreu o PED, o índice de aprovação do governo estava em 50%. Dois anos mais tarde,

---

6 Na pesquisa realizada pelo Instituto Datafolha em outubro de 2005, 42% qualificaram o governo do presidente Lula como regular. Pergunta: "Na sua opinião, o presidente Lula está fazendo um governo: _____".

o pleito petista aconteceria em um cenário político ainda mais favorável à administração Lula, que atingiu, na época do PED (novembro), 72% de aprovação – índice mais alto desde o início do governo.[7] Se considerarmos que o governo Lula não defendeu uma ruptura com o quadro institucional liberal e que praticou uma política de alianças ampla junto ao Congresso, é possível concluirmos que, entre 2005 e 2009, ampliaram-se os incentivos para que as chapas adotassem posições semelhantes e caminhassem para a direita segundo a classificação estabelecida aqui.

Paralelamente a esse processo, é possível verificarmos um efeito mais amplo da dinâmica do "presidencialismo de coalizão" (ABRANCHES, 1988) sobre o partido e seu posicionamento a respeito das alianças políticas. Ao chegarem ao Palácio do Planalto, Lula e o PT defrontaram-se com um problema típico da combinação entre um sistema partidário fragmentado e o regime presidencialista: a necessidade de construir alianças para governar. Como afirmamos em outro trabalho,

> no Brasil, desde 1990, o partido do presidente nunca obteve mais de 25% dos assentos na Câmara dos Deputados. Em 2003, o PT e seus aliados na eleição presidencial de 2002 (PL, PC do B, PMN e PCB) contabilizavam apenas 25,3% dos deputados federais. Uma das maneiras de obter apoio e construir a coalizão é dividir o governo, distribuindo ministérios para os partidos aliados, em um processo de negociação sempre delicado. No caso de Lula, havia ainda um outro complicador: diferentemente de todos os presidentes que o antecederam no período pós-ditadura militar, Lula foi eleito por um partido forte, marcado por divisões internas e que passara toda a sua existência na oposição. O primeiro gabinete do governo petista (01/03-01/04) refletiu esta dupla dificuldade: interpartidária e intrapartidária. Para tentar manter a unidade e o apoio do PT, o governo concedeu 20 dos 33 ministérios

---

7   O índice de aprovação significa a porcentagem de pessoas que responderam "ótimo" e "bom" à seguinte pergunta: "Na sua opinião, o presidente Lula está fazendo um governo: _____". Os dados citados foram obtidos em pesquisas realizadas em novembro de 2007 e dezembro de 2009.

ao partido (61%). A pressão petista por ocupar o maior número possível de pastas foi uma das responsáveis pela decisão de compor um gabinete altamente fragmentado e sem nenhum outro grande partido na base formal de sustentação do governo (PALERMO, 2005; AMORIM NETO, 2007; SAMUELS, 2008a; PEREIRA; POWER; RAILE, 2009). O PMDB, com 14,4% dos assentos na Câmara, foi deixado de fora. Outros sete partidos foram contemplados (PSB, PDT, PPS, PC do B, PV, PL e PTB) com uma pasta cada. O saldo final dessa composição foi uma base de apoio frágil (49,3% de apoio nominal na Câmara) e incapaz de garantir automaticamente vitórias no Congresso. Mesmo assim, o governo conseguiu aprovar a reforma da Previdência, contando com o apoio do PMDB e de setores da oposição (PFL-DEM/PSDB).

No segundo gabinete (01/04-07/05), o governo Lula incorporou o PMDB, que passou a contar com dois ministérios. Apesar da maioria nominal na Câmara (62%), o desequilíbrio na distribuição das pastas e cargos públicos permaneceu, gerando insatisfação na base governista (AMORIM NETO, 2007; PEREIRA; POWER; RAILE, 2009). Essa insatisfação ficou evidente com a eclosão do "escândalo do mensalão" e com as denúncias de que o PT comandava um esquema de suborno para garantir o apoio de deputados federais ao Executivo. [...] As dificuldades na construção do governo exerceram forte pressão sobre o partido e aceleraram o processo de flexibilização da política de alianças. No segundo mandato do presidente Lula, o PT adotou uma posição menos intransigente com relação à composição do gabinete, o que tornou mais fácil a adoção de uma estratégia de coalizão mais inclusiva e menos monopolística por parte do governo (PEREIRA; POWER; RAILE, 2009). Em setembro de 2007, no 3º Congresso Nacional, o partido afirmou a necessidade de aperfeiçoar e ampliar a base de sustentação do governo (PT, 2007b, p. 49) e reconheceu o erro de não ter fechado uma aliança com o PMDB ainda no início de 2003 (PT, 2007b, p. 104) (AMARAL, 2010, p. 115-117).

Como é possível ver no Quadro 5.2.2, entre as tendências internas mais representativas do partido, apenas a AE ainda defende uma política de alianças restrita aos partidos localizados à esquerda. Esse é um ponto importante na nossa análise, pois sugere que a dinâmica do "presidencialismo de coalizão" exerceu efeito no interior do partido, incentivando a adoção de uma postura menos restritiva por parte das tendências com relação à construção de alianças políticas, contribuindo também para a maior homogeneidade descrita anteriormente. Voltaremos a esse ponto nas conclusões do capítulo.

Demonstramos nesta seção, a partir da análise das teses elaboradas pelas chapas que concorreram ao DN em 2001, 2005, 2007 e 2009, que houve tanto uma alteração na estrutura de clivagens que distinguem os grupos no interior do partido quanto um processo de moderação nas propostas apresentadas. Mostramos também que essas alterações foram resultado da maior inserção do partido na arena institucional nos anos 1990, de novas pressões ambientais surgidas com o exercício do governo federal e do novo desenho institucional interno, que estabeleceu as eleições diretas para a escolha da direção partidária em todos os níveis.

As novas distinções no interior do PT

Com a conquista da Presidência da República, temas que se referem a políticas públicas e à relação mais ampla entre o partido e o governo passaram a dominar as discussões no interior do PT e as teses elaboradas pelas chapas para os PEDs. A análise dos documentos indica que dois conjuntos de temas predominaram a partir do PED de 2005: o primeiro envolve questões organizativas. Com a eclosão do "escândalo do mensalão" e as denúncias de corrupção que atingiram a agremiação, as chapas mais representativas no interior do partido – até mesmo as herdeiras do CM – apontaram a crescente autonomia das lideranças, a independência do grupo no governo federal e o distanciamento das bases partidárias como desvios da tradição e da história petistas que deveriam ser corrigidos (MENEGUELLO; AMARAL, 2008; AMARAL, 2010). As propostas giraram em torno do fortalecimento dos vínculos com os movimentos sociais e a militância mais jovem. Apesar das críticas às lideranças que comandaram o partido entre 1995 e 2005, as questões organizativas não se estruturaram em torno de uma clivagem clara capaz de distinguir os grupos internamente. O segundo conjunto de temas está relacionado às políticas implantadas pelo governo Lula desde 2003. Tanto questões mais amplas, como a condução da economia, quanto programas específicos, como o Universidade para Todos (Prouni), o Bolsa Família e o Plano de Aceleração do Crescimento (PAC), foram objeto de comentários nas teses. As políticas econômica e de alianças do governo foram os temas que mais receberam atenção entre as chapas, com diferentes posicionamentos. Das 27 que concorreram ao DN entre 2005 e 2009, 25 (92,6%) emitiram opinião com relação à gestão da economia no governo Lula e 24 (88,9%) sobre as alianças políticas. Como o posicionamento dos grupos internos com relação à política de alianças já foi descrito anteriormente, nos concentramos agora nas distinções entre as chapas no que toca à política econômica. O Quadro 5.3.1 mostra a posição de cada uma das chapas, classificadas de acordo com as seguintes categorias: Apoio à política econômica, Apoio crítico à política econômica e Crítica à política econômica. Além do posicionamento, apresentamos trechos dos documentos que ajudaram na classificação, bem como o total de votos válidos obtidos por cada uma das chapas nos respectivos PEDs.

Quadro 5.3.1.[8] **Classificação das chapas que concorreram aos PEDs de 2005, 2007 e 2009 segundo o posicionamento com relação à política econômica do governo Lula**

Chapas (tendências)	Posição com relação à política econômica do governo Lula (Apoio; Apoio crítico; Crítica)	% dos VV
PED 2005		
O Partido que Muda o Brasil	Apoio crítico. "Quando éramos oposição, criticávamos o Consenso de Washington. No entanto – devemos reconhecer, apesar dos avanços já citados da equipe econômica – continuamos aplicando parte importante do receituário neoliberal" (p. 18)	3,1
Esperança Militante (Bloco de Esquerda, APS, BS)	Crítica. "[…] Daí a necessidade de mudar, de modo claro e sem subterfúgios, a política econômica do governo que é marcada pelo neoliberalismo" (p. 2)	9,1
Terra, Trabalho e Soberania (OT)	Crítica. "[…] mesmo sem renovar o acordo com o FMI, o governo manteve toda herança deixada pelos acordos do FMI para pagar a dívida […]" (p. 2)	1,9
A Esperança é Vermelha (AE)	Crítica. "Como é óbvio, esta política econômica não consegue contribuir para uma alteração qualitativa na situação que herdamos do governo FHC" (p. 14)	11,8
Construindo um Novo Brasil (CNB) (Ex-CM)	Apoio. "O trabalho essencial de ajuste da economia brasileira que o governo Lula empreendeu está criando as bases para um novo padrão de desenvolvimento […]" (p. 1)	41,9
Coragem de Mudar (DS)	Crítica. "A ampliação dos gastos públicos sociais e em investimentos é bloqueada pelos superávites primários para pagar a dívida pública que cresce porque o Banco Central aumenta os juros […]" (p. 3)	12,2
Socialismo e Democracia (PTLM)	Apoio crítico. "A política de segurar a inflação por meio do juro foi acertada no período de transição e no início do governo […]. No entanto, […] achamos prejudicial manter essa taxa Selic tão elevada […]" (p. 8)	5,8

8   A classificação foi feita a partir da análise do conteúdo e do sentido geral dos textos. Os trechos aqui citados servem apenas como ilustração. O (-) indica que a chapa não abordou a questão.

Movimento PT (MPT)	Apoio crítico. "O sucesso econômico do esforço fiscal destes primeiros anos de governo trouxe consigo custos sociais e políticos importantes [...]" (p. 7)	11,5
Movimento Popular (CMP)	Crítica. "Alimentando a ciranda financeira e a exclusão social está a taxa básica de juros, a Selic, nesta data a 19,75% ao ano. Com uma taxa a esse patamar, o Brasil figura entre os países com os maiores juros reais [...]" (p. 3)	1,8
O Brasil Agarra Você	Crítica. "O mundo capitalista apresenta a mesma alternativa, aumentar o preço do dinheiro, conter o consumo indiretamente sem controlar os preços. O nosso governo tem apontado para esse caminho [...] e continuamos sem saída?" (p. 2)	0,9
PED 2007		
Partido é pra Lutar (PTLM, MPT, NR)	Apoio crítico. "O Programa de Aceleração do Crescimento, [...] o fim da subserviência ao FMI [...] têm tirado da miséria absoluta milhões de pessoas. [...] a próxima direção petista terá o papel de auxiliar no apontamento dos limites deste governo" (p. 1)	19,4
Mensagem ao Partido (DS, Ex-CM)	Apoio crítico. "[...] envidar esforços para aprofundar o programa de transformação do Brasil que vem redirecionando o país num sentido oposto ao do neoliberalismo; identificar os limites de ação do nosso próprio governo [...]" (p. 2)	16,9
CNB (Ex-CM)	Apoio. "Para que nosso governo não signifique apenas uma experiência progressista [...], é preciso que logremos afirmar nosso projeto de desenvolvimento nacional como alternativa pós-neoliberal" (p. 4)	42,6
Militância Socialista (PTMS, SL, RPT)	Apoio crítico. "A defesa de nossa experiência no governo Lula tem de ser realizada à luz das vitórias econômicas e simbólicas [...]. No entanto, não podemos deixar de nos posicionar, de criticar e propor alternativas" (p. 4)	4,9
Programa Operário e Socialista	Crítica. "O resultado desta política [econômica] é subordinar os trabalhadores ao interesse do grande capital que domina e explora o povo trabalhador" (p. 2)	0,6
Terra, Trabalho e Soberania (OT)	Crítica. "Por isso eles [os que se beneficiaram com as privatizações] agora aplaudem o governo Lula, ainda mais quando privatiza a Ferrovia Norte-Sul em benefício da própria Vale privada [...]" (p. 1)	1,2

A Esperança é Vermelha (AE)	Crítica. "A próxima direção [do PT] precisa ter um papel mais ativo na disputa de rumos do governo Lula. Inclusive na política econômica, onde seguimos considerando inaceitável a influência do grande capital financeiro [...]" (p. 4)	11,8
Democracia pra Valer	-	1,2
Movimento Popular (CMP)	-	1,5
	PED 2009	
Virar à Esquerda (EM)	Crítica. "Por isso explicamos o caráter do PAC, que nunca foi mais do que a tentativa de transformação do Brasil em uma imensa plataforma de exportação agro-mineral, ampliando a dependência brasileira" (p. 3-4)	0,7
Terra, Trabalho e Soberania (OT)	Crítica. "A direção do PT faz que não vê a gravidade da crise que ameaça a classe trabalhadora. Não se trata da timidez do BNDES ou da ação do Banco Central. Se trata de tomar as medidas que a situação impõe" (p. 2)	1,3
Partido para Todos	Apoio crítico. "Não restam dúvidas quanto à competência da condução da economia brasileira pelo Governo Lula [...]" (p. 2) "Este é papel do PT [...]. Ser o porto seguro do governo nas ações contra a crise e ainda, a consciência crítica desse mesmo governo [...]" (p. 3)	5,5
Movimento (MPT)	Apoio. "Não cabe aqui discorrer sobre os imensos avanços em todas as áreas de governo, que são de conhecimento público e notório" (p. 3)	9,5
Contraponto (BS)	Apoio crítico. "Os limites do governo Lula já estavam dados em grande medida pela correlação de forças amplamente desfavorável aos trabalhadores" (p. 6) "Consideramos que houve um avanço [...] equacionou-se uma parte importante dos problemas macroeconômicos brasileiros" (p. 7)	1,4
Partido que Muda o Brasil (CNB, PTLM, NR)	Apoio. "[...] podemos afirmar claramente que o governo Lula orientou o projeto de desenvolvimento do país na direção oposta aos governos neoliberais" (p. 1)	55,1

Mensagem ao Partido (DS + Ex-CM)	Apoio crítico. "[O governo Lula] adotou medidas voltadas para a ampliação do mercado interno, com o aumento real do salário mínimo [...]" (p. 1) "[...] será decisivo reduzir seu poder [do grande capital financeiro] sobre a economia, anulando, entre outras medidas, a autonomia política concedida ao Banco Central [...]" (p. 2)	15,9
Esquerda Socialista (AE)	Apoio crítico. "Mesmo persistindo a convivência entre as duas agendas [neoliberal e desenvolvimentista] aumentou o peso das políticas desenvolvimentistas" (p. 5)	10,5

Fonte: Elaboração do autor a partir das teses apresentadas pelas chapas para os PEDs de 2005, 2007 e 2009.

A classificação acima nos mostra que nem todos os grupos no interior do partido se posicionaram da mesma forma com relação à política econômica do governo Lula nos PEDs realizados em 2005, 2007 e 2009, evidenciando a existência de uma importante clivagem interna nesse período. É interessante notar, porém, que flutuações semelhantes às descritas anteriormente também podem ser verificadas nessa classificação. De uma maneira geral, é possível perceber um deslocamento para um posicionamento de apoio à política econômica tanto das chapas quanto dos militantes. Em 2005, seis das dez chapas que concorreram às eleições para o DN adotaram uma postura crítica com relação à condução da economia e receberam, juntas, 37,7% dos votos válidos. Três chapas manifestaram um "apoio crítico", concordando com algumas das medidas e discordando de outras, e obtiveram 20,4% de apoio entre os militantes. Apenas a chapa Construindo um Novo Brasil (CNB), herdeira do CM e com muitos representantes ocupando postos importantes no governo federal,[9] defendeu sem restrições a política econômica da administração Lula, conseguindo 41,9% dos votos. Dois anos mais tarde, o quadro já se mostrava um pouco diferente e mais favorável ao governo federal. Das sete chapas que se manifestaram sobre o tema, três, obtendo 13,6% de apoio entre

---

9 No primeiro gabinete do governo Lula (01/03-01/04), o Campo Majoritário ocupou 13 dos 20 ministérios que foram entregues ao PT.

os militantes, posicionaram-se criticamente. Outras três manifestaram um "apoio crítico", obtendo 41,2% dos votos, e, novamente, apenas a CNB declarou apoio total à política econômica, recebendo 42,6% dos votos. Em 2009, o posicionamento mais crítico com relação à condução da economia ficou restrito a duas pequenas chapas, que, juntas, receberam apenas 2% dos votos. As quatro chapas que manifestaram "apoio crítico" somaram 33,3% e as duas que demonstraram acordo total com a política econômica da administração Lula obtiveram o apoio de 64,6% dos militantes petistas. Entre as tendências, é possível notar que, no período 2005-2009, a AE, a DS, a PT de Luta e de Massas (PTLM), a MPT e a Novo Rumo (NR) se deslocaram em sentido a uma postura mais favorável com relação à política econômica do governo Lula, aproximando-se da CNB. Essa descrição demonstra que, assim como verificamos anteriormente, o grau de dissenso interno em torno de um importante tema como a política econômica diminuiu significativamente, corroborando a ideia de que, internamente, o PT, no final da década passada, era menos heterogêneo do que no primeiro mandato presidencial de Lula.

Acreditamos que as explicações para as flutuações descritas são muito semelhantes às apresentadas anteriormente. A saída de grupos mais à esquerda e que adotavam uma posição mais crítica com relação à política econômica do governo federal, em 2005, e os incentivos fornecidos pelo crescimento nos níveis de apoio ao governo a partir de 2006 facilitaram o deslocamento das chapas para uma posição mais favorável à maneira com que a administração Lula conduzia a economia. Além disso, a continuada queda da concentração de renda e a expansão do nível de emprego (NERI, 2007, 2010), objetivos há muito defendidos por diferentes grupos no interior do PT, tornaram mais difícil a adoção de uma postura incisivamente crítica ao governo federal, apesar de não terem ocorrido mudanças significativas na forma com que a economia foi administrada entre 2005 e 2009 (SAMUELS, 2013).

A análise da posição das chapas com relação à política econômica do governo Lula nos permite a construção de um quadro mais refinado para compreendermos a localização – e o deslocamento – dos grupos internos do PT no espectro esquerda-direita. Para isso, propomos a incorporação dessa distinção à classificação elaborada acima a partir das clivagens sugeridas por Lacerda (2002). A literatura a respeito da dimensão esquerda-direita no Brasil e na América Latina sugere que a dicotomia Estado-mercado é um bom indicador de posicionamento ideológico dos partidos políticos, sendo a direita mais favorável a uma maior liberalização do mercado, acompanhada de privatizações, e a esquerda a favor de uma maior intervenção e ampliação dos mecanismos de controle do Estado sobre a economia (MAINWARING; MENEGUELLO; POWER, 2000; ALCÁNTARA SAEZ, 2008; POWER, 2008; WIESEHOMEIER; BENOIT, 2009). A análise dos documentos elaborados pelas chapas sugere que é possível fazer a transposição da dicotomia Estado-mercado também para o caso petista, pois as críticas sempre foram no sentido de que o governo Lula preservava parte das políticas pró-mercado adotadas no período FHC e que deveria ampliar a presença do Estado na economia. Dessa forma, seguindo a operacionalização utilizada anteriormente, atribuímos o valor -1 para as chapas que foram críticas com relação à política econômica do governo Lula, o para as que manifestaram "apoio crítico" e +1 para as que apoiaram a condução da economia sem restrições. Como forma de unificar os indicadores, excluímos do quadro as chapas que não apresentaram posição sobre o tema. Optamos também por manter a distinção Luta social x Luta social/institucional na análise pelo fato de haver facções no interior do partido, ainda que pouco representativas, que defendem que o PT deve concentrar sua atuação junto aos movimentos sociais, permitindo uma maior distinção entre as chapas. Construímos, assim, uma classificação a partir de quatro distinções (Quadro 5.3.2), duas na dimensão ideológica e duas na dimensão programática, que resulta na composição de um gradiente que vai de -4 (esquerda) a +4 (direita) (Quadro 5.3.3).

Quadro 5.3.2. **Divergências ideológica e programática no interior do** PT
durante o governo Lula

Dimensão	Esquerda	Direita
Ideológica	O PT deve priorizar a luta social Ausência de compromisso com a manutenção da democracia representativa e da institucionalidade liberal	O PT deve combinar luta social e luta institucional Expansão da democracia. Compromisso com a preservação da democracia representativa
Programática	Alianças com movimentos sociais e partidos políticos de esquerda Crítica à política econômica do governo Lula	Alianças amplas, incorporando partidos políticos fora do campo da esquerda Apoio à política econômica do governo Lula

Fonte: Elaboração do autor.

O Quadro 5.3.3 demonstra a já identificada migração para a direita tanto das propostas apresentadas pelas chapas quanto dos votos dos militantes, mas indica que os grupos ainda apresentavam, ao final do governo Lula, divergências entre si. O quadro aponta também com mais precisão os deslocamentos dos grupos internos. Diferentemente dos gradientes construídos a partir de apenas três distinções (Quadro 5.2.3), é possível vermos aqui que a AE se deslocou sutilmente para a direita entre 2007 e 2009, aproximando-se do grupo CNB. Também é possível observarmos que a chapa encabeçada pela DS, Mensagem ao Partido, apesar da movimentação rumo à direita, ainda se encontrava à esquerda das tendências reunidas em torno da facção CNB, e que as tendências PTLM e NR também se movimentaram para a direita entre 2007 e 2009. Ao final do governo Lula, o PT era um partido muito menos cindido do que na metade da década anterior. Em 2009, a única grande facção ainda localizada à esquerda era a AE, e as chapas com posturas mais radicais tinham o apoio de apenas 2% dos militantes. Além disso, em 2009, as tendências CNB, MPT, NR e PTLM passaram a ocupar, pela primeira vez, a mesma posição à direita do gradiente, reunindo os votos de 64,6% dos filiados que optaram por alguma chapa no PED.

Demonstramos neste item que a experiência na Presidência da República fez emergir uma nova clivagem interna inserida na dimensão programática tendo como base a relação governo/partido. Mostramos ainda que os deslocamentos internos nessa nova distinção foram semelhantes aos verificados na seção anterior, em direção à direita, e que o processo de aproximação ideológica e programática se confirma, apesar de diferenças ainda persistirem entre os grupos. Por fim, elaboramos uma nova classificação dos grupos internos, mais refinada que a sugerida por Lacerda (2002) e mais capaz de demonstrar a dinâmica dos grupos no interior do partido, tanto no aspecto ideológico quanto no programático. Esperamos que esse esforço auxilie as futuras pesquisas sobre o partido.

Quadro 5.3.3. Posição das chapas no espectro esquerda-direita nos PEDs de 2005, 2007 e 2009 a partir de quatro distinções

Esquerda (-4)	(-3)	(-2)	(-1)	(+1)	(+2)	(+3)	(+4) Direita
2005							
Terra, Trabalho e Soberania (OT) (1,9%)		Esperança Militante (Bloco de Esquerda) A Esperança é Vermelha (AE) Coragem de Mudar (DS) Movimento Popular (CMP)** (34,9%)		Movimento PT (11,5%)	O Brasil Agarra Você (0,9%)	Socialismo e Democracia (PTLM) O Partido que Muda o Brasil (8,9%)	Construindo um Novo Brasil (EX-CM) (41,9%)
2007							
Programa Operário e Socialista (0,6%)	Terra, Trabalho e Soberania (OT)* (1,2%)	A Esperança é Vermelha (AE) (11,8%)	Militância Socialista (PTMS, SL, RPT) (4,9%)	Mensagem ao Partido (DS, Ex-CM) (16,9%)		Partido é pra Lutar (PTLM, MPT, NR) (19,4%)	Construindo um Novo Brasil (Ex-CM) (42,6%)
2009							
Virar à Esquerda (EM) (0,7%)	Terra, Trabalho e Soberania (OT)* (1,3%)		Contraponto (BS) Esquerda Socialista (ES) (11,9%)			Partido para Todos Mensagem ao Partido (DS, Ex-CM) (21,4%)	Partido que Muda o Brasil (CNB, PTLM, NR) Movimento (MPT) (64,6%)

* Posição a partir de apenas três distinções; ** Posição a partir de apenas duas distinções. As chapas Democracia pra Valer (1,2%) e Movimento Popular (1,5%) foram excluídas da linha relativa a 2007 por não terem apresentado posição a respeito da política econômica do governo Lula. Fonte: Elaboração do autor a partir do Quadro 5.3.1.

Considerações finais

As divisões ideológicas e programáticas no interior do PT sempre foram tratadas como um importante elemento para a compreensão da organização, estratégia e proposta política do partido ao longo de sua história, como é possível vermos nos trabalhos de Meneguello (1989), Keck (1991), Azevedo (1995), Lacerda (2002), Hunter (2007, 2010) e Ribeiro (2008), para citarmos apenas alguns. Esta abordagem ecoa pistas fornecidas por trabalhos clássicos, como os de Sartori (1980) e Panebianco (2005), que defendem a análise dos grupos internos como elementos fundamentais para a compreensão do funcionamento e da transformação dos partidos políticos.

Concordamos com essa avaliação para o caso petista e acreditamos que o tratamento das transformações nas clivagens internas tanto como variável dependente quanto como variável explicativa pode trazer importantes contribuições para o estudo dos partidos políticos de uma forma mais ampla. O primeiro recorte permite vislumbrar os efeitos do sistema político e do desenvolvimento da própria organização partidária sobre a estrutura de clivagens e posicionamento dos grupos internos. O segundo auxilia na compreensão mais ampla da estratégia e do comportamento partidários e suas transformações ao longo do tempo.

Demonstramos neste capítulo, por meio da análise dos documentos elaborados pelas chapas que concorreram ao DN nos PEDs de 2001, 2005, 2007 e 2009, que a estrutura de clivagens existente no interior do partido nos anos 1990, bem como o posicionamento das tendências diante delas, sofreu alterações desde 2001. A oposição entre a ênfase na atuação junto aos movimentos sociais e a ação combinada nas esferas institucional e da sociedade civil organizada praticamente deixou de existir, não servindo mais como um componente de distinção intrapartidária. Paralelamente, com a conquista da Presidência da República, uma nova clivagem ligada à relação governo/ partido emergiu a partir da avaliação dos grupos sobre a política econômica implantada pela administração Lula. As alterações, porém, não eliminaram completamente algumas clivagens tradicionais no interior do partido, como a relativa à política de alianças, indicando que distinções internas surgidas nos anos 1980 ainda ajudavam a moldar o quadro cognitivo petista ao final do governo Lula.

Identificamos também que cresceu o apoio interno à manutenção do quadro institucional liberal, à adoção de uma política de alianças ampla, incorporando agremiações que não estão à esquerda no espectro político, e à política econômica da administração petista no governo federal. Esses dados apontam que, especialmente a partir de 2007, houve tanto um deslocamento dos grupos internos para a direita do espectro político petista quanto um processo de homogeneização ideológica e programática no partido. Os dados obtidos com os delegados petistas que compareceram ao 13º EN, em 2006, também confirmam o que encontramos na análise dos documentos das chapas. Ao qualificarem o governo Lula em quatro áreas de atuação (Política, Economia, Política externa e Política social), os delegados se mostraram satisfeitos com todas elas. Mesmo desagregando os dados pela autolocalização no espectro esquerda-direita, a porcentagem de delegados que qualificaram a atuação do governo como "boa/muito boa" foi sempre bem superior à dos que responderam "ruim/muito ruim" (Tabela 5.4.1) (AMARAL, 2010).

Tabela 5.4.1. Avaliação do governo Lula (%) no 13º ENdo PT (2006)[10]

	Política		Economia		Pol. externa		Pol. social	
	B-MB	R-MR	B-MB	R-MR	B-MB	R-MR	B-MB	R-MR
Delegados	48,2	17,1	69,2	9,2	95,4	1,8	81	2,5
N	(286)		(285)		(284)		(284)	
Deleg/Esq.	44,8	18,9	60,9	13,6	94,5	2,7	78,2	3,2
N	(185)		(184)		(183)		(184)	

Fonte: Delegados-PT/Autor, 2006.

Demonstramos ainda que as explicações para as referidas transformações estão baseadas tanto em aspectos endógenos quanto exógenos ao partido. A maior participação do PT na arena institucional a partir dos anos

---

10   Pergunta: Como você qualifica a atuação do governo Lula nas seguintes áreas? Política, Economia, Política externa e Política social. Respostas possíveis: Muito Ruim (MR), Ruim (R), Regular, Boa (B) e Muito Boa (MB). A autolocalização no espectro esquerda-direita possuía cinco alternativas: Esquerda, Centro-Esquerda, Centro, Centro-Direita e Direita (PESQUISA DELEGADOS-PT/AUTOR, 2006).

1990 provocou a erosão da clivagem baseada na distinção entre a ênfase na ação junto aos movimentos sociais e o apoio a uma ação combinada nas arenas social e institucional. A aceleração das transformações programáticas do partido verificadas durante o governo Lula, por sua vez, fez com que setores mais à esquerda do partido entrassem em rota de colisão com a direção nacional (AMARAL, 2010). Derrotados no PED de 2005, muitos optaram por deixar o partido e se juntar ao PSOL, ampliando o peso dos grupos mais moderados e facilitando o deslocamento das tendências para a direita. Já a implantação do PED como mecanismo de seleção de lideranças deixou a disputa entre os grupos internos mais suscetível às influências do quadro político mais amplo. Como o partido passou a comandar o governo federal a partir de 2003, isso redundou na construção de uma estrutura de incentivos baseada na avaliação da performance da administração Lula. Com o crescente sucesso do governo junto à opinião pública a partir de 2006, as chapas sofreram um forte estímulo para adotar posições mais próximas das defendidas pelo governo Lula, deslocando-se para a direita. Esse é um ponto importante na nossa análise, pois sugere que a alteração no desenho institucional petista deixou a disputa política interna mais condicionada ao desempenho do partido nas arenas eleitoral e governativa, como mencionamos no capítulo anterior.

Por fim, verificamos um efeito da dinâmica do "presidencialismo de coalizão" sobre o partido e seus grupos internos. Os problemas enfrentados na construção de uma coalizão governativa estável demonstraram a dificuldade de exercer a Presidência da República sem uma política de alianças mais flexível, capaz de acomodar forças políticas que não estão no campo da esquerda. Em 2009, apenas 13,9% dos militantes petistas votaram em chapas que defendiam alianças políticas restritas. Power sugere, revertendo as hipóteses levantadas por Mainwaring (1993) e Linz (1994), que a prática do "presidencialismo de coalizão" no Brasil pode estar agindo na redução da polarização ideológica entre os partidos políticos (2008, p. 102). Transpondo essa indicação para o caso petista, é possível imaginarmos que o crescente reconhecimento interno da n3ecessidade de construir alianças políticas amplas esteja também exercendo um efeito "moderador" dentro do PT, contribuindo para uma redução na intransigência programática no interior do partido.

Para concluirmos estas Considerações finais, invertemos o sentido da análise e avaliamos os efeitos da crescente homogeneidade ideológica e programática no interior do PT na dinâmica partidária e no seu comportamento político mais amplo. Embora sob um enfoque mais voltado às estratégias organizativas, Méndez Lago é clara ao afirmar que o grau de dissenso interno tem influência sobre as atividades partidárias (2000, p. 142). No PT, a saída de grupos mais à esquerda e a aproximação ideológica e programática entre as grandes tendências contribuíram para que a relação governo/partido fosse menos tensa no segundo mandato do presidente Lula. Diferentemente do que aconteceu no período 2003-2005, a liderança partidária não teve de lidar com uma oposição interna sistemática às políticas econômica e de alianças no Congresso. Além disso, os debates em torno da construção da candidatura de Dilma Rousseff para a Presidência da República não apresentaram grandes desacordos, assim como a consolidação de uma aliança eleitoral formal com o PMDB, demonstrando maior facilidade na costura de consensos internos. No seu 4º Congresso Nacional, em fevereiro de 2010, o PT deliberou que sua prioridade, em 2010, seria a conquista da Presidência da República pela terceira vez e que a agremiação deveria buscar construir alianças com todos os partidos da base de sustentação ao governo (PT, 2010).

Capítulo 6

O recrutamento e o perfil ideológico das lideranças do PT

Introdução

No Capítulo 2, analisamos o perfil das lideranças petistas e demonstramos que os padrões de alteração verificados por Novaes (1993) e Rodrigues (1997) se confirmaram, com a manutenção da predominância de dirigentes de classe média com alto nível de escolaridade e com grande presença de setores do funcionalismo público. Mostramos também que o crescimento institucional do PT a partir dos anos 1990 exerceu influência sobre a liderança do partido, ampliando a proporção de delegados remunerados em esferas estatais para realizar atividades políticas, sem, no entanto, significar a erosão dos vínculos partidários com a sociedade civil organizada. Neste capítulo, complementamos a análise feita anteriormente ao nos concentrarmos nas avaliações tanto do perfil social quanto do posicionamento ideológico de diferentes grupos que compõem o conjunto da liderança partidária.

Este capítulo busca cumprir dois objetivos. O primeiro é identificar o perfil das lideranças petistas que estão no topo da hierarquia partidária, o Diretório Nacional (DN). A escolha dos membros do DN como representantes do topo da pirâmide petista se dá pelo fato de essa instância deter uma posição privilegiada no controle de recursos de poder organizativo, conforme discutimos no Capítulo 4, e por contarmos com uma base de dados que nos permite compará-la ao conjunto das lideranças partidárias. O segundo é avaliar o impacto de diferentes estruturas de incentivos e oportunidades existentes tanto no sistema político quanto no interior do partido sobre o posicionamento ideológico das lideranças e sua opinião sobre o PT. Esse objetivo está ligado a uma extensa literatura que deriva do clássico trabalho de May (1973), no qual o autor defende a existência de uma "Lei de Disparidade Curvilínea" que estrutura as opiniões de diferentes grupos no interior das agremiações. Para May, os partidos não são atores unitários, mas organizações compostas por diferentes "estratos" que controlam distintos tipos de recursos e estão sujeitos a incentivos também variados. De forma resumida, seu argumento reside na ideia de que a liderança partidária tem posições mais moderadas do que os militantes, e mais próximas dos eleitores do partido. Mais preocupados com o êxito eleitoral da agremiação ou com o seu desempenho em cargos eletivos, a liderança partidária está sujeita a pressões por adotar posições mais moderadas. Os militantes, por sua vez, não têm a perspectiva de disputar pleitos e não precisam se preocupar com a opinião do eleitorado. Sua motivação para participar ativamente das atividades partidárias reside na possibilidade de influenciar na escolha de candidatos e na elaboração do programa partidário. Dessa forma, estão mais livres para perseguir posições mais radicais (1973). O trabalho de May gerou uma série de críticas e revisões. As mais recorrentes giram em torno da classificação dos "estratos" partidários e de suas motivações, acusadas de reducionistas e incapazes de lidar com a complexidade organizacional dos partidos políticos e da formação da preferência de seus integrantes (KENNEDY; LYONS; FITZGERALD, 2006; KITSCHELT, 1989; MÉNDEZ LAGO; SANTAMARÍA, 2001). Heidar, em uma boa análise sobre a repercussão do trabalho de May para o estudo dos partidos políticos, conclui que não há ainda um veredito final sobre a "Lei de Disparidade Curvilínea" e que suas previsões continuam a balizar pesquisas empíricas sobre a formação de opinião no interior das agremiações políticas (2006, p. 309). Nosso objetivo aqui não é checar se a "Lei de May" se aplica ao PT, o que demandaria descobrir as opiniões e o posicionamento ideológico dos filiados, mas sim verificar se os diferentes tipos de incentivos a que estão sujeitas as lideranças petistas exercem influência sobre seu posicionamento ideológico e sua opinião sobre o partido. Ao cumprirmos os dois objetivos, buscamos também fornecer uma rica base de dados a respeito das lideranças do PT que sirva como ponto de partida para futuras pesquisas sobre a agremiação e a organização interna dos partidos políticos no Brasil.

São três as hipóteses que norteiam este capítulo. A primeira sugere que, assim como verificamos no Capítulo 2, a alta liderança petista apresenta um elevado nível de escolaridade e é caracterizada pela forte presença de assalariados e funcionários públicos, tendências identificadas por Rodrigues (1997) nos anos 1990. A segunda, baseada no trabalho de Ribeiro (2008), é de que o PT apresenta um padrão de integração vertical no recrutamento de sua elite, no qual a alta liderança desenvolve sua carreira no interior da própria agremiação e conta com um elevado nível de profissionalização na política. A terceira indica que as lideranças no topo da hierarquia partidária ou ocupantes de cargos eletivos e de confiança tendem a ter posições mais moderadas do que os outros líderes partidários por estarem sujeitos a uma estrutura de incentivos marcada por pressões provenientes de competições eleitorais e de negociações com outras forças políticas.

Para averiguarmos as hipóteses, trabalhamos com um único conjunto de indicadores empíricos composto pelos *surveys* realizados pela Fundação Perseu Abramo (FPA) com os delegados do partido no 12º Encontro Nacional (EN), em 2001, no 13º EN, em 2006, e no 3º Congresso Nacional (CN), em 2007. Para a caracterização do perfil das altas lideranças partidárias, optamos por utilizar apenas os dados obtidos em 2001 e 2006. Como não houve eleição para o DN entre o 13º EN e o 3º CN, decidimos por analisar o *survey* que contava com o maior número de respondentes.[1] Já para a análise do posicionamento ideológico e das opiniões da liderança petista sobre o partido, utilizamos os dados de autolocalização no espectro esquerda-direita obtidos junto aos delegados no *survey* realizado no 3º CN e de avaliação das mudanças pelas quais passou o partido desde que Lula foi eleito presidente, obtidos nas pesquisas realizadas tanto em 2006 quanto em 2007.

---

1 No *survey* realizado no 12º EN, em 2001, 29 membros do DN (35,8% do total) responderam ao questionário aplicado pela FPA. Na pesquisa ocorrida no 13º EN, em 2006, 36 integrantes do DN (43,9%) foram entrevistados. Já no 3º CN, em 2007, apenas 17 membros do DN (20,7%) participaram da pesquisa.

Este capítulo está organizado em três partes. Na primeira, apresentamos o perfil dos membros do DN em comparação com o restante das lideranças petistas reunidas nos ENs realizados em 2001 e 2006 e testamos as duas primeiras hipóteses levantadas. Na segunda parte, analisamos o posicionamento ideológico e as opiniões da liderança petista sobre o partido e testamos a terceira hipótese. Ao final, concluímos o capítulo avaliando os resultados encontrados à luz da literatura sobre o PT e sobre a organização interna dos partidos políticos de uma forma mais ampla.

O perfil dos membros do DN em 2001 e 2006

Ao analisar a composição do DN em 1993, Rodrigues mostrou que seus integrantes contavam com alto grau de escolaridade (mais de 60% possuíam diploma universitário) e que as ocupações mais comuns entre seus membros eram as de professor, advogado, economista, médico e jornalista (1997, p. 305). Esse quadro compunha a descrição de que o partido havia se transformado em uma agremiação comandada por setores da classe média urbana e escolarizada, com grande presença de funcionários públicos – análise também acompanhada por Singer (2001). No Capítulo 2, ao avaliarmos os dados relativos às lideranças partidárias, vimos que as tendências delineadas por Rodrigues (1997) se confirmaram na última década. O perfil dos membros do DN reunido na Tabela 6.2.1 mostra que o quadro, em linhas gerais, apresenta muitas semelhanças ao encontrado em meados dos anos 1990. Com relação à condição de trabalho, é possível notarmos que os funcionários públicos constituíam, em 2001, o grupo mais numeroso (41,4%), seguido dos assalariados (24,1%) e dos profissionais liberais (13,8%). Infelizmente, não contamos com os dados dos membros do DN em 2006 no que toca à sua condição de trabalho. No entanto, se observarmos que a pesquisa realizada pelo autor no 13º EN identificou uma elevada porcentagem de funcionários públicos no conjunto dos delegados (54,3%), é possível supor que essa predominância tenha se mantido. Conforme argumentamos anteriormente, é muito provável que a ampliação da força de sindicatos de setores do serviço público junto à Central Única dos Trabalhadores, especialmente a partir da década de 1990, tenha se refletido na composição da alta liderança petista. Os dados que retratam o nível de escolaridade também não apresentam grandes desvios com relação ao panorama encontrado em 1993. Em 2001, todos os membros do DN haviam frequentado algum curso superior e, em 2006, a porcentagem foi de 91,6%. Muitos deles, inclusive, chegaram a cursar uma pós-graduação. Em 2001 e 2006, 31% e 22,2%, respectivamente, declararam ter feito parte de algum programa de mestrado ou doutorado. É interessante notar que, comparados às outras lideranças partidárias, os membros do DN apresentam um nível de escolaridade mais elevado, como é possível observarmos na quarta e sétima colunas da Tabela 6.2.1. Isso indica que esse parece ser um requisito importante para a ascensão na hierarquia petista.

A tendência de envelhecimento da liderança partidária como um todo, identificada no Capítulo 2, reproduz-se no DN. Entre 2001 e 2006, a porcentagem de integrantes com mais de 40 anos saltou de 62,1% para 75%. Esse é um dado importante que reflete a dificuldade de ascensão de jovens lideranças na hierarquia partidária e de renovação de quadros, especialmente entre os integrantes do DN. Dessa forma, não nos parece arriscado concluir que a ascensão no interior do PT requer, cada vez mais, uma trajetória mais longa de militância e atuação políticas por parte de seus filiados. Os dados obtidos com relação à renda individual indicam a manutenção de um interessante padrão, no qual os integrantes do DN têm rendimentos mais altos do que o restante das lideranças petistas. Em 2001, 89,6% dos membros da alta liderança ganhavam mais de dez salários mínimos (SM), enquanto 55,7% dos delegados que não pertenciam ao DN se situavam nessa faixa. Cinco anos mais tarde, 75% dos integrantes do DN tinham vencimentos superiores a dez vezes o valor do SM, e 38,3% dos delegados que não faziam parte do DN encontravam-se nesse segmento. É importante notar ainda que não havia um único membro da direção nacional, em 2006, com renda inferior a cinco SM. A assimetria nos ganhos individuais parece refletir o próprio padrão de recrutamento da alta liderança: a idade mais avançada e o maior nível de escolaridade e profissionalização na política ajudam a explicar a renda mais alta entre os membros do DN em comparação com as outras lideranças da agremiação (Tabela 6.2.1).

Os dados relativos ao período de filiação, ao número de participações em ENs e CNs e à profissionalização na política são fundamentais para o teste da nossa segunda hipótese. O tempo de filiação é um requisito importante para a ascensão à condição de liderança partidária. Em 2001 e 2006, respectivamente, 69,4% e 56,8% dos delegados haviam se filiado ao PT antes de 1989. É importante destacarmos a significativa presença de delegados que se juntaram ao partido ainda no seu período de formação (1980-1982): 36,6% no 12º EN e 22,1% no 13º EN. De forma inversa, é relativamente baixa a porcentagem de lideranças com pouco tempo de partido: em 2001, apenas 11,6% tinham se juntado ao PT entre 1995 e 2001, e, em 2006, só 6,8% haviam entrado no PT nos cinco anos anteriores. Quando observamos os dados relativos aos membros do DN, fica ainda mais evidente a importância do tempo de filiação na hierarquia petista. Em 2001, 55,2% dos integrantes da direção nacional tinham entrado no partido entre 1980 e 1982, e 37,9% entre 1983 e 1989. Em 2006, as porcentagens foram de 33,3% e 41,7%, respectivamente. Em ambos os Encontros é possível notar a sobrerrepresentação desses grupos no DN se compararmos com os dados das outras lideranças (Tabela 6.2.1). Devemos destacar ainda que, em 2001, nenhum dos membros do DN que responderam à pesquisa se filiara ao PT depois de 1993. Padrão semelhante foi verificado em 2006: todos os integrantes da direção nacional entrevistados declararam ter entrado no partido antes de 1998. Isso indica a existência de uma barreira, ainda que informal – e sujeita a transposições –, de pelo menos oito anos de militância para a ascensão aos quadros mais altos da agremiação.

O número de participação em ENs e CNs pode ser tratado como um bom indicador do grau de inserção da liderança na máquina petista. Para chegar aos Encontros e Congressos Nacionais, os delegados têm de passar por escolhas no âmbito local e estadual, o que significa que devem contar com elevados níveis de militância e atuação nas instâncias partidárias e vínculos com alguma facção. Como é possível ver na Tabela 6.2.1, os membros do DN apresentam um nível de frequência maior aos ENs/CNs do que o restante da liderança petista. Em 2001, 55,2% dos integrantes da direção nacional estavam participando ao menos pela quinta vez de um evento nacional, enquanto entre o restante dos delegados apenas 11,4% compareciam ao seu quinto encontro. Cinco anos mais tarde, a tendência se manteve, e 36,1% dos membros do DN declararam estar frequentando um EN/CN ao menos pela quinta oportunidade. Já entre o restante dos delegados, a porcentagem foi de 11,7%. Duas considerações sobre esses dados merecem menção: a primeira diz respeito ao elevado número de integrantes do DN que não responderam à pergunta por não se lembrarem da quantidade de ENs/CNs de que participaram, o que provavelmente elevaria as porcentagens daqueles que frequentaram os eventos por mais vezes. A segunda trata do caráter atípico do DN eleito no PED de 2005, o primeiro no governo Lula e realizado em meio ao "escândalo do mensalão". Como mostra Ribeiro (2008, p. 238), a migração de quadros partidários para Brasília após 2003 e o impacto das denúncias contra as lideranças do Campo Majoritário provocaram uma grande renovação no DN naquele ano, o que pode ter contribuído para a queda na porcentagem entre os que mais frequentaram os eventos nacionais. Independentemente dessa redução, é possível concluirmos, a partir desses dados, que o grau de inserção na máquina partidária é um atributo importante para que o militante petista ascenda à condição de alta liderança.

Os dados relativos à profissionalização na política ajudam a compor esse quadro de intensa participação na vida partidária por parte dos membros do DN. A Tabela 6.2.1 mostra que é grande a sobrerrepresentação daqueles que são remunerados para exercer atividade política na direção nacional em comparação com o restante das lideranças. Em 2001, 86,2% dos integrantes do DN que responderam à pesquisa eram "profissionais da política", enquanto entre os outros delegados a porcentagem era de 68,4%. Em 2006, no 13º EN, 63,9% dos membros da alta elite partidária entrevistados eram remunerados para realizar atividades políticas, enquanto 46,9% das outras lideranças se encaixavam nessa categoria. Com o baixo número de respostas entre os membros do DN, é difícil apresentar explicações definitivas para a queda na porcentagem de seus integrantes profissionalizados na política. No Capítulo 2, porém, ao analisarmos os dados das lideranças como um todo, sugerimos que o final da prefeitura de Marta Suplicy, em São Paulo, em 2004, e a transferência de quadros partidários para Brasília, com o início do governo Lula, exerceram impacto sobre o perfil profissional dos delegados. É possível supor que algo semelhante tenha acontecido também na direção nacional. Além disso, o número de membros da alta liderança profissionalizados pelo próprio PT caiu de 17,2% para 13,9% no período, refletindo a crise financeira pela qual passou a agremiação logo após o "escândalo do mensalão". Independentemente da variação no tempo, devemos ressaltar aqui a elevada porcentagem de integrantes do DN que viviam da política tanto em 2001 quanto em 2006 e que, entre eles, a maioria ocupava cargos ligados ao Estado – como membros eleitos dos poderes Executivo e Legislativo ou ocupantes de cargos de confiança (Tabela 6.2.1). Este ponto vai ao encontro do que mostramos no Capítulo 2 e confirma, de forma inequívoca, a aproximação das lideranças partidárias às esferas estatais iniciada na década de 1990.

Os dados indicam que há, no PT, um padrão de integração vertical no recrutamento de sua elite, conforme sugeriu Ribeiro (2008, p. 157), ecoando pistas fornecidas por Panebianco (2005) e Strom e Muller (1999). As informações apresentadas aqui apontam que o tempo de militância e a participação intensa na vida partidária são atributos importantes para a ascensão na hierarquia petista. A alta liderança tem, na sua maioria, uma carreira política estruturada no interior do partido, o que, segundo Panebianco (2005), implica um alto grau de profissionalização das elites – dado também presente entre os membros do DN. Ainda de acordo com o autor, essas são características comuns aos partidos de "integração social" e sinais de um elevado nível de institucionalização, como é possível ver na passagem abaixo:

> De uma maneira geral, pode-se afirmar [...] que a uma institucionalização forte corresponde um predomínio de "integrações verticais" das elites: entra-se na organização nos níveis inferiores e sobe-se até o vértice; as elites nascem e são "criadas" dentro da organização. A uma institucionalização fraca corresponde, por sua vez, uma "integração horizontal" das elites: entra-se no partido em níveis altos por âmbitos externos, nos quais já se ocupa uma posição de predominância [...] (PANEBIANCO, 2005, p.115).

Para encerrarmos esta seção sobre o perfil da alta liderança partidária, é necessário destacar os dados a respeito da participação dos membros do DN junto aos movimentos e organizações sociais. É possível perceber que o nível de participação dos integrantes da direção nacional é bem inferior ao do restante dos delegados. Em 2001, 51,7% dos membros do DN que responderam à pesquisa afirmaram possuir vínculos com movimentos ou organizações sociais, enquanto a porcentagem foi de 70,9% entre as outras lideranças. Em 2006, a tendência se manteve: 52,8% dos integrantes da direção nacional e 73,2% do restante da liderança, respectivamente, afirmaram estar ligados a movimentos e organizações sociais (Tabela 6.2.1). Esses dados precisam ser analisados com cuidado, especialmente por não possuirmos uma base de comparação com os anos 1990. É provável que a redução na conexão com os movimentos e as organizações sociais entre os membros do DN se deva exatamente à posição de liderança partidária em nível nacional. Um maior conjunto de obrigações com o partido e com suas respectivas facções reduziria a possibilidade de atuação intensa junto aos movimentos sociais. No entanto, é expressiva a porcentagem de integrantes da direção nacional que mantinham laços com a sociedade civil organizada. Dessa forma, não nos parece arriscado afirmar que a alta liderança partidária possui fortes vínculos com a sociedade civil organizada, ainda que em grau menor do que os delegados como um todo. Com relação aos movimentos e às organizações a que estavam ligados, os sindicatos lideraram as menções. Entre aqueles que atuavam junto a movimentos e organizações sociais em 2001, 60% afirmaram fazer parte de algum sindicato. Cinco anos mais tarde, a porcentagem foi de 42,1%. A alta representação de um "grupo de origem" do PT na sua direção nacional na última década vai diretamente ao encontro do padrão de integração vertical no recrutamento das elites que identificamos. No Capítulo 2, detectamos que algumas mudanças, como a erosão da predominância de atores tradicionais da sociedade civil organizada, parecem estar em curso no relacionamento entre as lideranças petistas e os movimentos e organizações sociais. É possível imaginarmos que, se confirmadas, essas mudanças demorem ainda alguns anos para atingir a composição do DN.

Tabela 6.2.1. Perfil dos membros do DN x Perfil das outras lideranças petistas

	2001 (12º EN)			2006 (13º EN)		
	DN (%)	Outros delegados (%)	Dif. (p.p.)	DN (%)	Outros delegados (%)	Dif. (p.p.)
Condição de trabalho[2]						
Funcionários públicos	41,4	44,5	-3,1	-	-	-
Assalariados	24,1	19,9	+4,2	-	-	-
Profissionais liberais	13,8	7,2	+6,6	-	-	-
Autônomos	6,9	5,2	+1,7	-	-	-
Escolaridade[3]						
Nunca estudou	-	-	-	-	0,1	-0,1
1º grau	-	4	-4	-	2,3	-2,3
2º grau	-	13,9	-13,9	8,3	16,3	-8
Superior	69	64,4	+4,6	69,4	68	+1,4
Mestrado/Doutorado	31	17,4	+13,6	22,2	12,2	+10
Sem resposta	-	0,2	-0,2	-	1,1	-1,1
Idade						
Até 25 anos	-	3,7	-3,7	-	4,5	-4,5
De 26 a 30 anos	-	9,2	-9,2	5,6	7	-1,4
De 31 a 40 anos	37,9	40,5	-2,6	19,4	30	-10,6
41 anos ou mais	62,1	44,8	+17,3	75	58,3	+16,7
Sem resposta	-	1,7	-1,7	-	0,2	-0,2
Renda individual						
Até 2 SM	-	5,0	-5	-	6,3	-6,3
De 2 a 5 SM	3,4	12,4	-9	-	19,9	-19,9
De 5 a 10 SM	6,9	24,4	-17,5	22,2	33,5	-11,3
De 10 a 20 SM	44,8	33,6	+11,2	44,4	25,6	+18,8
Mais de 20 SM	44,8	22,1	+22,7	30,6	12,7	+17,9
Sem resposta	-	2,5	-2,5	2,8	2,1	+0,7

2   Apenas as mais citadas. Em 2006, a FPA não questionou os delegados sobre sua condição de trabalho.

3   Os dados relativos à escolaridade referem-se aos delegados que chegaram ao menos a frequentar cada categoria.

Filiação						
1980-1982	55,2	32,1	+23,1	33,3	21,6	+11,7
1983-1989	37,9	35,6	+2,3	41,7	34,4	+7,3
1990-1994	6,9	19,4	-12,5	11,1	19,2	-8,1
1995-2000	-	12,4	-12,4	13,9	16,7	-2,8
2001-2006	-	-	-	-	7,1	-7,1
Sem resposta	-	0,5	-0,5	-	1	-1
Nº de participação em EN/CNs						
1	6,9	46	-39,1	16,7	47,7	-31
2	10,3	16,2	-5,9	8,3	15,6	-7,3
De 3 a 5	13,8	23,4	-9,6	27,8	23,2	+4,6
Mais de 5	55,2	11,4	+43,8	36,1	11,7	+24,4
Sem resposta	13,8	3	+10,8	11,1	1,8	+9,3
Participação em movimentos ou organizações sociais	51,7	70,9	-19,2	52,8	73,2	-20,4
Profissionalização na política	86,2	68,4	+17,8	63,9	46,9	+17
Ocupantes de cargos eletivos (Executivo/Legislativo)	34,5	23,1	+11,4	25	14,4	+10,6
Ocupantes de cargos de confiança (Executivo/Legislativo)	27,6	29,4	-1,8	16,7	24,9	-8,2
N	(29)	(402)		(36)	(828)	

Fonte: NOP da FPA.

O posicionamento ideológico e as opiniões da liderança petista

Nesta seção buscamos desvendar se há divergências no posicionamento ideológico das lideranças petistas provocadas pelas distintas estruturas de incentivos a que estão submetidos os delegados. Como mencionamos na Introdução, especialmente a partir do trabalho de May (1973), inúmeros estudos se preocuparam em analisar a dimensão da formação da preferência ideológica no interior dos partidos políticos, assumindo que não são organizações homogêneas, mas sim compostas por atores com diferentes posições políticas e ideológicas. No caso petista, ainda que de maneira marginal, alguns trabalhos abordaram esse tema. Novaes reconheceu os efeitos da convivência parlamentar entre as lideranças partidárias no início dos anos 1990 como um fenômeno que provocaria a construção de novas identidades políticas e ideológicas no interior da agremiação (1993, p. 229). Singer defende que a maior inserção do partido na esfera institucional provocou uma alteração na base social do PT com a ampliação de filiados profissionalizados na esfera estatal. Para o autor, essa mudança teve reflexos na moderação ideológica do partido, ampliando o "compromisso com a legalidade estabelecida" (2001, p. 86). Em uma perspectiva um pouco distinta, Telles, a partir de uma pesquisa com militantes de vários níveis em Belo Horizonte em meados dos anos 1990, ressalta a divergência de opiniões existente no interior do PT e conclui que a liderança partidária possuía uma visão mais programática do que a base, mais pragmática (2009, p. 23). Não é nosso objetivo aqui avaliar as conclusões desses trabalhos, pois para isso precisaríamos de dados que nos permitissem uma comparação ao longo do tempo, mas sim tentar deixar um pouco mais claros os elementos que ajudam a compor as preferências de diferentes grupos no interior do PT.

Iniciamos nossa análise pela avaliação da autolocalização dos delegados no espectro esquerda-direita no *survey* realizado pela FPA em 2007. Esse tipo de medida foi usado também nos trabalhos de Kitschelt (1989) sobre os partidos "verdes" belgas Agalev e Ecolo e de Méndez Lago e Santamaría sobre o Partido Socialista Operário Espanhol (PSOE) (2001). O primeiro, inclusive, argumenta que a autolocalização é uma ferramenta capaz de identificar a orientação ideológica geral de indivíduos com altos graus de escolaridade e envolvimento em atividades políticas (KITSCHELT, 1989, p. 416). Como vimos anteriormente, esse é o caso dos delegados petistas. A escala utilizada aqui vai de 1 a 7, sendo que 1 significa "esquerda", e 7, "direita". Excluímos da análise aqueles que não responderam à pergunta[4] ou que não souberam se posi-

---

4 Pergunta: "Onde você se coloca dentro do espectro político? Por favor, mostre para mim qual destes quadradinhos corresponde melhor à sua posição"

cionar (0,9% do total de entrevistados). A Tabela 6.3.1 mostra a distribuição dos delegados na escala, bem como a média de seu posicionamento. Como era de esperar, 93,2% dos delegados se localizaram à esquerda do espectro político. No entanto, os dados mostram também que há divergência no posicionamento dentro desse campo, com apenas 18% dos delegados se situando no extremo do espectro. Como consequência, a média da autolocalização ideológica das lideranças (2,27) está no início da área que poderíamos definir como "centro-esquerda". Infelizmente, não há dados disponíveis para comparações diacrônicas. No entanto, é possível imaginarmos, a partir da análise feita no capítulo anterior, no qual demonstramos a moderação ideológica de algumas facções e a defecção de militantes descontentes com os rumos do PT nos últimos anos, que essa média estivesse um pouco mais próxima de 1 antes do início do governo Lula.

Tabela 6.3.1. Distribuição dos delegados (%)
na escala esquerda-direita no 3º CN (2007)

	1 (Esquerda)	2	3	4	5	6	7 (Direita)	Média (D.P.)
% dos delegados	18	45,8	29,4	5,6	0,7	0,5	-	2,27
N	(138)	(352)	(226)	(43)	(5)	(4)	-	(,877)

Fonte: NOP da FPA.

A análise das médias nos oferece também a possibilidade de avaliar o grau de moderação entre diferentes grupos da liderança petista. Seguindo o argumento de May (1973) e, de maneira indireta, as indicações de Novaes (1993) e Singer (2001), é possível supor que os delegados eleitos para cargos no Executivo e no Legislativo, bem como os ocupantes de cargos de confiança, tenham posições mais próximas do centro do espectro político do que aqueles que não "vivem da política" ou são profissionalizados fora da esfera estatal (pelo PT, tendências internas ou movimentos sociais). Expostos às pressões da competição eleitoral e às práticas de negociação inerentes às atividades tanto no Executivo quanto no Legislativo, parlamentares, prefeitos e governadores estariam mais sujeitos a uma estrutura de incentivos "moderadora" de suas posições ideológicas e programáticas, o que se refletiria na sua autolocalização na escala esquerda-direita. Já aqueles que ocupam postos de confiança teriam sua preferência afetada pela perspectiva de manterem seus empregos e *status* de negociadores e formuladores de políticas públicas no interior do partido. Dessa forma, tenderiam também a moderar suas posições, aproximando-se de parlamentares e mandatários do Executivo. Seguindo a mesma argumentação, os delegados que não "vivem da política" estariam mais livres para adotar posições mais radicais, não estando sujeitos às pressões moderadoras dos dois grupos anteriores. Estariam mais preocupados em defender os princípios partidários e em influenciar nas decisões programáticas, o que os aproximaria da categoria de "crentes", segundo a distinção adotada por Panebianco para tratar dos militantes partidários (2005, p. 53).[5]

Por fim, estão aqueles que são profissionalizados na política fora da esfera estatal. Atuando intensamente nas atividades partidárias, tendências ou movimentos sociais, e desvinculados das pressões mais comuns da política institucional, espera-se que esses profissionais da militância de base tenham posições mais radicais do que os que não "vivem da política".

A análise das médias confirma apenas em parte as nossas hipóteses. Como imaginado, os delegados profissionalizados pelo partido, tendências ou movimentos sociais se localizaram à esquerda das lideranças que não "vivem da política". A média da autolocalização desse grupo foi de 1,97, enquanto a dos "não profissionalizados" atingiu 2,29. Já aqueles que ocupavam cargos eletivos ou de confiança não se mostraram mais moderados do que os delegados que não exerciam atividade política remunerada. Entre os mandatários no Executivo e no Legislativo, a média da autolocalização foi de 2,24, enquanto entre os ocupantes de postos de confiança, de 2,33 (Tabela 6.3.2). Algumas conclusões importantes derivam desses dados. A primeira é de que a estrutura de incentivos organizada

---

5   Segundo Panebianco, os militantes de um partido podem ser classificados em "crentes" e "carreiristas". Os primeiros estão mais ligados aos objetivos oficiais do partido, e sua participação política depende basicamente de incentivos coletivos de identidade. Os "carreiristas", por sua vez, têm sua participação condicionada a incentivos seletivos, materiais ou de *status* (PANEBIANCO, 2005, p. 50-60).

em torno do tipo de profissionalização que o delegado possui na política não é suficiente para explicar seu posicionamento ideológico. Dessa forma, é possível rejeitar a hipótese de que apenas os incentivos oriundos da inserção na esfera estatal sejam capazes de criar um grupo com visões mais moderadas do que o restante das lideranças no interior do partido. A segunda aponta para o fato de que a "face pública" do partido não parece contar com posições ideológicas divergentes da grande maioria das lideranças partidárias, o que nos permite imaginar que os mandatários petistas não estejam distantes ideologicamente de suas bases políticas organizadas. Voltaremos a essas conclusões no final deste capítulo.

Tabela 6.3.2. Médias de autolocalização na escala esquerda-direita segundo o tipo de profissionalização na política dos delegados no 3º CN (2007)[6]

	Média	D.P.	N
Não é profissionalizado	2,29	,909	(453)
Cargo eletivo no Executivo/Legislativo	2,24	,872	(123)
Cargo de confiança no Executivo/Legislativo	2,33	,779	(141)
Profissionalizado pelo PT/Tendência/Mov. social	1,97*	,878	(36)

Fonte: NOP da FPA. * Variação de média estatisticamente significativa com relação à categoria "Não é profissionalizado" (p < 0,05).

Para refinarmos a análise anterior, cabe avaliar se determinantes internos, como o posicionamento na hierarquia partidária ou o tempo de filiação, exercem impacto sobre a autolocalização das lideranças na escala esquerda-direita. Seguindo as indicações de May (1973), membros da alta liderança partidária tenderiam a adotar posições mais moderadas do que o restante dos militantes por precisarem lidar cotidianamente com os imperativos da competição eleitoral e a construção de estratégias políticas que muitas vezes se chocam com os princípios da agremiação, como alianças com outras organizações ou decisões de apoiar propostas contrárias ao programa partidário. Dessa forma, seriam mais flexíveis do ponto de vista ideológico e mais próximos do centro do espectro político. No caso petista, podemos imaginar, então, que os membros do DN tenham um posicionamento na escala esquerda-direita mais próximo do centro do que o restante dos delegados. Já com relação à época de filiação,

---

6 Excluímos da análise a categoria "Outras atividades".

Méndez Lago e Santamaría argumentam que é necessário considerar o período de entrada no partido como uma variável capaz de explicar as diferenças ideológicas entre os grupos internos, pois ela pode refletir expectativas e preferências comuns formadas em um determinado período da história partidária (2001, p. 57). Articulando essa pista com as transformações ideológicas do PT ao longo do tempo, é possível supor que as lideranças petistas tenham diferentes posicionamentos na escala esquerda-direita de acordo com o seu período de filiação: aqueles que se juntaram ao partido nos anos 1980 devem ser mais radicais do que os que entraram na agremiação nos anos 1990. Estes, por sua vez, tendem a estar à esquerda daqueles que se filiaram entre 2001 e 2007.

A análise das médias mostra que nossas hipóteses não se confirmam. Como é possível ver na Tabela 6.3.2, os membros do DN localizaram-se mais à esquerda do que o restante dos delegados. No entanto, a diferença entre as médias não foi estatisticamente significativa (p < 0,05), o que nos autoriza a afirmar que os membros do DN não têm um posicionamento ideológico claramente distinto do restante das lideranças. De forma semelhante, a época de filiação ao partido não é capaz de determinar um conjunto de delegados mais moderado ou radical. A Tabela 6.3.3 mostra que as variações não são significativas. Conjugadas com os dados descritos anteriormente, essas porcentagens indicam a existência de uma estrutura homogênea de posicionamento ideológico entre os grupos analisados aqui.

Tabela 6.3.3. Médias de autolocalização na escala esquerda-direita segundo o posicionamento dos delegados na hierarquia partidária no 3º CN (2007)

	Média	D.P.	N
Outros delegados	2,27	,874	(751)
Membros do DN	2,00	1,000	(17)

Fonte: NOP da FPA.

Tabela 6.3.4. Médias de autolocalização na escala esquerda-direita segundo o período de filiação dos delegados no 3º CN (2007)

	Média	D.P.	N
1980-1989	2,25	,864	(432)
1990-1999	2,32	,896	(237)
2000-2007	2,22	,904	(91)

Fonte: NOP da FPA.

Para verificarmos a extensão dessa homogeneidade, analisamos agora as opiniões dos delegados sobre as mudanças que aconteceram no partido a partir do exercício do Governo Federal, em 2003. Tanto no 13º EN, em 2006, quanto no 3º CN, em 2007, a FPA, em seus *surveys*, perguntou aos delegados se eles achavam que o PT havia mudado desde que Lula fora eleito presidente da República. Se respondessem afirmativamente, os delegados deveriam indicar se o partido havia mudado muito ou pouco e se as alterações tinham sido para pior ou para melhor.[7] Os dados obtidos nos permitem, assim, verificar se as lideranças partidárias estão satisfeitas com os rumos adotados pelo partido nos últimos anos e se há divergências significativas entre os grupos analisados anteriormente.

Entre os delegados, é clara a percepção de que o PT mudou desde que Lula foi eleito presidente. Em 2006, 91,4% das lideranças afirmaram que o partido havia mudado. No ano seguinte, 91,2% manifestaram opinião semelhante. A Tabela 6.3.5 mostra os resultados entre aqueles que responderam afirmativamente à pergunta sobre as transformações da agremiação.[8]

É importante destacar, inicialmente, que, em 2006, mais da metade dos delegados que achavam que o partido havia mudado qualificou as transformações como "para pior". No ano seguinte, porém, o quadro mostrou-se distinto e mais de 60% declararam que o partido havia mudado "para melhor". Embora seja impossível precisar as causas dessa mudança, é muito provável que o contexto político geral, como sugerimos no Capítulo 5, seja o responsável pela variação positiva na aprovação dos rumos adotados pelo PT nos últimos anos. Realizado em abril de 2006, o 13º EN foi marca-

---

7   Perguntas: "Desde que Lula foi eleito presidente, você diria que de lá para cá o Partido dos Trabalhadores, o PT, mudou ou não mudou? Você acha que o PT mudou muito ou um pouco? E você diria que mudou para pior ou para melhor?" (PESQUISA DELEGADOS-PT/FPA, 2006); "Falando agora do PT, você diria que desde que Lula foi eleito presidente, o PT mudou ou não mudou? Você acha que o PT mudou muito ou um pouco? E você diria que mudou para pior ou para melhor?" (PESQUISA DELEGADOS-PT/FPA, 2007).

8   Agregamos os dados sobre a intensidade da mudança (muito ou pouco) em cada uma das categorias ("para melhor" e "para pior").

do pelas discussões sobre os rumos do partido, os escândalos nos quais a agremiação e suas principais lideranças tinham se envolvido nos 12 meses anteriores e a incerteza do desfecho das eleições presidenciais daquele ano. A avaliação do governo no mês em que aconteceu o evento mostrava que 37% dos brasileiros aprovavam a administração Lula. O 3º CN, realizado no final de agosto de 2007, aconteceu em um contexto político diferente, de menor pressão sobre o partido e suas lideranças. Embora a relação governo/partido tenha ocupado um grande espaço na agenda dos delegados durante o evento (AMARAL, 2010), Lula havia sido reeleito e sua administração contava com uma taxa de aprovação ascendente (48%).[9]

Além da variação no tempo, nos interessa observar aqui a diferença nos níveis de aprovação às transformações do partido entre os grupos cujo posicionamento ideológico analisamos antes. O teste qui-quadrado mostra que não há uma variação estatisticamente significativa entre os grupos nem em 2006 nem em 2007. Isso nos permite concluir que, assim como aconteceu com a autolocalização na escala esquerda-direita, há uma estrutura homogênea de opinião entre os grupos analisados com relação às mudanças que aconteceram no partido desde que Lula foi eleito presidente. O tipo de profissionalização na política, a posição na hierarquia partidária e o tempo de filiação não constituem, em si, elementos capazes de explicar variações no nível de satisfação das lideranças com as transformações partidárias.

Nesta seção, mostramos que os delegados parecem não sofrer influência significativa da estrutura de incentivos organizada em torno da competição eleitoral e da necessidade de negociar apoios políticos para a moderação de suas posições. Demonstramos não haver divergências discrepantes entre a alta liderança partidária e o restante dos delegados, assim como entre a "face pública" do partido e suas bases organizadas, no que toca ao posicionamento ideológico e às opiniões com relação ao PT. Isso não significa que não existam diferenças no interior da agremiação, mas que elas estão presentes

---

9 Os dados foram retirados do Instituto Datafolha e indicam a porcentagem de pessoas que responderam "ótimo" e "bom" para a seguinte pergunta: "Na sua opinião o presidente Lula está fazendo um governo:_____".

também dentro dos grupos analisados e obedecem a determinantes que estão além dos incentivos fornecidos pelos imperativos da competição eleitoral e da negociação política. História, origem, formas de socialização política dos delegados e regras partidárias podem ter um peso maior do que o cálculo eleitoral e os anos de atividade política profissional junto ao Estado.

Tabela 6.3.5. **Opinião sobre as mudanças do PT desde que Lula foi eleito presidente da República segundo o tipo de profissionalização na política, a posição na hierarquia partidária e o período de filiação dos delegados (%) no 13º EN (2006) e no 3º CN (2007)**

	13º EN (2006)			3º CN (2007)		
	Para pior	Para melhor	N	Para pior	Para melhor	N
Delegados	50,8	49,2	(790)	37,9	62,1	(354)
Profissionalização na política[10]						
Não é profissionalizado	51	49	(410)	39,5	60,5	(210)
Cargo eletivo no Exec./Leg.	51,7	48,3	(116)	31,7	68,3	(63)
Cargo de confiança no Exec./Leg.	47,6	52,4	(191)	35	65	(60)
Profission. pelo PT/Tend./Mov. soc.	55,6	44,4	(63)	42,9	57,1	(14)
Posição na hierarquia partidária						
Membros do DN	61,3	38,7	(31)	44,4	55,6	(9)
Outros delegados	50,3	49,7	(759)	37,7	62,3	(345)
Período de filiação						
1980-1989	53,8	46,2	(442)	40	60	(200)
1990-1999	47,3	52,7	(264)	33,9	66,1	(109)
2000-2007	46,8	53,2	(77)	36,6	63,4	(41)

Fonte: NOP da FPA.

Considerações finais

Quem são as altas lideranças petistas? Como ascendem na hierarquia partidária? Ser membro do DN, mandatário ou ocupante de posto de confiança leva à adoção de posições mais moderadas? Essas foram as perguntas a que

---

10 Excluímos da análise a categoria "Outras atividades".

buscamos responder neste capítulo. Com relação às duas primeiras, nossas hipóteses se confirmaram. A composição social da alta liderança não difere muito do perfil geral dos delegados apresentado no Capítulo 2 e do que havia sido descrito por Rodrigues (1997) na década de 1990. São filiados com grau elevado de escolaridade e provenientes de setores da classe média urbana, na sua maioria funcionários públicos e assalariados. Além disso, verificou-se também que, assim como entre os delegados, há uma tendência de envelhecimento entre os membros do DN. A proximidade dos perfis entre os membros do DN e os outros delegados pode ser explicada pela forma de ascensão na hierarquia petista. Como sugere Ribeiro (2008), demonstramos aqui que o PT conta com um padrão de integração vertical no recrutamento das suas elites. Os membros do DN são, na sua maioria, filiados de longa data, com alto grau de inserção na máquina partidária e elevado nível de profissionalização na política. Os dados indicam que a ascensão na hierarquia da agremiação é mais fácil para aqueles que desenvolvem suas carreiras políticas no interior do PT. Penetrações laterais, a partir de recursos exógenos ao partido, são mais difíceis. A literatura aponta que esta é uma característica típica dos partidos de massas (DUVERGER, 1980; PANEBIANCO, 2005; GUNTHER; DIAMOND, 2001, 2003; WOLINETZ, 2002). Se partirmos da avaliação de Meneguello (1989) de que o PT se aproximava bastante desse modelo na época de sua formação, é fundamental destacar que, mesmo depois de três décadas e fortes pressões geradas por mudanças ambientais, o PT ainda retém um importante traço organizativo produzido nos seus primeiros anos. A cristalização dessa estrutura organizativa produz efeitos para a prática partidária, como a manutenção do espaço interno como um importante terreno de disputa política entre as facções, apesar da ampliação da inserção institucional da agremiação nas últimas duas décadas.

Já para respondermos à terceira pergunta, lançamos mão de uma análise do posicionamento ideológico e das opiniões dos delegados sobre o próprio partido. Mostramos, inicialmente, que os delegados estão localizados à esquerda do espectro político, em uma posição média que os qualificaria como de centro-esquerda. Vimos também que a autolocalização não é uniforme, com delegados posicionados em diferentes pontos da esquerda na escala.

Nossas hipóteses com relação ao deslocamento no posicionamento ideológico das lideranças no topo da hierarquia partidária ou profissionalizadas para exercerem atividades políticas não se confirmaram, porém, na sua totalidade. Apenas as lideranças profissionalizadas fora do Estado apresentaram um posicionamento mais à esquerda do que os delegados que não "vivem da política". Os dados de opinião dos delegados sobre o partido seguiram padrão semelhante. Apesar de termos verificado uma variação positiva, entre 2006 e 2007, na avaliação das transformações pelas quais passou o PT desde que Lula foi eleito presidente, não foi possível encontrar diferenças substantivas de opinião entre os grupos analisados. Identificamos, assim, a existência de uma estrutura homogênea de posicionamento ideológico e de opinião entre os grupos intrapartidários estudados.[11]

Esses resultados nos levam a importantes considerações sobre a formação de preferências no interior do partido. A primeira delas aponta que a estrutura de incentivos proveniente de estímulos baseados em determinantes estabelecidos pela competição eleitoral ou pela atividade política mais ampla junto às esferas institucionais não é capaz de alterar o posicionamento ideológico e as opiniões das lideranças. A segunda decorre da primeira e indica a existência de um alto grau de convergência ideológica e de opinião entre a "face pública" do partido e suas bases organizadas. Ou seja, os parlamentares e mandatários no Poder Executivo não estão descolados de suas bases partidárias. Nossos dados não permitem identificar com precisão as respostas para a existência dessa convergência. É possível que regras e práticas de atuação partidária construídas ao longo da existência da agremiação compensem os incentivos fornecidos pela competição eleitoral e atuação na política institucional. Aqui, nossa abordagem encontra a de Leal (2005). Talvez a explicação para esse grau de convergência resida, em parte, na capacidade que o

---

11 É interessante destacar que Méndez Lago e Santamaría chegaram a resultados parecidos tanto com relação à distribuição na escala esquerda-direita quanto às diferenças entre os grupos intrapartidários ao analisarem o posicionamento ideológico dos delegados reunidos no 34º Congresso do PSOE, em 1997 (2001).

partido ainda mantém de controlar seus parlamentares, como demonstrou o autor ao analisar o comportamento dos petistas na Câmara dos Deputados. Para Leal, essa restrição limita a capacidade dos parlamentares de utilizar livremente seus mandatos com o objetivo de maximizar suas votações. Como consequência e forma de compensação, os deputados tentam se manter o mais próximo possível de suas bases, utilizando, por exemplo, a estrutura de seus gabinetes (2005, p. 112-113).

Para encerrarmos, é necessário lembrar que existem diferenças ideológicas e de opinião entre as lideranças, pois 18% se posicionam na extrema esquerda e 37,9% acham que o PT mudou para pior desde que Lula assumiu a Presidência da República. Se a profissionalização da liderança na esfera estatal ou seu posicionamento na hierarquia não são capazes de explicar as diferenças, cabe levantar a hipótese de que talvez as explicações passem pela história/origem das lideranças, assim como pelas formas de socialização política que o partido construiu junto aos diferentes atores sociais que sempre estiveram ligados à agremiação. Fica a sugestão para futuras pesquisas sobre as lideranças petistas.

Considerações finais

Neste livro, buscamos *analisar as transformações na organização interna do* PT *e seus impactos sobre a dinâmica partidária entre 1995 e 2009.* Além desse objetivo geral, propusemos outros cinco objetivos específicos que contemplavam a avaliação dos vínculos do partido com a sociedade; das transformações nas formas de militância; dos efeitos das alterações no processo de seleção de lideranças; das mudanças na estrutura de clivagens internas; dos elementos que determinam a ascensão na hierarquia partidária e as divergências de opiniões entre diferentes grupos que compõem a liderança petista.

Ao longo do trabalho, cumprimos esses objetivos a partir de um estudo que combinou formas de pesquisa teórica, documental e empírica e buscou produzir um rico quadro capaz de fornecer não só explicações acerca das transformações na organização interna do partido, como também de levantar questões que possam servir de ponto de partida para outras pesquisas sobre o PT ou sobre a dimensão interna de outros partidos políticos no Brasil, uma área ainda sub-representada na produção acadêmica nacional. Demonstramos, no Capítulo 2, que o PT apresentou um substantivo crescimento na sua base de filiados entre 2003 e 2008, transformando-se no segundo maior partido brasileiro em número de membros e superando dificuldades históricas de implantação em algumas regiões do país. A construção de uma máquina partidária mais eficiente, o esforço de nacionalização da estrutura petista e as reduções nas barreiras de inclusão e nos custos de participação dos filiados na vida da agremiação foram os fatores que impulsionaram a ampliação na base de membros. Ainda com relação às barreiras de inclusão, indicamos que a moderação ideológica e o sucesso da administração Lula, especialmente a partir de 2006, exerceram impacto sobre esse crescimento, o que significa, em parte, que o fenômeno da transformação da base de apoio eleitoral do presidente Lula atingiu também a organização interna do PT. Como esses novos filiados vão se integrar à dinâmica partidária e quais laços com o partido serão desenvolvidos são ainda questões em aberto e, sem dúvida, interessantes temas de pesquisa para futuros trabalhos.

Ainda no Capítulo 2, mostramos que o perfil social das lideranças petistas manteve-se relativamente estável na última década, confirmando a tendência delineada por Rodrigues (1997) de predominância de setores da classe média urbana com alto nível de escolaridade. Confirmamos também os achados de Novaes (1993) e Ribeiro (2008) acerca da aproximação do partido das esferas estatais. No entanto, diferentemente deste último, não verificamos um afastamento substantivo do partido com relação aos atores da sociedade civil organizada. Ao final do governo Lula, o PT continuava fortemente vinculado aos movimentos e às organizações sociais, conforme mostraram os dados obtidos com os delegados, o que sugere que os atores da sociedade civil organizada ainda viam a agremiação como um representante institucional aberto às suas demandas e capaz de compartilhar propostas políticas. Para explicar a manutenção desses laços, recorremos à construção de uma história conjunta marcada pela experiência da redemocratização, que ajudou a forjar o próprio perfil programático e organizacional do partido nos anos 1980, e à virtual ausência de alternativas partidárias com a mesma organização e influência que o PT no cenário político brasileiro.

No Capítulo 3, mostramos as alterações nas formas de militância por meio da análise de dois inovadores mecanismos trazidos pelo PT para a cena política brasileira: os Núcleos de Base (NB) e o Processo de Eleições Diretas (PED) para a escolha de dirigentes partidários. Nossa análise demonstrou que as histórias do desenvolvimento dos NBs e da implantação do PED refletiram tanto condicionantes externos ao partido, como a alteração no comportamento dos atores da sociedade civil organizada, quanto internos, como opções da liderança por privilegiar a competição eleitoral e a ampliação da base social do partido. Essa combinação resultou na construção de práticas de militância mais inclusivas, porém de menor intensidade do que as encontradas no período de formação do partido. Destacamos, no entanto, que essas mudanças não significaram a erosão de mecanismos deliberativos participativos que sempre marcaram a agremiação, demonstrando que práticas construídas ao longo da história do partido também moldaram as transformações no seu desenho institucional.

No quarto capítulo, avaliamos os efeitos da mudança no processo de seleção de lideranças do partido em 2001 sobre a disputa política interna. Descobrimos que as novas regras exerceram um impacto apenas moderado na estrutura da competição política dentro do PT. Se, por um lado, provocaram um aumento no número de chapas concorrentes e de candidatos a presidente do partido, por outro não resultaram em uma dispersão significativa dos votos dos filiados ou em uma desvinculação das corridas eleitorais para a presidência e o Diretório Nacional. Identificamos que isso não aconteceu, especialmente, por conta do rápido processo de institucionalização da competição intrapartidária em torno das tendências internas, que se transformaram nos principais veículos de canalização de demandas e ascensão na hierarquia petista e construíram relações de identificação com os filiados a partir da continuada prática de disputas pelos postos de direção da agremiação. Ou seja, mesmo com um grande leque de opções nas disputas internas, os filiados permaneceram apoiando, majoritariamente, algumas poucas facções. Demonstramos ainda que a implantação do PED deixou a competição intrapartidária mais suscetível a influências externas, como o desempenho eleitoral do partido e a avaliação geral de suas administrações, o que resultou em novas pressões às quais as facções tiveram de se adaptar, especialmente a partir do exercício do Governo Federal, em 2003. Por fim, sugerimos que, diferentemente do que argumentam Katz e Mair (2002), o empoderamento da base de filiados não significa, necessariamente, mais poder e autonomia para a liderança partidária. Nossa análise sobre o PT indica que a participação direta dos filiados nos processos decisórios internos pode se constituir em um importante e transparente mecanismo de controle das lideranças por parte da base.

No Capítulo 5, mostramos que a estrutura de clivagens existente no interior do PT sofreu alterações ao longo da última década. A oposição entre a ênfase na atuação junto aos movimentos sociais e a ação combinada nas esferas institucional e da sociedade civil organizada praticamente deixou de existir, não servindo mais como um componente de distinção intrapartidária. Paralelamente, com a conquista da Presidência da República, uma nova clivagem ligada à relação governo/partido emergiu a partir da avaliação dos grupos sobre a política econômica implantada pela administração Lula. As alterações, porém, conviveram com a manutenção de clivagens tradicionais no interior do partido, como a relativa à política de alianças, indicando que distinções internas surgidas nos anos 1980 ainda ajudavam a moldar o quadro cognitivo petista ao final da última década. Identificamos também que, especialmente a partir de 2007, houve um processo de deslocamento dos grupos internos para a direita que redundou em uma maior homogeneidade ideológica e programática no interior do PT. Esse deslocamento foi causado tanto por fatores exógenos ao partido, como a maior inserção do PT na arena institucional nos anos 1990 e o exercício da Presidência da República, quanto por elementos endógenos, como a alteração das regras que definiam o processo de seleção de lideranças, que resultaram em um ambiente eleitoral interno mais permeável a elementos externos ao partido. Por fim, sugerimos que esse deslocamento ideológico e programático teve importantes reflexos na dinâmica partidária, resultando na maior facilidade de construção de consensos internos e na redução da tensão entre o PT e o governo no segundo mandato do presidente Lula.

No sexto e último capítulo, nos concentramos nos determinantes do recrutamento das altas lideranças partidárias e nas divergências de posicionamento ideológico e de opiniões existentes entre os delegados petistas. Demonstramos que, assim como sugere Ribeiro (2008), o PT conta com um padrão de integração vertical de suas elites. Isso significa que a ascensão na hierarquia partidária é mais fácil para os militantes que desenvolvem suas carreiras políticas no interior da agremiação. A inserção na elite partidária a partir de penetrações horizontais é mais difícil. Os dados mostram que um membro da elite petista é, geralmente, alguém que se criou politicamente dentro da agremiação, que conta com boa inserção na máquina partidária e é profissionalizado para exercer atividade política. Esse é um padrão típico dos "partidos de massas" e uma de suas consequências é a manutenção do espaço interno como importante terreno de disputa política entre as facções.

Já com relação à formação das preferências ideológicas dos delegados, bem como às suas opiniões sobre as recentes transformações partidárias, verificamos que a liderança petista localiza-se em uma posição de centro-esquerda e aprova, na sua maioria, as mudanças pelas quais passou o partido nos últimos anos. Mais importante, porém, foi descobrir que a profissionalização nas esferas estatais, o posicionamento na hierarquia partidária e a época de filiação não são capazes de discriminar grupos de lideranças mais moderados ou radicais no interior do PT. Dessa forma, concluímos que a estrutura de incentivos proveniente de estímulos baseados em determinantes estabelecidos pela competição eleitoral ou pela atividade política junto às esferas institucionais não é capaz de alterar o posicionamento ideológico e as opiniões das lideranças. Outra descoberta importante derivada da análise do posicionamento ideológico e das opiniões dos delegados foi de que há um alto grau de convergência entre a "face pública" do partido e suas bases organizadas. Embora não tenhamos dados para identificar as razões exatas da existência dessa convergência ideológica e de opinião, sugerimos que, provavelmente, regras e práticas de atuação partidária construídas ao longo da história petista compensem os incentivos fornecidos pela competição eleitoral e atuação na política institucional.

Os resultados encontrados em cada um dos capítulos confirmam as três hipóteses levantadas na Introdução deste livro. Apesar de todas as transformações pelas quais passou o PT a partir da segunda metade da década de 1990, especialmente nos aspectos ideológicos e programáticos, amplamente discutidas pela literatura (SAMUELS, 2004; HUNTER, 2007, 2010; SAMUELS,

2008a; RIBEIRO, 2008; MENEGUELLO; AMARAL, 2008), o partido continua a manter fortes vínculos com a sociedade civil organizada. A permanência dessa conexão tem importantes implicações para a dinâmica partidária, pois introduz limites para a adoção de estratégias eleitorais de tipo *catch all* e para a ação autônoma das lideranças. Mais ligado a organizações e movimentos sociais, o partido é obrigado a considerar as demandas desses atores na execução de políticas públicas e na elaboração de propostas, o que não aconteceria caso a conexão com os eleitores se desse apenas de maneira direta, sem nenhum tipo de intermediação (POGUNTKE, 2002). Dessa forma, o PT ainda é capaz de manter a função de agregar interesses de setores específicos da sociedade.

Demonstramos também que o PT continua a manter mecanismos capazes de inserir as bases nos processos decisórios internos e garantir a convivência de grupos com posições distintas no interior da agremiação. O desenho institucional do partido permanece inclusivo e continua a incentivar, ainda que com menor intensidade do que no seu período inicial, a realização de atividades partidárias desvinculadas do calendário eleitoral. A articulação dessas duas características indica que, se o PT se aproximou em muitos pontos dos outros grandes partidos brasileiros, a sua singularidade reside exatamente em alguns elementos da sua organização interna.

Já a maior participação do partido na arena institucional exerceu forte pressão sobre os grupos no interior da agremiação, alterando a estrutura de clivagens internas que marcou o PT nos seus primeiros anos. A necessidade de elaborar e implantar políticas públicas e de construir alianças em um sistema político fragmentado fez com que houvesse uma gradual aproximação entre os grupos, reduzindo a heterogeneidade ideológica e programática. Essa aproximação foi facilitada, ao menos nos últimos anos, pelo processo de seleção de lideranças implantado em 2001, que deixou a competição eleitoral no interior do partido mais suscetível ao quadro político brasileiro mais amplo.

Por fim, demonstramos, ao longo de todo o livro, que as transformações na organização interna do PT refletem a acomodação do partido a uma posição que concilia sua história/origem com a necessidade de vencer eleições e governar. Em todos os capítulos, discutimos como os fatores exógenos e endógenos que induziram as transformações sempre foram temperados por práticas e regras construídas ao longo do desenvolvimento partidário, capazes de moldar o comportamento das lideranças e determinar o próprio desenvolvimento organizativo da agremiação. Dessa forma, mostramos que analisar o PT, sob qualquer aspecto, requer também considerações sobre o momento em que foi formado, os grupos que o constituíram e as práticas que foram forjadas ao longo do seu desenvolvimento.

Em seu trabalho sobre o PT, Meneguello (1989) concluiu que a agremiação se aproximava bastante do modelo de "partido de massa" descrito por Duverger (1980). Quase 20 anos depois, Ribeiro terminou seu estudo afirmando que "a transformação do PT em uma poderosa máquina em busca de votos o coloca próximo ao modelo de partido profissional-eleitoral desenvolvido por Panebianco" (2008, p. 319). Nesta pesquisa, demonstramos, ainda que indiretamente, as dificuldades de enquadrar o PT totalmente nos modelos clássicos de partidos consagrados pela literatura. Se está mais próximo do modelo profissional-eleitoral, ainda retém características que permitiriam enquadrá-lo como um "partido de massa", para usarmos apenas os modelos citados. Híbrido, o PT condensa características de mais de um tipo ideal de partido descrito pela literatura, e a análise de suas transformações organizativas levanta duas importantes implicações teóricas:

a) A necessidade de construirmos uma abordagem que mescle três dimensões de análise – pressões ambientais, condicionantes internos e o percurso histórico da agremiação – para entender a intrincada teia que molda os contornos e o ritmo das transformações organizativas de um partido político, como sugere Harmel (2002). Isso implica reconhecer que os partidos não reagem sempre da mesma forma aos desafios ambientais externos e não possuem tendências inexoráveis de desenvolvimento organizativo. Dessa maneira, como aponta Wolinetz (2002), pode ser mais interessante para os estudos sobre a organização dos partidos políticos se concentrar na interação e complexa relação de determinação entre as três dimensões de análise do que na busca por enquadrar as agremiações em modelos partidários específicos.

Para isso, porém, é necessário romper com a ideia de unidirecionalidade nas transformações dos partidos; tratar os modelos partidários de forma mais flexível, como referências analíticas e não destinos inevitáveis; e admitir a possibilidade de que, para muitas agremiações, a justaposição de características indicadas como referências de determinados tipos de partidos tende a ser a regra, e não a exceção.

b) O fato de que as transformações ideológicas e organizacionais dos partidos políticos possuem ritmos distintos. O caso petista sugere que as transformações na organização de uma agremiação são mais lentas e graduais do que as mudanças nos perfis ideológico e programático, o que pode resultar em permanente fonte de tensão interna.

Continuidade e mudança. Essa é a principal marca da história das transformações na organização interna do PT entre 1995 e 2009. Se não há dúvida de que o partido que chegou ao final do governo Lula é bastante diferente daquele que surgiu no ABC no começo dos anos 1980, parece claro também que ele guarda características que permitem afirmar que o PT ainda é uma legenda bastante singular no cenário político brasileiro.

Referências

ABRANCHES, Sérgio. Presidencialismo de coalizão: O dilema institucional brasileiro. *Dados*, Rio de Janeiro, v. 31, n. 1, p. 5-33, 1988.

ALCÁNTARA SAEZ, Manuel. La escala de la izquierda: La ubicación ideológica de presidentes y partidos de izquierda en América Latina. *Nueva Sociedad*, Caracas, n. 217, p. 72-85, set./out. 2008.

_____; FREIDENBERG, Flavia. Organización y funcionamento interno de los partidos políticos en América Latina. In: SAEZ, Manuel Alcántara; FREIDENBERG, Flavia (org.). *Partidos Políticos de América Latina: Centroamerica, México y República Dominicana*. México D.F.: FCE, 2003.

ALMEIDA, Jorge. Filiação sem política de organização. *Boletim Nacional do PT*, São Paulo, n. 64, 1992.

AMARAL, Oswaldo E. do. *A estrela não é mais vermelha*: as mudanças do programa petista nos anos 90. São Paulo: Garçoni, 2003.

_____. Adaptação e resistência: O PT no Governo Lula entre 2003 e 2008. *Revista Brasileira de Ciência Política*, Brasília, v. 4, p. 105-134, jul./dez. 2010.

AMORIM NETO, Octavio. Algumas consequências políticas de Lula: novos padrões de formação e recrutamento ministerial, controle de agenda e produção legislativa. In: NICOLAU, Jairo; POWER, Timothy (ed.). *Instituições representativas no Brasil: balanço e reforma*. Belo Horizonte: EditoraUFMG, 2007.

AVRITZER, Leonardo. Living under a democracy: participation and its impact on the living conditions of the poor. *Latin American Research Review*, Special Issue, p. 166-185, 2010.

_____; NAVARRO, Zander (orgs.). *A inovação democrática no Brasil: o orçamento participativo.* São Paulo: Cortez, 2003.

AZEVEDO, Clóvis Bueno. *A estrela partida ao meio.* São Paulo: Entrelinhas, 1995.

BAIOCCHI, Gianpaolo. *Radicals in Power: The Workers' Party (PT) and experiments in urban democracy in Brazil.* Londres: Zed, 2003.

_____; CHECA, Sofia. The Brazilian Workers' Party: from local Ppractices to national power. *The Journal of Labor and Society*, v. 10, n. 4, p. 411-430, 2007.

BARRETO, Luiz; MAGALHÃES, Inês; TREVAS, Vicente (orgs.). *Governo e cidadania: balanço e reflexões sobre o modo petista de governar.* São Paulo: FPA, 1999.

BARTOLINI, Stefano. The membership of mass parties: the social democracy experience 1889-1978. In: DAALDER, Hans; MAIR, Peter (orgs.). *Western European Party Systems. Continuity and Change.* London: Sage, 1983.

_____; MAIR, Peter. *Identity, competition and electoral availability: the stabilization of european electorates, 1885-1985.* Cambridge: CUP, 1990.

BOHN, Simone. Social policy and vote in Brazil: Bolsa Família and the shifts in Lula's electoral base. *Latin American Research Review*, v. 46, n. 1, p. 54-79, 2011.

BOUCEK, Françoise. Rethinking factionalism: typologies, intra-party dinamics and three faces of factionalism. *Party Politics*, Londres, vol. 15, n. 4, p. 455-485, 2009.

BRAGA, Maria do Socorro Sousa. Partido dos Trabalhadores: condições de origem e variações estaduais. In: ANGELO, Vitor Amorim de; VILLA, Marco Antônio (orgs.). *O Partido dos Trabalhadores e a política brasileira (1980-2006): uma história revisitada.* São Carlos: EdUFSCar, 2009.

CAMARGO, Danilo. Mudar o PT para mudar o Brasil. In: *Caderno de Debates sobre Estatuto*. São Paulo: DN/PT, 1997.

CARDOSO, Ruth Corrêa Leite. Participação política e democracia. *Novos Estudos Cebrap*, São Paulo, n. 26, p. 15-24, mar. 1990.

CLARK, Peter; WILSON, James. Incentive systems: a theory of organizations. *Administrative Science Quarterly*, n. 6, p. 219-266, 1961 apud HEIDAR, Knut. Party membership and participation. In: KATZ, Richard; CROTTY, William (orgs.). *Handbook of Party Politics*. Londres: Sage, 2006.

COUTO, Cláudio. *O desafio de ser governo: o PT na prefeitura de São Paulo (1989-1992)*. Rio de Janeiro: Paz e Terra, 1995.

CROSS, William; YOUNG, Lisa. The contours of political party membership in Canada. *Party Politics*, Londres, v. 10, n. 4, p. 427-444, 2004.

D'ARAUJO, Maria Celina. *A elite dirigente do governo Lula*. Rio de Janeiro: CPDOC/FGV, 2009.

DALTON, Russell; FARRELL, David; MCALLISTER, Ian. *Political parties & democratic linkage: how parties organize democracy*. Oxford: OUP, 2011.

DAALDER, Hans. Parties: denied, dismissed, or redundant? A critique. In: GUNTHER, Richard; MONTERO, José Ramón; LINZ, Juan (orgs.). *Political parties: old concepts and new challenges*. Oxford: OUP, 2002.

DETTERBECK, Klaus. Cartel Parties in Western Europe. *Party Politics*, Londres, v. 11, n. 2, p. 173-191, 2005.

DIRCEU, José. Os desafios do PT. In: *Caderno de Debates sobre Estatuto*. São Paulo: DN/PT, 1997.

DIRETÓRIO NACIONAL DO PT (Org.). *Caderno de Debates sobre Estatuto*. São Paulo: DN/PT, 1997.

DUVERGER, Maurice. *Os partidos políticos*. Rio de Janeiro: Zahar/Editora UnB, 1980.

EPSTEIN, Leon. *Political parties in western democracies*. Londres: Pall Mall, 1967.

FISHER, Justin; DENVER, David; HANDS, Gordon. Party membership and campaign activity in Britain: the impact of electoral performance. *Party Politics*, Londres, v. 12, n. 4, p. 505-519, 2006.

FLYNN, Peter. Brazil and Lula, 2005: crisis, corruption and change in political perspective. *Third World Quarterly*, London, vol. 26, n. 8, p. 1221-1267, 2005.

FREIDENBERG, Flavia. Mucho ruido y pocas nueces. Organizaciones partidistas y democracia interna en América Latina. *Polis*: Investigación y Análisis Sociopolítico y Psicosocial, Iztapalapa, v. 1, n. 1, p. 91-134, 2005.

FUNDAÇÃO PERSEU ABRAMO. *Pesquisa – PT: Relatório Geral*. São Paulo: FPA, 1997.

GADOTTI, Moacir; PEREIRA, Otaviano. *Pra que PT: origem, projeto e consolidação do Partido dos Trabalhadores*. São Paulo: Cortez, 1989.

GARCIA, Marco Aurélio. Esquerdas: rupturas e continuidades. In: DAGNINO, Evelina (org.). *Anos 90: política e sociedade no Brasil*. São Paulo: Brasiliense, 1994.

GENRO, Tarso; SOUZA, Ubiratan. *Orçamento participativo: a experiência de Porto Alegre*. São Paulo: FPA, 2001.

GODINHO, Tatau. Decidida campanha de filiação. *Boletim Nacional do PT*, São Paulo, n. 96, 1995.

GUNTHER, Richard; DIAMOND, Larry. Types and functions of parties. In: _____ (orgs.). *Political parties and democracy*. Baltimore: Johns Hopkins, 2001.

_____. Species of political parties: A new typology. *Party politics*, Londres, v. 9, n. 2, p. 167-199, 2003.

GUNTHER, Richard; MONTERO, José Ramón. Introduction: reviewing and reassessing Parties. In: _____; LINZ, Juan (orgs.). *Political parties: old concepts and new challenges*. Oxford: OUP, 2002.

HALL, Peter. Historical institutionalism in rationalist and sociological perspective. In: MAHONEY, James; THELEN, Kathleen. *Explaining institutional change: ambiguity, agency, and power*. Cambridge: CUP, 2010.

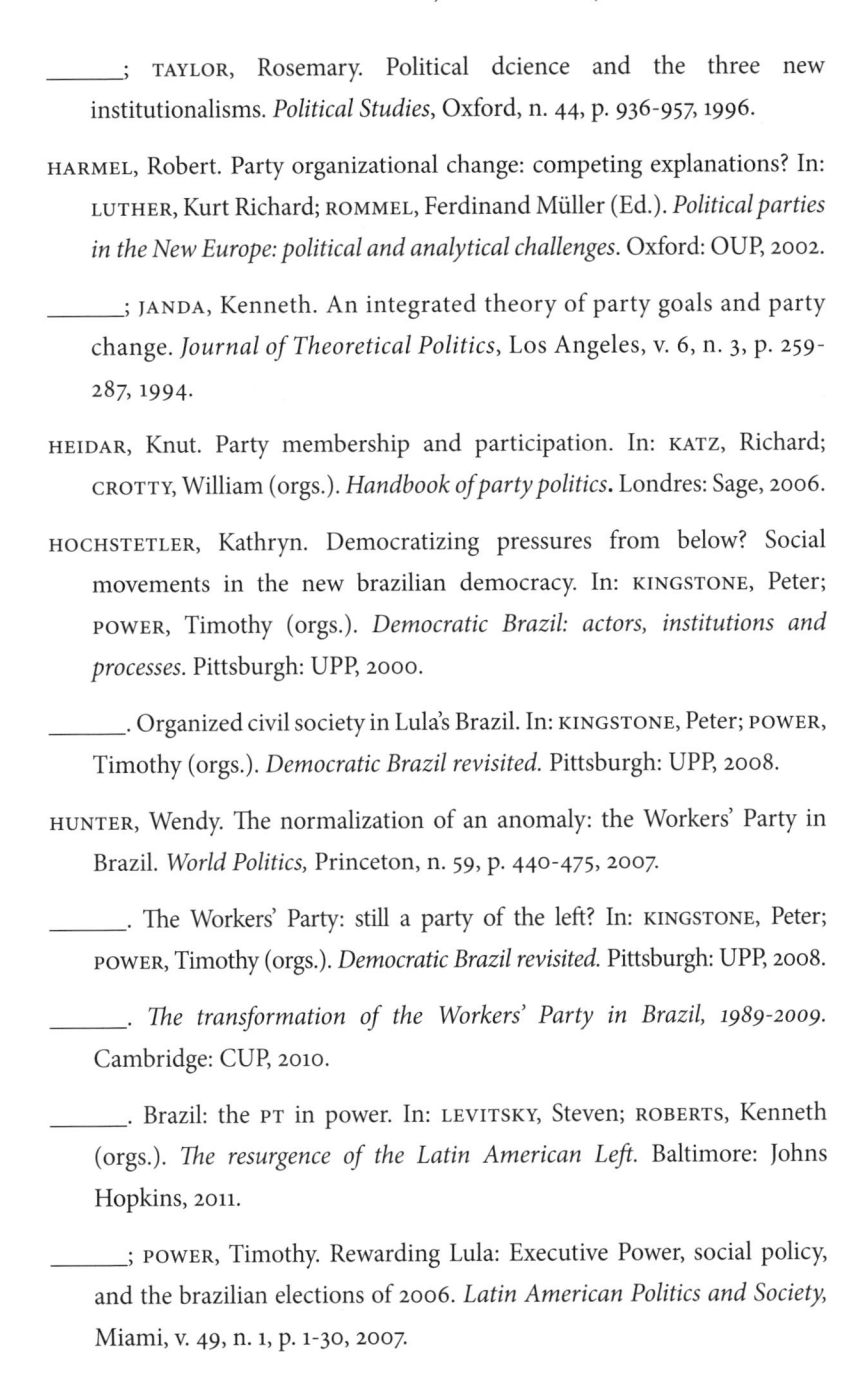

_____; TAYLOR, Rosemary. Political dcience and the three new institutionalisms. *Political Studies*, Oxford, n. 44, p. 936-957, 1996.

HARMEL, Robert. Party organizational change: competing explanations? In: LUTHER, Kurt Richard; ROMMEL, Ferdinand Müller (Ed.). *Political parties in the New Europe: political and analytical challenges*. Oxford: OUP, 2002.

_____; JANDA, Kenneth. An integrated theory of party goals and party change. *Journal of Theoretical Politics*, Los Angeles, v. 6, n. 3, p. 259-287, 1994.

HEIDAR, Knut. Party membership and participation. In: KATZ, Richard; CROTTY, William (orgs.). *Handbook of party politics*. Londres: Sage, 2006.

HOCHSTETLER, Kathryn. Democratizing pressures from below? Social movements in the new brazilian democracy. In: KINGSTONE, Peter; POWER, Timothy (orgs.). *Democratic Brazil: actors, institutions and processes*. Pittsburgh: UPP, 2000.

_____. Organized civil society in Lula's Brazil. In: KINGSTONE, Peter; POWER, Timothy (orgs.). *Democratic Brazil revisited*. Pittsburgh: UPP, 2008.

HUNTER, Wendy. The normalization of an anomaly: the Workers' Party in Brazil. *World Politics*, Princeton, n. 59, p. 440-475, 2007.

_____. The Workers' Party: still a party of the left? In: KINGSTONE, Peter; POWER, Timothy (orgs.). *Democratic Brazil revisited*. Pittsburgh: UPP, 2008.

_____. *The transformation of the Workers' Party in Brazil, 1989-2009*. Cambridge: CUP, 2010.

_____. Brazil: the PT in power. In: LEVITSKY, Steven; ROBERTS, Kenneth (orgs.). *The resurgence of the Latin American Left*. Baltimore: Johns Hopkins, 2011.

_____; POWER, Timothy. Rewarding Lula: Executive Power, social policy, and the brazilian elections of 2006. *Latin American Politics and Society*, Miami, v. 49, n. 1, p. 1-30, 2007.

JANDA, Kenneth; KING, Desmond. Formalizing and testing Duverger's theories on political parties. *Comparative Political Studies*, v. 18, n. 2, p. 139-169, 1985.

KATZ, Richard; MAIR, Peter. The evolution of party organizations in Europe: the three faces of party organization. *The American Review of Politics*, v. 14, p. 593-617, inverno de 1993.

_____ (orgs.). *How parties organize: change and adaptation in party organizations in western democracies*. Londres: Sage, 1994.

_____. Changing models of party organization and party democracy: the Emergence of the Cartel Party. *Party Politics*, Londres, v. 1, n. 1, p. 5-28, 1995.

_____. The ascendancy of the party in public office: party organizational change in twentieth-century democracies. In: GUNTHER, Richard; MONTERO, José Ramón; LINZ, Juan (orgs.). *Political Parties: old concepts and new challenges*. Oxford: OUP, 2002.

_____ et al. the membership of political parties in european democracies, 1960-1990. *European Journal of Political Research*, Amsterdam, n. 22, p. 329-345, 1992.

KATZNELSON, Ira; WEINGAST, Barry. Intersections between historical and rational choice institutionalism. In: KATZNELSON, Ira; WEINGAST, Barry (ed.). *Preferences and situations: points of intersection between historical and rational choice institutionalism*. Nova Yorque: Russel Sage, 2005.

KECK, Margaret E. *PT: a lógica da diferença – o Partido dos Trabalhadores na construção da democracia brasileira*. São Paulo: Ática, 1991.

KENNEDY, Fiachra; LYONS, Pat; FITZGERALD, Peter. Pragmatists, ideologues and the General Law of Curvilinear Disparity: the Case of the Irish Labour Party. *Political Studies*, v. 54, p. 786-805, 2006.

KIRCHHEIMER, Otto. The transformation of the western european party systems. In: LAPALOMBARA, Joseph; WEINER, Myron (orgs.). *Political parties and political development*. Princeton: PUP, 1966.

KITTILSON, Miki; SCARROW, Susan. Political parties and the rhetoric and realities of democratization. In: CAIN, Bruce; DALTON, Russel; SCARROW, Susan (orgs.). *Democracy transformed? Expanding political opportunities in advanced industrial democracies*. Oxford: OUP, 2003.

KITSCHELT, Herbert. The internal politics of parties: the Law of Curvilinear Disparity revisited. *Political Studies*, v. 37, p. 400-421, 1989.

KROUWEL, André. Party models. In: KATZ, Richard; CROTTY, William (orgs.). *Handbook of party politics*. Londres: Sage, 2006.

LAAKSO, Marku; TAAGEPERA, Rein. Effective number of parties: A measure with application to West Europe. *Comparative Political Studies*, v. 12, n. 1, p. 3-27, 1979.

LACERDA, Alan Daniel. O PT e a unidade partidária como problema. *Dados*, Rio de Janeiro, v. 45, n. 1, p. 39-76, 2002.

LAWSON, Kay; MERKL, Peter (ed.). *When parties fail: emerging alternative organizations*. Princeton: PUP, 1988.

LEAL, Paulo Roberto Figueira. *O PT e o dilema da representação política: os deputados federais são representantes de quem?* Rio de Janeiro: FGV, 2005.

LEMOS, Rubens. Entrevista com Luiz Inácio Lula da Silva. *Boletim Nacional do PT,* São Paulo, n. 16, 1986.

LEVITSKY, Steven. *Transforming labor-based parties in Latin America: Argentine Peronism in comparative perspective*. Cambridge: CUP, 2003.

LÍCIO, Elaine Cristina; RENNÓ, Lucio; CASTRO, Henrique Carlos de O. Bolsa Família e voto na eleição presidencial de 2006: em busca do elo perdido. *Opinião Pública*, Campinas, v. 15, n. 1, p. 31-54, jun., 2009.

LINZ, Juan. Presidential or parliamentary democracy: does it make a difference? In: LINZ, Juan; VALENZUELA, Arturo (orgs.). *The failure of presidential democracy: the case of Latin America*. Baltimore: Johns Hopkins, 1994.

MAINWARING, Scott. Os movimentos populares de base e a luta pela democracia. In: STEPAN, Alfred (org.). *Democratizando o Brasil*. Rio de Janeiro: Paz e Terra, 1988.

_____. Presidentialism, multipartism, and democracy: the difficult combination. *Comparative Political Studies*, v. 26, n. 2, p. 198-228, 1993.

_____; MENEGUELLO, Rachel; POWER, Timothy. *Partidos conservadores no Brasil contemporâneo: quais são, o que defendem, quais são suas bases*. São Paulo: Paz e Terra, 2000.

MAIR, Peter. Party organizations: from civil society to the State. In: KATZ, Richard; MAIR, Peter (orgs.). *How parties organize: change and adaptation in party organizations in western democracies*. Londres: Sage, 1994.

_____. *Party System Change: approaches and interpretations*. Oxford: Clarendon, 1997.

_____. Searching for the position of political actors. In: LAVER, Michael (org.). *Estimating the policy position of political actors*. Nova Yorque: Routledge, 2001.

_____; VAN BIEZEN, Ingrid. Party membership in twenty european democracies, 1980-2000. *Party Politics*, Londres, v. 7, n. 1, p. 5-21, 2001.

MARINGONI, Gilberto. Núcleos: por que querem acabar com ele? In: *Caderno de Debates sobre Estatuto*. São Paulo: DN/PT, 1997.

MAY, John D. Opinion structure of political parties: the special law of curvilinear disparity. *Political Studies*, v. 21, n. 2, p. 135-151, 1973.

MÉNDEZ LAGO, Monica. *La estrategia organizativa del Partido Socialista Obrero Español (1975-1996)*. Madri: Siglo XXI, 2000.

_____; SANTAMARÍA, Julián. La ley de disparidad ideológica curvilínea de lós partidos políticos: el caso Del PSOE. *Revista Española de Ciencia Política*, n. 4, p. 35-69, abr., 2001.

MENEGUELLO, Rachel. PT: *a formação de um partido, 1979-1982*. São Paulo: Paz e Terra, 1989.

_____. Quem apoia o presidente?. In: 2007 CONGRESS OF THE LATIN AMERICAN STUDIES ASSOCIATION, 2007, Montreal. *Paper*, 2007.

_____; AMARAL, Oswaldo E. do. Ainda novidade: uma revisão das transformações do Partido dos Trabalhadores no Brasil. *BSP Occasional Papers*, Oxford, n. 2, p. 1-25, 2008.

MICHELS, Robert. *Sociologia dos partidos políticos*. Brasília: Editora UnB, 1982.

MORAES, Reginaldo. Notas sobre o imbróglio do governo Lula, 2005. *Lua Nova*, São Paulo, n. 65, p. 179-202, 2005.

NERI, Marcelo. *Miséria, desigualdade e políticas de renda: o Real do Lula*. Rio de Janeiro: FGV/CPS, 2007.

_____. *A Nova Classe Média: o lado brilhante dos pobres*. Rio de Janeiro: FGV/CPS, 2010.

NEUMANN, Sigmund (org.). *Modern political parties: approaches to comparative politics*. Chicago: UCP, 1956.

NOVAES, Carlos Alberto Marques. PT: dilemas da burocratização. *Novos Estudos Cebrap*, São Paulo, n. 35, p. 217-237, mar. 1993.

O'DONNELL, Guillermo. Delegative Democracy. *Journal of Democracy*, v. 5, n. 1, p. 55-69, 1994.

OLIVEIRA, Isabel R. de. *Trabalho e política: as origens do Partido dos Trabalhadores*. Petrópolis: Vozes, 1987.

PALERMO, Vicente. Brasil. El gobierno de Lula y el PT. *Nueva Sociedad*, Buenos Aires, n. 192, p. 4-11, 2005.

PANEBIANCO, Angelo. *Modelos de partido: organização e poder nos partidos políticos*. São Paulo: Martins Fontes, 2005.

PARTIDO DOS TRABALHADORES. *Partido dos Trabalhadores: Resoluções de Encontros e Congressos (1979-1998)*. São Paulo: FPA, 1998.

_____. *Resoluções do II Congresso Nacional do Partido dos Trabalhadores*. Belo Horizonte: PT, 1999.

_____. *Estatuto*. São Paulo: FPA, 2001a.

_____. *Resoluções do 12º Encontro Nacional do Partido dos Trabalhadores*. São Paulo: PT/FPA, 2001b.

_____. *Estatuto*. São Paulo: PT, 2007a.

_____. *Resoluções do 3º Congresso do Partido dos Trabalhadores*. Porto Alegre: PT, 2007b.

_____. *Resoluções do 4º Congresso do Partido dos Trabalhadores*. Brasília: PT, 2010.

_____. *Estatuto*. São Paulo: PT, 2012.

PEREIRA, Carlos; POWER, Timothy; RAILE, Eric. Presidencialismo de coalizão e recompensas paralelas. In: INÁCIO, Magna; RENNÓ, Lucio (orgs.). *Legislativo brasileiro em perspectiva comparada*. Belo Horizonte: Editora UFMG, 2009.

PETIT, Pere. *A esperança equilibrista: a trajetória do PT no Pará*. São Paulo: Boitempo, 1996.

POGUNTKE, Thomas. Parties in a legalistic culture: the case of Germany. In: KATZ, Richard; MAIR, Peter (orgs.). *How Parties Organize: change and adaptation in party organizations in western democracies*. Londres: Sage, 1994.

_____. Party organizational linkage: parties without firm social roots? In: LUTHER, Kurt Richard; ROMMEL, Ferdinand Müller (Ed.). *Political Parties in the New Europe: political and analytical challenges*. Oxford: OUP, 2002.

POGREBINSCHI, Thamy; SANTOS, Fabiano. Participação como Representação: O impacto das Conferências Nacionais de Políticas Públicas no Congresso Nacional. *Dados*, Rio de Janeiro, v. 54, n. 3, p. 259-305, 2011.

POWER, Timothy. Centering democracy? Ideological Cleavages and convergence in the brazilian political class. In: KINGSTONE, Peter; POWER, Timothy (orgs.). *Democratic Brazil revisited*. Pittsburgh: UPP, 2008.

REIF, Karlheinz; CAYROL, Roland; NIEDERMAYER, Oskar. National political parties' middle level elites and european integration. *European Journal of Political Research*, Amsterdam, n. 8, p. 91-112, 1980.

RENNÓ, Lúcio; CABELLO, Andrea. As bases do Lulismo: a volta do personalismo, realinhamento ideológico ou não alinhamento? *Revista Brasileira de Ciências Sociais*, São Paulo, v. 25, n. 74, p. 39-60, out. 2010.

RIBEIRO, Pedro. *Dos sindicatos ao governo: a organização nacional do PT de 1980 a 2005*. Tese (Doutorado em Ciência Política) – Centro de Educação e Ciências Humanas, Universidade Federal de São Carlos, São Carlos, 2008.

RODRIGUES, Leôncio Martins. *Partidos e sindicatos: escritos de sociologia política*. São Paulo: Ática, 1990.

_____. PT: a new actor in brazilian politics. In: DEVOTO, Fernando J.; DI TELLA, Torcuato S. (orgs.). *Political culture, social movements and democratic transitions in South America in the 20th century*. Milão: Feltrinelli, 1997.

ROHRSCHNEIDER, Robert. How iron is the iron law of oligarchy?. *European Journal of Political Research*, Amsterdam, n. 25, p. 207-238, 1994.

ROMA, Celso. Organizaciones de partido en Brasil: el PT y el PSDB bajo perspectiva comparada. *America Latina Hoy*, Salamanca, n. 44, p. 153-184, 2006.

SAGLIE, Jo; HEIDAR, Knut. Democracy within norwegian political parties: complacency or pressure for change? *Party Politics*, Londres, v. 10, n. 4, p. 385-405, 2004.

SALAZAR, Vitor. Um milhão de filiados. *Boletim Nacional do PT*, São Paulo, n. 63, 1992.

SAMPAIO, Plínio de Arruda. Por que não mais PT?. *Folha de S. Paulo*, 27 set. 2005, p. 3.

SAMUELS, David. From socialism to social democracy: party organization and the transformation of the Workers' Party in Brazil. *Comparative Political Studies*, v. 37, n. 9, p. 999-1024, 2004.

_____. Brazilian democracy under Lula and the PT. In: DOMINGUEZ, Jorge; SHIFTER, Michael (orgs.). *Constructing democratic governance in Latin America*. 3ª ed. Baltimore: Johns Hopkins University Press, 2008a.

_____. A evolução do petismo (2002-2008). *Opinião Pública*, Campinas, v. 14, n. 2, p. 302-318, nov. 2008b.

_____. Brazilian democracy in the PT era. In: DOMINGUEZ, Jorge; SHIFTER, Michael (orgs.). *Constructing democratic governance in Latin America*. 4ª ed. Baltimore: Johns Hopkins University Press, 2013.

SARTORI, Giovanni. *Partidos y sistemas de partidos*. Madri: Alianza, 1980.

SCARROW, Susan E. The "paradox of enrollment": assessing the costs and benefits of party memberships. *European Journal of Political Research*, Amsterdam, n. 25, p. 41-60, 1994.

_____. Parties without members? Party organization in a changing electoral environment. In: DALTON, Russel J.; WATTENBERG, Martin P (orgs.). *Parties without partisans: political change in advanced industrial democracies*. Oxford: OUP, 2000.

_____; GEZGOR, Burcu. Declining memberships, changing members? European political party members in a new era. *Party Politics Online First*, Londres, p. 1-21, 2010.

SCHMITTER, Phillippe. Parties are not what they once were. In: GUNTHER, Richard; DIAMOND, Larry (orgs.). *Political parties and democracy*. Baltimore: Johns Hopkins, 2001.

SCHOFIELD, Normal et al. Multiparty electoral competition in the Netherlands and Germany: a model based on multinomial probit. *Public Choice*, n. 97, p. 257-293, 1998.

SECCO, Lincoln. *História do PT, 1978-2010*. Cotia: Ateliê, 2011.

SECRETARIA DE ORGANIZAÇÃO DO PT (SORG). *Manual para a Campanha Nacional de Filiação*. São Paulo: PT, 2003.

_____. *Guia da Campanha de Filiação: Rio de Janeiro*. São Paulo: PT, 2006.

SEYD, Patrick. New parties/new politics?: a case study of the British Labour Party. *Party Politics*, Londres, v. 5, n. 3, p. 383-405, 1999.

_____; WHITELEY, Paul. *Labour's Grass roots: the politics of party membership*. Oxford: OUP, 1992.

_____. *New Labour's Grass roots: the transformation of the Labour Party membership*. Londres: Palgrave, 2002a.

_____. *High-intensity participation: the dynamics of party activism in Britain*. Ann Harbor: UMP, 2002b.

SHARE, Donald. From policy-seeking to office-seeking: the metamorphosis of the Spanish Socialist Workers' Party. In: STROM, Kaare; MULLER, Wolfgang (orgs.). *Policy, office or votes?: how political parties in Western Europe make hard decisions*. Cambridge: CUP, 1999.

SIMÕES, Júlio. *O dilema da participação popular: a etnografia de um caso*. São Paulo: Marco Zero, 1992.

SINGER, André. *O PT*. São Paulo: Publifolha, 2001.

_____. Raízes sociais e ideológicas do Lulismo. *Novos Estudos Cebrap*, São Paulo, n. 85, p. 83-102, nov. 2009.

_____. A segunda alma do Partido dos Trabalhadores. *Novos Estudos Cebrap*, São Paulo, n. 88, p. 89-111, nov. 2010.

SOARES, Gláucio; TERRON, Sonia. Dois Lulas: a geografia eleitoral da reeleição (explorando conceitos, métodos e técnicas de análise geoespacial). *Opinião Pública*, Campinas, v. 14, n. 2, p. 269-301, nov. 2008.

STROM, Kaare. A behavioral Theory of Competitive Political Parties. *American Journal of Political Science*, Houston, v. 34, n. 2, p. 565-598, 1990.

_____; MULLER, Wolfgang (Ed.). *Policy, office or votes?: how political parties in Western Europe make hard decisions*. Cambridge: CUP, 1999.

TELLES, Helcimara. El Partido de los Trabajadores y la red de militants: qué piensam y en qué creen sus dirigentes y sus candidatos?. In: ULIANOVA, Olga (org.). *Redes políticas y militancias*. Santiago: USACH, 2009.

THELEN, Kathleen. Historical institutionalism in comparative politics. *Annual Review of Political Science*, n. 2, p. 369-404, 1999.

_____; STEINMO, Sven. Historical institutionalism in comparative politics. In: _____; LONGSTRETH, Frank (ed.). *Structuring politics: historical institutionalism in comparative analysis*. Cambridge: CUP, 1992.

VEIGA, Luciana. Os partidos brasileiros na perspectiva dos eleitores: mudanças e continuidades na identificação partidária e na avaliação das principais legendas após 2002. *Opinião Pública*, Campinas, v. 13, n. 2, p. 340-365, 2007.

_____. O partidarismo no Brasil (2002/2010). *Opinião Pública*, Campinas, v. 17, n. 2, p. 400-425, 2011.

VENTURI, Gustavo. PT 30 anos: crescimento e mudanças na preferência partidária. *Perseu*, São Paulo, n. 5, p. 197-214, 2010.

WARE, Alan. *Political parties and party systems*. Oxford: OUP, 1996.

WAUTERS, Bram. Explaining participation in intra-party elections: evidence from belgian political parties. *Party Politics*, Londres, v. 16, n. 2, p. 237-259, 2010.

WHITE, John Kenneth. What is a political party? In: KATZ, Richard; CROTTY, William (orgs.). *Handbook of Party Politics*. Londres: Sage, 2006.

WHITELEY, Paul. Where Have All the Members Gone? The Dynamics of Party Membership in Britain. *Parliamentary Affairs*, Oxford, v. 62, n. 2, p. 227-241, 2009.

WIESEHOMEIER, Nina; BENOIT, Kenneth. Presidents, parties, and policy competition. *The Journal of Politics*, v. 71, n. 4, p. 1435-1447, 2009.

WILSON, Frank. The sources of party change: change in social democratic parties in Britain, France, Germany and Spain. In: LAWSON, Kay (org.). *How political parties work: perspectives from within*. Westport: Praeger, 1994.

WOLINETZ, Steven. Beyond the catch-all party: approaches to the study of parties and party organization in contemporary democracies. In: GUNTHER, Richard; MONTERO, Jose; LINZ, Juan (orgs.). *Political parties: old concepts, new challenges*. Oxford: OUP, 2002

ZANATTA, Carlos. Fraqueza e força do PT. *Boletim Nacional do PT*, São Paulo, n. 12, 1985.

ZARISKI, Raphael. Party factions and comparative politics: some preliminary observations. *Midwest Journal of Political Science*, v. 4, n. 1, p. 27-51, 1960.

ZUCCO, Cesar. The President's 'New' Constituency: Lula and the pragmatic vote in Brazil's 2006 presidential elections. *Journal of Latin American Studies*, Cambridge, n. 40, p. 29-49, 2008.

Surveys com os delegados

AMARAL, Oswaldo E. do. *Delegados-PT/Autor*. Pesquisa realizada junto aos delegados presentes no 13º Encontro Nacional do PT. São Paulo, 2006.

FUNDAÇÃO PERSEU ABRAMO. *Delegados-PT/FPA*. Pesquisa realizada junto aos delegados presentes no 12º Encontro Nacional do PT. Olinda, 2001.

FUNDAÇÃO PERSEU ABRAMO. *Delegados-PT/FPA*. Pesquisa realizada junto aos delegados presentes no 13º Encontro Nacional do PT. São Paulo, 2006.

FUNDAÇÃO PERSEU ABRAMO. *Delegados-PT/FPA*. Pesquisa realizada junto aos delegados presentes no III Congresso Nacional do PT. São Paulo, 2007.

Teses apresentadas pelas chapas nacionais que concorreram nos Processos de Eleições Diretas realizados em 2001, 2005, 2007 e 2009

PARTIDO CUMPRA O MANDATO. *Texto de apresentação da chapa Partido Cumpra o Mandato para o PED 2001*. São Paulo, PT, 2001.

POR UM SOCIALISMO DEMOCRÁTICO. *Texto de apresentação da chapa Por um Socialismo Democrático para o PED 2001*. São Paulo, PT, 2001.

SOCIALISMO OU BARBÁRIE. *Texto de apresentação da chapa Socialismo ou Barbárie para o PED 2001*. São Paulo, PT, 2001.

UM NOVO MUNDO É POSSÍVEL. *Texto de apresentação da chapa Um Novo Mundo é Possível para o PED 2001*. São Paulo, PT, 2001.

UM OUTRO BRASIL É POSSÍVEL. *Texto de apresentação da chapa Um Outro Brasil é Possível para o PED 2001*. São Paulo, PT, 2001.

A ESPERANÇA É VERMELHA. *Texto de apresentação da chapa A Esperança é Vermelha para o PED 2005*. São Paulo, PT, 2005.

CONSTRUINDO UM NOVO BRASIL. *Texto de apresentação da chapa Construindo um Novo Brasil para o PED 2005*. São Paulo, PT, 2005.

CORAGEM DE MUDAR. *Texto de apresentação da chapa Coragem de Mudar para o PED 2005*. São Paulo, PT, 2005.

ESPERANÇA MILITANTE. *Texto de apresentação da chapa Esperança Militante para o PED 2005*. São Paulo, PT, 2005.

MOVIMENTO POPULAR. *Texto de apresentação da chapa Movimento Popular para o PED 2005*. São Paulo, PT, 2005.

MOVIMENTO PT. *Texto de apresentação da chapa Movimento PT para o PED 2005*. São Paulo, PT, 2005.

O BRASIL AGARRA VOCÊ. *Texto de apresentação da chapa O Brasil Agarra Você para o PED 2005*. São Paulo, PT, 2005.

O PARTIDO QUE MUDA O BRASIL. *Texto de apresentação da chapa O Partido que Muda o Brasil para o PED 2005*. São Paulo, PT, 2005.

SOCIALISMO E DEMOCRACIA. *Texto de apresentação da chapa Socialismo e Democracia para o PED 2005*. São Paulo, PT, 2005.

TERRA, TRABALHO E SOBERANIA. *Texto de apresentação da chapa Terra, Trabalho e Soberania para o PED 2005*. São Paulo, PT, 2005.

A ESPERANÇA É VERMELHA. *Texto de apresentação da chapa A Esperança é Vermelha para o PED 2007*. São Paulo, PT, 2007.

CONSTRUINDO UM NOVO BRASIL. *Texto de apresentação da chapa Construindo um Novo Brasil para o PED 2007*. São Paulo, PT, 2007.

DEMOCRACIA PRA VALER. *Texto de apresentação da chapa Democracia pra Valer para o PED 2007*. São Paulo, PT, 2007.

MENSAGEM AO PARTIDO. *Texto de apresentação da chapa Mensagem ao Partido para o PED 2007*. São Paulo, PT, 2007.

MILITÂNCIA SOCIALISTA. *Texto de apresentação da chapa Militância Socialista para o PED 2007*. São Paulo, PT, 2007.

MOVIMENTO POPULAR. *Texto de apresentação da chapa Movimento Popular para o PED 2007*. São Paulo, PT, 2007.

PARTIDO É PRA LUTAR. *Texto de apresentação da chapa Partido é pra Lutar para o PED 2007*. São Paulo, PT, 2007.

PROGRAMA OPERÁRIO E SOCIALISTA. *Texto de apresentação da chapa Programa Operário e Socialista para o PED 2007*. São Paulo, PT, 2007.

TERRA, TRABALHO E SOBERANIA. *Texto de apresentação da chapa Terra, Trabalho e Soberania para o* PED *2007*. São Paulo, PT, 2007.

CONTRAPONTO. *Texto de apresentação da chapa Contraponto para o* PED *2009*. São Paulo, PT, 2009.

ESQUERDA SOCIALISTA. *Texto de apresentação da chapa Esquerda Socialista para o* PED *2009*. São Paulo, PT, 2009.

MENSAGEM AO PARTIDO. *Texto de apresentação da chapa Mensagem ao Partido para o* PED *2009*. São Paulo, PT, 2009.

MOVIMENTO. *Texto de apresentação da chapa Movimento para o* PED *2009*. São Paulo, PT, 2009.

PARTIDO QUE MUDA O BRASIL. *Texto de apresentação da chapa Partido que Muda o Brasil para o* PED *2009*. São Paulo, PT, 2009.

PARTIDO PARA TODOS. *Texto de apresentação da chapa Partido para Todos para o* PED *2009*. São Paulo, PT, 2009.

TERRA, TRABALHO E SOBERANIA. *Texto de apresentação da chapa Terra, Trabalho e Soberania para o* PED *2009*. São Paulo, PT, 2009.

VIRAR À ESQUERDA. *Texto de apresentação da chapa Virar à Esquerda para o* PED *2009*. São Paulo, PT, 2009.

Agradecimentos

Este trabalho, inicialmente realizado como tese de doutoramento na Universidade Estadual de Campinas (Unicamp), não teria sido concluído sem a ajuda e o apoio de muitas pessoas e instituições. A todos que direta ou indiretamente tornaram a sua execução possível sou profundamente grato.

A meus pais, Liana e Thales, e à minha avó, Nicolina, agradeço imensamente pelo apoio e força durante todos esses anos de vida acadêmica. Não teria chegado até aqui se não fosse por eles. Agradeço também a João Carlos, Cristina e Eliene pela força e incentivo. A Lydia e Carolina agradeço por terem me dado um lar em Campinas.

À minha orientadora, professora Rachel Meneguello, devo um agradecimento especial por sua atenção, compreensão, conselhos e, especialmente, críticas. Nossas conversas, não só sobre o PT, mas também sobre a política brasileira, foram fundamentais durante todo o processo.

Ao co-orientador da tese, professor Timothy Power, devo também um agradecimento especial. Seu profundo conhecimento da política brasileira e sua atenção foram fundamentais para que minha passagem pela Universidadede Oxford fosse um rico período de estudos e aprendizado.

Aos professores Maria do Socorro Braga, André Singer, Leôncio Martins Rodrigues e Valeriano Mendes, agradeço pelos comentários e críticas realizados no exame de qualificação e na defesa da tese. À professora Wendy Hunter, agradeço pela interlocução frequente e pelos palpites e comentários feitos sobre o meu trabalho em diversas oportunidades.

Devo um agradecimento particular aos amigos Maurício Fronzaglia e Paulo Pereira. O doutorado não teria sido o mesmo sem o companheirismo e a amizade deles.

Por terem insistido em manter a amizade, mesmo com a minha continuada ausência, agradeço a Damiano Leite, Gustavo Steinberg, Maria Abramo, Henrique Rupp, Amanda Cardoso, Rodrigo e Dani França.

Muitos colegas, em diferentes seminários, congressos e *workshops*, fizeram comentários sobre a minha pesquisa. Agradeço a todos, em especial a Ana Isabel López, Angela Lazagna, Andréa Freitas, Barbara Gonzales, Benito Miron-López, Bruno Bolognesi, David Samuels, Dolores Rivarola, Fabricio Pereira da Silva, Flavia Freidenberg, Hernan Gomez Bruera, Luciana Santana, Luis Schiumerini, Maria Celina D'Araujo, Pedro Ribeiro, Renato Perissinotto, Shênia Kellen e Yan de Souza Carreirão.

Os amigos Denilde Holzhacker e Rogério Schlegel foram de grande generosidade ao me ajudar no tratamento das bases de dados. A eles, muito obrigado. Agradeço também ao Cesop/Unicamp pelo auxílio na codificação do *survey* que realizei no 13° EN do PT, em 2006.

Agradeço a todos os funcionários, professores e colegas do DCP e do Programa de Pós-Graduação em Ciência Política da Unicamp pelo apoio e convivência nesses anos.

O ano que passei no Brazilian Studies Programme/Latin American Centre da Universidadede Oxford foi fundamental para a minha pesquisa. Agradeço a Elvira Ryan e David Robinson por todo o apoio. Em Oxford, tive a oportunidade de conviver com pesquisadores e professores que muito me ajudaram. A todos eles, muito obrigado. A Tracy Fenwick devo um agradecimento especial pelas incontáveis conversas e sugestões ao meu trabalho, e a Maritza Paredes e José Carlos Orihuela, pela amizade.

Muitas instituições me auxiliaram financeiramente durante a elaboração desta pesquisa. Agradeço à Capes pela bolsa-sanduíche, e à Faap, ESPM-SP e DCP/IFCH da Unicamp pelos financiamentos concedidos para a participação em encontros e congressos no Brasil e no exterior. Agradeço também à Fapesp pelo auxílio concedido para a publicação do trabalho.

Esta pesquisa não teria sido possível sem a ajuda do Centro Sérgio Buarque de Holanda e do Núcleo de Opinião Pública da Fundação Perseu Abramo, bem como de funcionários da Secretaria de Organização do PT e da Secretaria de Nucleação do PT-SP. Em especial, gostaria de agradecer o auxílio de Gustavo Venturi, Aline Maciel, André Oliveira e Julian Rodrigues.

Por fim, gostaria de agradecer a Joana Monteleone, Danuza Vallim e a toda equipe da Alameda pela dedicação e por terem apostado no livro.

Esta obra foi impressa em São Paulo pela Gráfica Vida e Consciência no outono de 2015. No texto, foi utilizada a fonte Minion Pro em corpo 10 e entrelinha de 15,5 pontos.